证券行政法专论

Securities Administrative Law: Selected Issues

张 红 著

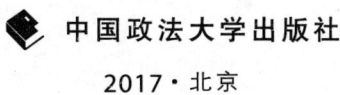
中国政法大学出版社
2017·北京

声　明　1. 版权所有，侵权必究。
　　　　2. 如有缺页、倒装问题，由出版社负责退换。

图书在版编目（CIP）数据

证券行政法专论/张红著.—北京：中国政法大学出版社，2017.3
ISBN 978-7-5620-7420-5

Ⅰ.①证… Ⅱ.①张… Ⅲ.①证券法－研究－中国 Ⅳ.①D922.287.4

中国版本图书馆 CIP 数据核字(2017)第 065608 号

出 版 者	中国政法大学出版社
地　　址	北京市海淀区西土城路 25 号
邮寄地址	北京 100088 信箱 8034 分箱　邮编 100088
网　　址	http://www.cuplpress.com（网络实名：中国政法大学出版社）
电　　话	010-58908285（总编室）58908433（编辑部）58908334（邮购部）
承　　印	北京中科印刷有限公司
开　　本	650mm×960mm　1/16
印　　张	18.25
字　　数	245 千字
版　　次	2017 年 3 月第 1 版
印　　次	2018 年 1 月第 2 次印刷
定　　价	58.00 元

目录 CONTENTS

第一章　我国证券监管执法策略及其调整 …………………… 001

第二章　证券监管中的行政备案 ……………………………… 044

第三章　证券监管措施：挑战与应对 ………………………… 071

第四章　破解证券行政执法和解的难题 ……………………… 100

第五章　《德国有价证券交易法行政罚款指南》
　　　　及其借鉴 …………………………………………… 132

第六章　证券领域行政处罚与刑罚的适用衔接 ……………… 156

第七章　证券交易所自律管理行为及其行政可诉性 ………… 189

第八章　美国金融系统性风险及其法律规制研究综述 ……… 244

后　　记 ………………………………………………………… 284

第一章 我国证券监管执法策略及其调整[1]

有效的执行对于社会立法的成功实施至关重要,立法得不到执行就难以实现其社会目标。规制者如何以最佳方式完成执行任务?如何有效(降低社会危害的发生)且高效(最小化义务主体和规制者双方承担的成本)地实现政策目标,同时又能维持社会的信任?自20世纪80年代中期以来,学术界开始讨论规制执法策略(enforcement strategy)这一问题,研究者们创造了多种执法策略模式的理论模型。威慑式执法策略(又称为命令服从模式)和顺从式执法策略(又称为建议与劝服模式)是最基本的两种规制执法策略模式。文章试图通过对中国证券监管的执法手段进行比较观察,得出一些结论,进而对证券监管执法策略的转变、证券监管的转型提出建议。

一、规制执法策略

规制执法策略是行政机关关于执法的选择,用于指行政机关采取行为(例如制裁)的不同类型以及行政机关作出的策略性选择。[2]理论上讲,如何巧妙地将各种方法适用于适当的情形将会极大地推动规制守法与执行。大致而言,行政机关可以从两种迥异的规制风格或策

---

[1] 需要说明的是,本章中"规制"和"监管"含义相同。行政法学界许多学者近年来将Regulation一词翻译为"规制",但由于我国的证券领域惯用的是"证券监管"一词,因此本章中涉及我国的地方均用"监管"。

[2] Peter May & Raymond Burby, "Making Sense Out of Regulatory Enforcement", *Law & Policy*, April 1998, Vol. 20, No. 2, p. 162.

略之间进行选择（或两者兼用），即威慑式进路和顺从式进路。[1]

传统观念认为规制强调两种相对的情形：自由与控制。政府或者把裁量权完全留给企业，任由其根据自身利益运营；或者剥夺其裁量权而以制裁措施为威胁实施规制，以实现企业利益和社会整体利益的一致。后者往往被略带贬义地称为"命令-控制"型规制。[2]威慑式策略强调对抗式的执法，强调对违反规则行为的制裁。这种规制方式假定被规制者都是理性行为主体，能够对外界刺激作出回应，并假定在足够的探查密度和充分的惩罚强度的情况下，违法者以及潜在的违法者能够受到震慑而不会再违法。这种威慑式策略具有谴责性与对抗性，规制资源被用于发现违法、证明罪过和因既有罪过而惩罚违法者。[3]威慑式执法策略的主要因素包括：依赖正式、准确且特别的规则；对规则进行字面解释；依赖法律专家的意见；对统一性的要求；对规制对象的不信任等。[4]

相反，顺从式策略强调合作而非对抗，强调安抚而非压制。正如 Hawkins 所言：顺从式策略意在预防危害而非惩罚邪恶。其执法观念以实现整体立法目标为核心，而非制裁违法行为。这种顺从式策略关注的是修复与结果，而非报复，因此诉讼程序仅作为最后手段而很少适用。如欲这种策略有效，一些积极的行为是为必需，而非仅仅克制某些行为。[5]顺从式策略主张执法过程中更大的自由裁

---

[1] Neil Gunningham, "Enforcement and Compliance Strategies", *The Oxford Handbook of Regulation*, Oxford: Oxford University Press, 2010, p. 121.

[2] 参见 Cary Coglianese, "The Case Against Collaborative Environmental Law", *University of Pennsylvania Law Review PENNumbra*, Vol. 156, (March, 2007), pp. 295~299, pp. 306~310.

[3] Neil Gunningham, "Enforcement and Compliance Strategies", *The Oxford Handbook of Regulation*, Oxford: Oxford University Press, 2010, p. 122.

[4] Susan Hunter, Richard W. Waterman, "Determining an Agency's Regulatory Style: How Does the EPA Water Office Enforce the Law?" *Western Political Quarterly*, Jun 1992, Vol. 45, No. 2, p. 404.

[5] Hawkins K., *Environment and Enforcement: Regulation and the Social Definition of Pollution*, Clarendon Press, 1984, p. 4.

量权，其反映的是通过运用普遍的、灵活性的指南以及对规制进行自由的解释以获得规制对象的服从，也包括规制机关与规制对象之间的协商。协商与谈判是顺从式策略的标志性特征。

二、对我国主要证券监管手段的实证分析

我们尝试通过观察中国证监会监管执法的实际模式来判断其偏向于采取威慑式还是顺从式执法策略模式。但由于绝大多数监管机关并不会保存执法历史过程中的详细记录，因此我们只能通过所获得的有关执法措施的数据来进行分析，比如行政处罚决定、证券监管措施、移送司法的案件数量等。当然，也很难获取到有关低层次协商技巧的数据，特别是监管机关不会保留这些执法的完整、可靠的记录，比如与被许可人的非正式会面、电话等。本章中所涉及的各项数据，来自于主要的门户网站、中国证监会官方网站、各交易所及行业协会的官方网站，由作者进行加工整理所得，可能会存在不够周延的情况，但我们已经尽量穷尽所有的数据。我们将考察2010年至2015年六年间的数据（有些地方是2010年～2014年五年间）并进行分析，将得出中国证监会现在所采用的是何种规制执法策略模式的结论。

还需要说明两点：第一，我们对中国证券监管的监管手段（监管策略）的比较观察，是从两个维度展开的。第一个维度是监管介入的阶段。多层次的证券监管包括事前监管、事中监管和事后监管三种监管方式。因此，我们将对事前、事中、事后的监管手段分别进行观察。第二个维度是政府监管与自律管理，即对中国证监会及其派出机构进行的监管执法与交易所进行的自律监管执法进行对比。第二，本章是在行政机关的层面探讨有关规制执法策略问题，而不是在行政机关执法人员的层面，因此本章不在微观层面探讨执法人员个人对执法策略的选择。

（一）行政许可审批

行政许可审批是中国证监会及其派出机构根据法律法规和规章

规定所实施的行政许可审批事项。行政许可审批是我国证券监管中的一种重要的事前监管手段。我国的证券市场是在计划经济向社会主义市场经济转轨中建立起来的，初期阶段政府管理的色彩比较浓，加上证券市场本身具有高风险的特点，客观上也要求监管机构加强管制。因此，较长一段时间内我国证券市场的行政审批项目总体上偏多。

自2002年11月1日国务院发布《关于取消第一批行政审批项目的决定》开始，至2015年2月24日《国务院关于取消和调整一批行政审批项目等事项的决定》，国务院共做出14个取消和调整行政审批项目的决定。历次决定中，共取消和调整[1]了190项原本由中国证监会实施的行政许可审批事项。根据中国证监会官方网站提供的数据，目前，中国证监会的行政审批事项共有43项，分为发行类、非上市公众公司类、境外发行上市类、公司债券业务类、审计、评估证券义务类、上市公司并购重组、证券、基金、期货经营机构及基金产品类等七大类行政许可。[2]派出机构实施的行政许可事项共有10项。[3]

从中国证监会及其派出机构自2012年至2014年实施行政许可审批的数据看，2014年，中国证监会及派出机构共做出行政许可审批决定4157件，比2012年、2013年分别减少了10%、8%，下降总体趋势明显，且2014年下降幅度较大（图1）。这一趋势在国务院推行行政审批制度改革大背景之下，与中国证监会大力推行监管转型，精简行政许可审批项目，取消和下放行政许可审批事项相适应。

---

〔1〕调整是指将可以由证券、期货业协会等自律性组织管理的事项，移交给自律组织管理；下放一批项目由派出机构独立审批。

〔2〕http://www.csrc.gov.cn/pub/zjhpublic/G00306201/201507/W020150703505843285946.pdf.

〔3〕参见《北京辖区证券经营机构行政许可及备案工作指引》《北京证监局基金销售业务资格核准行政许可工作指引》《北京证监局期货类行政许可事项工作指引》，资料来源：中国证监会北京证监局网站。

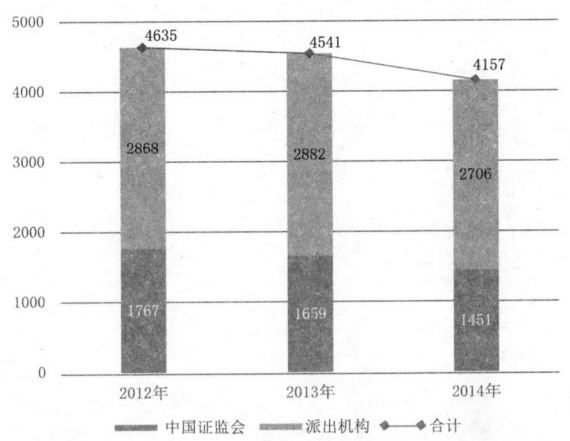

图 1　2012 年~2014 年行政许可审批数量

需要注意的是，在 2012 年~2014 年的行政许可审批决定总数中，下降幅度较大的主要是中国证监会做出的行政许可审批决定，派出机构做出的行政许可审批决定下降幅度较小。这就反映出，在减少行政许可审批的大趋势之下，中国证监会的部分行政许可审批职能向派出机构下放转移。也就是说，中国证监会在某些事项上并未放弃采用行政许可审批的方式进行监管，只是监管的层次有所降低。此外，随着我国行政审批制度的推进，许多行政许可、行政审批事项被取消后往往调整为行政备案。特别是在证券监管领域，行政备案的运用非常频繁，证券监管机构对上市公司、证券公司、期货公司等对象进行监管时很多情况下是通过行政备案的方式完成。

总体而言，中国证监会的行政许可审批数量虽然呈现逐年下降趋势，在监管执法体系中的比重有所下降，但很显然，行政许可审批数量在中国证监会所采取的各类监管手段中占比仍然较高。以 2014 年为例，中国证监会和派出机构共做出行政审批 4157 项，同年的证券监管措施总数为 498 项，行政处罚决定 160 件，市场禁入决定 31 项，自律管理措施共 208 件。可见，行政许可审批的数量超过了其他几项监管手段的总和。

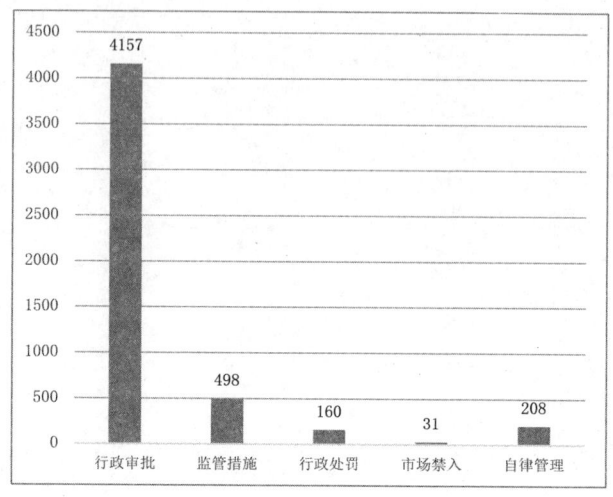

图 2　2014 年中国证监会监管手段对比图

(二) 证券监管措施

证券监管措施，也即证券期货市场监督管理措施，是指我国证券监督管理机构发展和规范证券期货市场，保护投资者的合法权益，维护社会经济秩序和社会公共利益，针对证券期货市场各类主体存在的各类违法或不当行为，依法所采取的监督管理措施的总称。[1] 2005 年《证券法》修订之后至 2014 年间，共有 37 部中国证监会规章规定了证券监管措施。中国证监会于 2008 年 12 月 12 日发布的《证券期货市场监督管理措施实施办法（试行）》中，将证券监管措施梳理为 18 种。[2] 事实上，2008 年之后，中国证监会制定或修

---

[1] 张红："证券监管措施：挑战与应对"，载《政法论坛》2015 年第 4 期。

[2] 《证券期货市场监督管理措施实施办法（试行）》中规定的 18 种监管措施包括：责令改正、监管谈话、出具警示函、责令公开说明、责令参加培训、责令定期报告、认定为不适当人选、暂不受理与行政许可有关的文件、责令增加内部合规检查的次数、公开谴责、责令处分有关人员、责令停止职权或者解除职务、责令更换董事、监事、高级管理人员或者限制其权利、撤销任职资格、暂停核准新业务或者增加、收购营业性分支机构申请、限制证券期货经营机构业务活动、限制股东权利或者责令转让股权、临时接管。事实上，证券监管措施远不止这 18 种。作者曾经对法律、行政法规规定的监督管理措施和中国证监会规章规定的监督管理措施进行梳理，发现共有 114 种证券监管措施。

改行政规章，新增加了大量证券监管措施。目前，证券监管措施共有110多种。中国证监会认为，证券监管措施属于一种事中监管措施。监管措施是对市场主体合规性和审慎性监管过程中实施的矫正性措施，主要作用是防止风险蔓延和危害后果扩散，对时效性要求较高。[1]

从2010年至2015年中国证监会及其派出机构所采取的证券监管措施的情况看（表1），可以发现一个明显的现象：证券监管措施类型分布不平衡。通过对《证券期货市场监督管理措施实施办法（试行）》中所规定的18种证券监管措施进行观察，我们发现，各类型监管措施使用频次分布严重不均。其中，出具警示函、责令改正、监管谈话这三种监管措施使用频次最多，五年间上述3种监管措施使用次数均占年度监管措施总数的80%以上，个别年度甚至占到88%；而其余15种监管措施的总和仅占不到20%。个别监管措施，如限制股东权利或责令转让股权、停止职权职务、临时接管等监管措施从来没有使用过。可见，惩戒幅度较轻的监管措施使用量较多，而惩戒幅度相对较重的监管措施使用量少甚至从未使用过。

表1　证券监管措施类型分布[2]

年度 类型	2010年	2011年	2012年	2013年	2014年	合计
责令改正	165	119	109	128	97	618
监管谈话	162	147	110	65	102	586
出具警示函	134	87	124	168	299	812
责令定期报告	1	0	0	2	0	3

---

〔1〕 "大力推进监管转型——肖钢同志在2014年全国证券期货监管工作会议上的讲话"，资料来源：http://www.csrc.gov.cn/pub/newsite/zjhxwfb/xwdd/201401/t20140122_243060.html，访问时间：2016年8月8日。

〔2〕 本表仅展示了使用频次最多和最少的证券监管措施。

续表

年度 类型	2010年	2011年	2012年	2013年	2014年	合计
停止职权职务	0	0	0	0	0	0
临时接管	0	0	0	0	0	0
合 计	462	353	343	363	498	

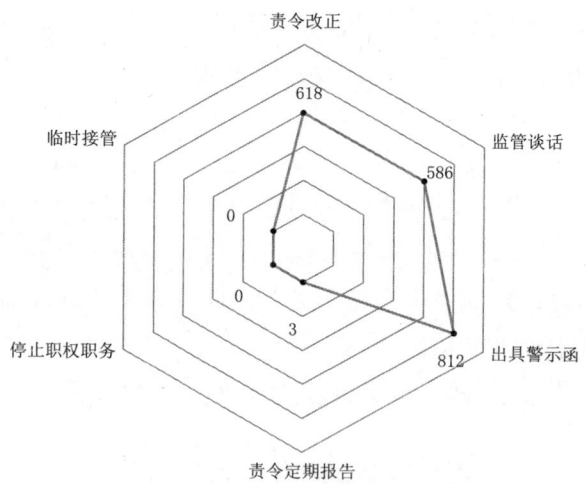

图3　2010年~2014年证券监管措施类型分布对比图

值得探讨的问题是，为什么证券监管措施类型之间存在如此明显的分布不平衡？原因可能包括两个方面：其一，立法层面，制定法律、行政法规和行政规章时，并未对监管措施本身进行足够的分析，导致法律规定对监管措施的配置可能不科学，实践中有些监管措施从来就没有采用过。有学者对证券监管措施的配置进行了研究，指出我国证券监管措施配置不合理，并提出了合理配置的建议。[1] 其二，执法层面，由于相关规定并未明确监管措施的法律效力，有

---

[1] 傅雪松："我国证券监管措施的合理设置"，载《山西省政法管理干部学院学报》2014年第3期。

些监管措施可能会对监管对象产生其他方面的重大影响,监管机关对此有所顾忌,因此在考虑是否使用时一般会非常慎重。例如,根据《证券公司分类监管规定》(证监会公告［2010］17号),监管机关对证券公司进行分类评价制度,中国证监会根据证券公司分类结果对不同类别的证券公司在监管资源分配、现场检查和非现场检查频率等方面实施区别对待的监管政策。评价期内证券公司因违法违规行为被中国证监会及其派出机构采取行政处罚措施、监管措施或者被司法机关刑事处罚的,按规定给予相应扣分。在分类结果的使用上,对证券公司影响最大的是,中国证券投资者保护基金公司根据证券公司分类结果,确定不同级别的证券公司缴纳证券投资者保护基金的具体比例。如果证券公司受到行政处罚,进而影响其根据《证券公司分类监管规定》所得分类和等级,而这个分类等级直接影响证券公司当年需交纳的投资者保护基金,相差一个分类等级对于大的证券公司而言,相差好几个亿。在此情况下,证券监管机关必然会慎重选择证券监管措施的类型。

(三) 行政处罚

行政处罚是对违法违规行为实施的惩罚性措施,是证券监管中事后监管的重要手段,也是最传统的一种监管手段。从2010年~2014年中国证监会及其派出机构做出的行政处罚决定的情况来看,行政处罚决定数量呈现逐年增多的趋势(表2)。2014年中国证监会及其派出机构共做出行政处罚决定160件,比2013年增长了接近一倍。

从行政处罚种类来分析,近五年来警告、罚款、没收违法所得、责令改正等行政处罚措施应用较多,而其中警告、罚款占比最大,两项处罚措施五年间占总比分别达到了89%、91%、90%、88%、84%。其他处罚措施,如暂扣或吊销许可证,责令停业,责令关闭,暂停或撤销资格或撤销董事、监管和高级管理人员任职资格,吊销从业资格证书或者撤销证券业从业资格、期货业资格等处罚措施应用非常少。

表2 行政处罚措施类型分布[1]

类型＼年度	2010年	2011年	2012年	2013年	2014年	合计
警告	189	198	163	136	341	1027
责令改正	8	13	19	15	43	98
罚款	182	198	211	177	444	1212
没收违法所得	16	20	20	14	94	164
吊销从业资格证书/撤销证券业从业资格、期货业从业资格	17	3	0	8	9	37
暂扣或吊销许可证	1	1	0	3	0	5
暂停或撤销资格/撤销董事、监管和高级管理人员任职资格	0	0	0	0	0	0
责令停业	0	0	0	0	0	0
责令关闭	0	0	0	0	0	0
合计	413	433	413	353	931	

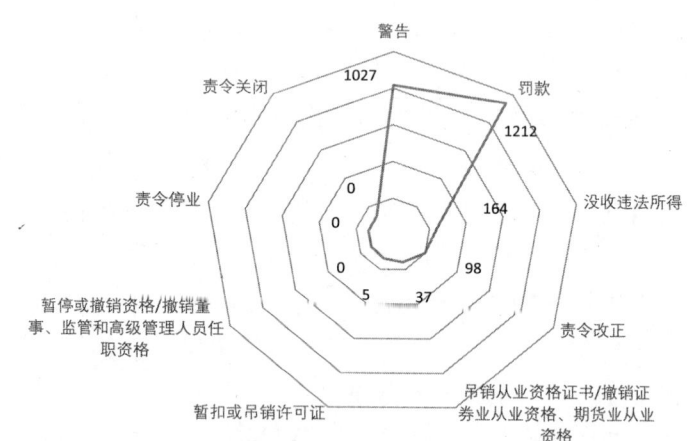

图4 2010年~2014年行政处罚措施类型分布对比图

---

[1] 需要注意的是，在一个行政处罚决定中可能会有两种或者两种以上的行政处罚措施。因此，本表中的行政处罚措施总数高于行政处罚的件数。

但相对于证券监管措施而言,行政处罚的数量相对较少。我们分析,主要原因包括以下几方面:一是,证券监管措施和行政处罚在某些情况下适用的条件存在重叠,针对某一违法违规行为,监管机关采取证券监管措施之后就无必要再进行行政处罚;二是,证券行政处罚缺乏裁量基准,监管机关在某些情况下很难做出行政处罚决定,加之行政处罚往往会对相对人的财产权等权益产生较大影响,因此,监管机关作出行政处罚决定一般都会非常谨慎。以行政罚款为例,证券监管中的行政罚款往往数额较大,对监管对象的财产权会产生很大的影响,导致证监会在考虑采用行政罚款时一般比较谨慎。三是,"查审分离、调查与处罚权力相互制约的证券执法新体制"导致执法效率低下,从立案到调查结束、再到做出处罚决定周期较长,2015年证监会稽查局的立案案件调查周期平均为86天,2014年是126天。[1]四是,不可避免地,存在监管者被俘获的情况,因此对于有些案件,能不处罚就不处罚,能从轻处罚的就从轻处罚。"企业可以通过多种途径对规制与规制者施加影响。他们可以与规制者讨价还价,可以操纵信息与宣传,并且作为最后手段,还可以向法院起诉或者申请仲裁。"[2]最经典的一种策略即操控对规制者披露的信息。普遍认为,企业比规制者掌握着更好的信息。这通常被称为信息不对称(information asymmetry),是市场失灵和规制失灵的一种诱因。一般认为,被规制企业了解真实情况,而规制者需要不断努力挖掘这些事实。规制是企业面临的现实,它是商业运营的一部分,会对企业营利和发展产生重大影响。显然在适当时机,企业会试图影响规制,利用这一过程中赋予其的活动空间谋求于己

---

[1] "2015年度中国证监会稽查执法情况通报",资料来源:http://www.csrc.gov.cn/pub/newsite/zjhxwfb/xwdd/201601/t20160115_289929.html,访问时间:2016年8月8日。

[2] Cento Veljanovski,"Strategic Use of Regulation",*The Oxford Handbook of Regulation*,Oxford:Oxford University Press,2010,p.94.

有利的结果。[1]

(四) 市场禁入

证券市场禁入制度，是指相关人员因进行证券欺诈活动或者有其它严重违反证券法律、法规和规章的行为，被国家证券监管机构认定为市场禁入者，在一定时期内或永久性不得从事证券业务的制度。1997年3月由中国证监会颁布的《证券市场禁入制度暂行规定》确立了我国的证券市场禁入制度。证券市场禁入也是中国证监会为了维护证券市场秩序，保护投资者合法权益和社会公众利益，促进证券市场健康稳定发展而采取的一种监管手段。虽然理论上关于市场禁入的性质存在着争议，但中国证监会是将其看作独立于行政处罚的一种监管手段。

市场禁入与行政处罚均属于事后监管手段的范畴。但与行政处罚的数量相比，市场禁入的数量明显更少（表3）。主要的原因是，根据《证券市场禁入规定》（2006年3月7日通过，2015年5月18日修改），市场禁入主要针对违反法律、行政法规或者中国证监会有关规定的有关责任人员采取，[2]所针对的对象范围较窄，自然比行政处罚适用的频率更低。

---

[1] Cento Veljanovski, "Strategic Use of Regulation", *The Oxford Handbook of Regulation*, Oxford: Oxford University Press, 2010, p.100.

[2] 《证券市场禁入规定》第3条规定："下列人员违反法律、行政法规或者中国证监会有关规定，情节严重的，中国证监会可以根据情节严重的程度，采取证券市场禁入措施：（一）发行人、上市公司、非上市公众公司的董事、监事、高级管理人员，其他信息披露义务人或其他信息披露义务人的董事、监事、高级管理人员；（二）发行人、上市公司、非上市公众公司的控股股东、实际控制人，或者发行人、上市公司、非上市公众公司控股股东、实际控制人的董事、监事、高级管理人员；（三）证券公司的董事、监事、高级管理人员及其内设业务部门负责人、分支机构负责人或者其他证券从业人员；（四）证券公司的控股股东、实际控制人或者证券公司控股股东、实际控制人的董事、监事、高级管理人员；（五）证券服务机构的董事、监事、高级管理人员等从事证券服务业务的人员和证券服务机构的实际控制人或者证券服务机构实际控制人的董事、监事、高级管理人员；（六）证券投资基金管理人、证券投资基金托管人的董事、监事、高级管理人员及其内设业务部门、分支机构负责人或者其他证券投资基金从业人员；（七）中国证监会认定的其他违反法律、行政法规或者中国证监会有关规定的有关责任人员。"

表3 证券市场禁入类型分布

年度\类型	2010年	2011年	2012年	2013年	2014年	合计
3年	17	0	5	2	1	25
5年	23	2	5	4	6	40
7年	2	3	0	2	0	7
8年	0	0	0	2	3	5
10年	14	5	5	4	11	39
永久	12	5	1	31	10	59
合计	68	15	16	45	31	175

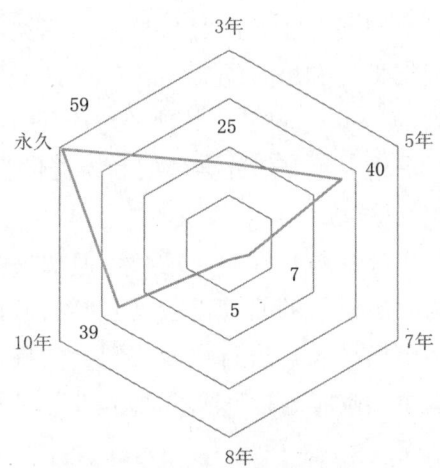

图5 证券市场禁入类型分布对比图

（五）交易所及行业自律组织的自律管理措施（纪律处分）

证券交易所及行业自律组织在我国的证券监管中发挥着不可忽视的作用。

证券交易所自律管理（self regulation）是证券市场监管的重要组成部分，国际证监会组织（IOSCO）明确指出："自律，通常包括私人利益和政府监督的独特组合，是应对复杂、动态以及不断变化的金融服务行业的有效和高效的监管形式"。[1]证券交易所自律管理是相对于中国证监会及其派出机构所实施的监管而言的，前者亦可称为政府监管。在中国证监会内部，人们习惯将交易所和行业协会的自律监管措施称为"纪律处分"。交易所包括上海证券交易所、深圳证券交易所、上海期货交易所、郑州商品交易所、大连商品交易所、中国金融期货交易所，等等。行业协会包括中国证券业协会、中国期货业协会、中国上市公司协会、中国证券投资基金业协会。

从 2010 年至 2015 年的数据看，交易所及行业自律组织作出的纪律处分决定数量呈现逐年增多的趋势。特别是 2015 年，纪律处分决定总数为 321 件，增幅较大。

从纪律处分措施的分布情况来看，警告或批评、通报批评、公开谴责、暂停或者限制交易或取消交易权限等四类纪律处分措施应用较多，而其中通报批评和公开谴责占比较大，五年间占比分别达到 84%、83%、81%、84%、69%。其他的纪律处分措施，包括暂停或者取消相关业务资格、暂停部分会员权利、支付违约金或赔偿金、罚款等则几乎不用（表4）。

尽管自律监管措施的数量在逐年增长，但如果将作为自律监管的纪律处分与作为政府监管的监管手段（包括行政许可、证券监管措施、行政处罚、市场禁入）进行比较，则会发现，自律监管的纪律处分数量仍远远少于政府监管手段的数量。

表4 自律监管（纪律处分）措施类型分布

年度 类型	2010 年	2011 年	2012 年	2013 年	2014 年	合计
警告/批评	29	26	40	32	56	183
通报批评	230	278	368	302	353	1531

---

[1] Model for Effective Regulation, Report of the SRO Consultative Committee of the IOSCO, May, 2000.

续表

年度\类型	2010年	2011年	2012年	2013年	2014年	合计
公开谴责	79	71	89	84	103	426
暂停或者限制交易/取消交易权限	23	42	45	38	132	280
暂停或者取消相关业务资格	3	0	12	0	8	23
认定为不适当人选	1	0	2	0	2	5
暂停部分会员权利	0	0	0	0	0	0
暂停会员（或参与人）资格	0	0	0	0	0	0
取消会员（或参与人）资格	0	0	0	0	0	0
罚款	0	0	1	1	0	2
支付违约金/赔偿金	0	0	0	0	0	0
强制平仓	0	0	0	0	0	0
终止上市	0	0	2	0	0	2
合计	365	417	559	457	654	

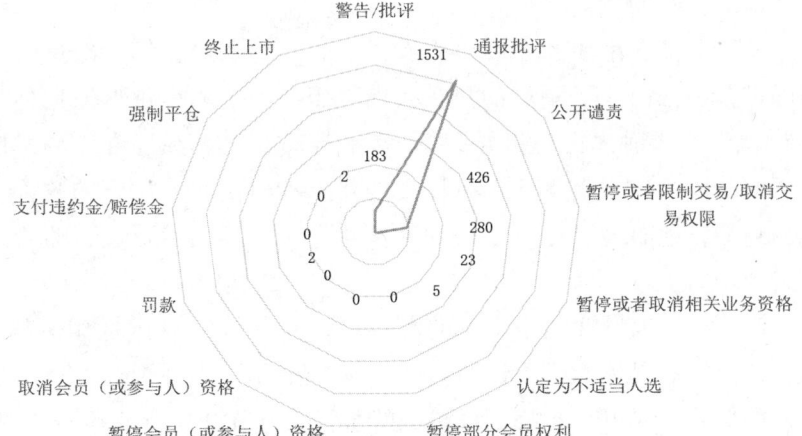

图6 2010年~2014年自律监管措施类型分布对比图

（六）行政执法和解

行政执法和解，是在行政执法过程中，当事实、法律观点不明确且这种不确定状态不能查明或者非经重大支出不能查明时，行政主体与相对人就此不确定状态进行协商达成协议。行政执法和解是一种传统行政行为之外的替代性执法方式，率先在英美法系国家发展起来，后来大陆法系国家和地区如德国、日本、台湾地区在行政程序法上予以规定。

2014 年底，国务院批准中国证监会在证券期货行政执法领域开展行政和解试点工作。2015 年 2 月 17 日，中国证监会公布《行政和解试点实施办法》，并于 3 月 29 日起施行。证券领域建立行政执法和解制度是中国证监会行政执法体制改革的一个重大创新性举措，行政和解制度有利于有效惩治各类市场违法失信行为，保护投资者合法权益，提高行政执法效率。

协商与谈判是顺从式策略的标志性特征。行政执法和解可以看作是顺从式执法策略的一种典型。据公开信息了解，自《行政和解试点实施办法》施行以来，中国证监会尚未与某一监管对象达成行政和解协议。因此，行政执法和解在执法中能够发挥多大的作用，目前还无法进行判断。

（七）窗口指导

从我国证券市场的发展历程看，政府监管几乎在每一次重大的制度变革中都扮演了重要的角色，以至于我国的股市被形象地称为"政策市"。所谓"窗口指导"，是指证券监管机关在证券市场发展的不同阶段，出于满足证券市场发展要求和协调政府监管的政策目标的目的，适时地以行政干预的手段对证券市场的运行进行监管的行为。

我国证券监管实践中常见的窗口指导有：（1）对新股 IPO 发行的窗口指导。具体而言，证监会的"窗口指导"表现为对 IPO 市场准入的监管，对 IPO 价格形成机制的监管，对 IPO 发行节奏的控制，就 IPO 发行方案对投行的指导[1]，等等。（2）对融资融券业务的窗口指导。例如，2010 年，中国证监会对参与融资融券试点的 11 家券商业务试点的 12 个主要环节进行了窗口指导。[2]

实践中较为常见的做法有几种：一是，由证监会某一处室的领导召集有关主体举行会议，对相关事宜提出指导性意见。在此基础上，有关主体还需要到证监会进行"沟通"。二是，证监会某部门通过举行培训的方式进行指导。例如，2015 年 10 月，中国证监会召开保荐代表人培训，发行部有关业务处负责人强调了六条关于非公开发行的证监会窗口指导意见并指出未来改革方向。[3]再如，2016 年 7 月 25 日，证监会组织保荐业务负责人和内核负责人召开《保荐机构专题培训》，会上发行部监管五处领导讲解了再融资审核政策，释放出 12 大类最新窗口指导。[4]三是，证监会发出指导函，对某一事项进行指导。例如，2014 年 8 月，中国证监会发出《关于结构化产品认购非公开发行股票的内部窗口指导函》。四是，证监会对个别券商就个别事项进行窗口指导。例如，2014 年 12 月初，证监会指导个别券商，要求调整融资保证金比例，控制风险。[5]

我们只能通过媒体的报道了解到中国证监会窗口指导的一些例子，证监会官方网站上几乎没有相关的报道。因此，很遗憾无法统计窗口指导的数量和频次。但不可否认的是，窗口指导是顺从式策略的一种典型方式。

---

[1] "IPO 前夕证监会窗口指导 投行连夜调整发行方案"，载《21 世纪经济报道》2014 年 5 月 27 日。

[2] "证监会窗口指导融资融券十二大业务环节"，载《上海证券报》2010 年 1 月 25 日，第 001 版。

[3] 资料来源：http://www.360doc.com/content/15/1028/20/21754836_509050882.shtml，访问时间：2016 年 9 月 8 日。

[4] 资料来源：http://www.v4.cc/News-1863899.html，访问时间：2016 年 9 月 8 日。

[5] 资料来源：http://forex.stockstar.com/IG2014120600000757.shtml，访问时间：2016 年 9 月 8 日。

三、中国证监会监管执法策略及其效果

(一) 中国证监会监管执法策略分析

虽然有学者指出,要解释为什么行政机关更倾向于某种执法模式是很复杂的,其中一系列变量显得很重要,包括被执行法律的特征,行政机关的任务环境和政治环境。[1]但我们对中国证监会监管执法策略属于何种模式的分析,主要从执法行为本身进行,并不涉及行政机关的任务环境和政治环境等因素。

表5 证券监管执法措施总览

类型 年度	行政处罚	市场禁入	监管措施	自律监管 (纪律处分)	合计
2010年	53	19	364	104	540
2011年	60	8	285	127	480
2012年	66	6	276	153	501
2013年	84	21	492	154	751
2014年	160	31	438	208	837
2015年	74	9	744	321	1148
合计	497	94	2599	1067	

法律赋予监管机关若干执法手段,监管机关对监管执法手段的选择,可以体现出监管机关采用的是何种执法策略。事实上,没有一个行政机关会纯粹采用威慑式或者顺从式规制执法策略,往往是

---

[1] Robert A. Kagan, "Understanding Regulatory Enforcement", *Law & Policy*, April 1989, Vol. 11. No. 2., p. 97.

两种策略混合使用,对其中一种策略更有侧重。[1]在英美国家,正式的执法手段包括"行政命令(administrative orders)、禁止令(cease and desist orders)、同意令(consent decrees)以及刑罚",非正式的执法手段包括"评论(comments)、警示函(warning letters)[2]、电话、与相对人会见、执法会议甚至保证不再采取进一步措施"。结合中国的实际情况,中国证监会所采取的执法措施中,"窗口指导"和行政执法和解可以归类于非正式的执法手段,其余都属于正式的执法手段。从上述数据我们可以看到中国证监会在监管执法中采用了大量的正式监管执法措施。就中国证监会2010年~2015年间所采取的执法措施数据而言,行政处罚、市场禁入以及证券监管措施等正式执法措施的数量远远大于非正式执法措施。理论上一般认为非正式执法措施与顺从式策略相一致,而正式的执法措施与威慑式执法策略相一致。没有纯粹的威慑式执法策略或者顺从式执法策略。但通过前述有关证券执法措施的各项数据,我们不难得出一个结论,中国证监会的监管执法策略属于威慑式执法策略。

(二)监管效果

接下来的问题就是,中国证监会采用威慑式执法策略是成功的吗?衡量规制监管执法策略成功与否,主要看执法策略是否能够实现监管的目标。此处涉及两个问题:第一,我国证券监管的目标是什么?第二,衡量监管执法策略成功与否的标准是什么?

就证券监管的目标而言,国际证监会组织在《国际证监会组织

---

[1] Neil Gunningham, "Negotiated Non-compliance: A Case Study of Regulatory Failure", *Law & Policy*, January 1987, p. 70.

[2] 出具警示函(warning letter)在西方国家的监管措施中被划为非正式监管手段。我国的证券监管中也经常使用出具警示函这种方式。如果仅从数据对比,参考西方国家的学说理论,或许我们可以认为中国的监管采取的是顺从式策略,但事实并非如此。事实上,监管机构对待出具警示函等监管措施的态度不同于西方国家,从与监管机构工作人员的访谈中得知,他们将责令改正、监管谈话和出具警示函等措施作为一种较轻的行政处罚来对待。从立法到执法均透露出这样的思路。因此,认识到我们与西方国家的区别,才能得出符合事实的结论,中国的证券监管执法不是顺从式策略,仍然是威慑式的监管策略。

证券监管目标和原则》中明确指出,证券监管有三项目标:保护投资者利益;保证市场公平、高效和透明;减少系统性风险。根据《证券法》第1条的规定,我国证券监管的目标是规范证券发行和交易行为,保护投资者的合法权益,维护社会经济秩序和社会公共利益,促进社会主义市场经济的发展。

衡量监管执法策略成功与否,最基本的标准应当包括:一是规制的有效性。这是衡量规制质量高低的首要标准。二是规制成本的高低。即便是最有效的规制,但如果成本太过高昂,其监管效果也大打折扣。

1. 规制的有效性

规制的有效性,即以监管目标为基础,对规制效果进行衡量。对规制效果的衡量包括对规制整体效果的衡量和对个别规制措施的衡量。我们对证券监管有效性的分析,很显然是针对监管的整体效果而言的。按照规制对目标发挥的作用,规制有效性可以分为完全有效、有效、不完全有效和无效四种情况。完全有效,是指规制可以100%的发挥作用,并完全有利于目标的实现;有效规制的作用程度在50%~100%之间;不完全有效的作用程度在0~50%之间;无效规制表现为规制仅仅是一种形式,对目标的实现不起任何作用。[1]

有学者认为,任何一个机制的有效性,都是相对于其成本而言的,为了在有限资源的条件下提高监管效率,必须考虑对多个相关变量作成本收益分析,比较其相对利弊,以达成大致的平衡。这一般包括以下几组变量即矛盾:对监管部门所授权力的大小、广泛与否与其监管效率和擅权的可能性之间的矛盾;过度监管以致窒息市场活力的可能性与自由放任、让市场自我调节至各种力量平衡博弈并可能付出市场混乱、小股民受损的代价之间的矛盾;监管部门手持资源分配权以增强其监管威慑力与市场永远以其本身对利润的追

---

[1] 参见李欲晓:"论规制的有效性",载《聊城大学学报(哲学社会科学版)》2002年第2期。

求的力量自然瓜分资源,优胜劣汰,并减少监管部门的干部腐败可能性之间的矛盾;实现审查,尽量减少入门时的造假,需要大量人、财、物与事后处罚,但却面临众多小股民不满的压力之间的矛盾,等等。[1]

结合证券监管目标对我国证券监管的效果进行整体衡量,结论应当是"有效",规制的作用程度在 50%~100% 之间。

2. 规制成本

在规制实践中,降低规制成本则意味着最小化义务主体和规制者双方承担的成本。提及规制成本,人们的主要注意力会放在执法成本(enforcement cost)和守法成本(compliance cost)上。

(1)执法成本。

执法成本是经济学意义上的成本范畴在法律执法领域中的运用,它指的是政府为了保障法律正常运行所支付的所有费用。从纵向方面来看是为了法律准确实施进行的前期宣传、机构设置、人员配备、执法监督以及相关的具体行政行为等的投入。从横向方面来看是指从侦破、逮捕到惩罚,即罚款、监禁过程的投入。[2]

中国证监会认为,广义执法是证监会机关及派出机构执行法律、法规和规章履行监管职责的行政行为。狭义执法是指对涉嫌违法违规行为进行专门调查,并对其作出行政处罚或移交公安司法机关的行为。[3] 本文所说的执法,是在狭义上使用的,与之相应的,执法成本其实指的是直接执法成本。直接执法成本是指在处理违法违规事件过程中,进行调查取证、采取措施、惩罚或者进行诉讼所耗费

---

[1] 高西庆:"论证券监管权——中国证券监管权的依法行使及其机制性制约",载《中国法学》2002 年第 5 期。

[2] 程然:"执法成本的经济学分析",载《市场经济与价格》2015 年 12 期。

[3] "大力推进监管转型——肖钢同志在 2014 年全国证券期货监管工作会议上的讲话",资料来源:http://www.csrc.gov.cn/pub/newsite/zjhxwfb/xwdd/201401/t20140122_243060.html,访问时间:2016 年 9 月 10 日。

的成本。[1]一般而言，越是严厉、程序越是复杂的执法措施，成本越高。

就我国的证券监管执法而言，在行政许可审批过程中，证监会及其派出机构需要面对和处理大量的申报材料[2]；如果规制是以行政备案的方式存在，则需要处理监管对象定期或者不定期上报的大量备案信息；如果是实施监管措施和市场禁入，需要进行调查和处理；如果是实施行政处罚，则需要经过调查取证等非常复杂的行政程序。例如，证监会行政处罚的周期一般比较长，2015年证监会稽查局的立案案件调查周期平均为86天，2014年是126天。从2007年~2010年的年结案率[3]来看，平均保持在每年70%左右。[4]总而言之，对资本市场进行监测和采取执法措施的成本是相当高的。

(2) 守法成本。

守法，就是法律的遵守，指的是组织和个人依照法律规定进行或不进行某一行为的活动，包括作为的守法和不作为的守法。守法是法律实施的一个有机组成部分，是首要的环节。所谓的守法成本，应当是组织和个人为遵守法律的规定，履行法律规定的义务，进行某一行为或不进行某一行为时支付的代价。守法包括两种情形，一是不违法，二是按照法律规定尽法律义务。一般来说，"不违法"是要求组织和个人以不作为的方式守法，而且在绝大多数情况下，法

---

[1] 戴治勇、杨晓维："间接执法成本、间接损害与选择性执法"，载《经济研究》2006年第9期。

[2] 首先，过多的行政许可项目造成审核工作任务繁重，不利于将监管重心落实在事中事后监管上，较大程度上影响了监管效率和效果。证监会每年行政许可事项平均在260件左右，每项行政许可的审核过程涉及补正、反馈、征求意见、任职谈话或现场验收、发文等多个程序，且需一人初审一人复核，耗费了大量监管资源和精力，监管效率受到较大影响。其次，在行政许可项目具体审核流程方面，任职资格类和营业部设立类许可需要派出机构与派出机构、派出机构与其他金融监管机构合作，程序过于繁琐，影响审批效率且实际意义不大。尤其是任职资格类行政许可申请数量多，审核程序中关于征求意见的规定造成审核时间延长、工作量加大，且实际效果不理想。

[3] 结案率=结案数/收案数×100%。

[4] "中国证监会2010年度证券行政处罚分析报告"，载《证券市场导报》2011年9月。

律只要求人们不做什么,组织和个人在很多的时候守法也是通过这种形式来实现的。但有的时候,守法必须通过承担一定的法律义务的方式来实现,通常采取的是作为的方式。这种类型的守法多会产生成本。[1]

在规制过程中,私人和企业需要花费相当数量的时间和精力来遵守法律规定,这就是守法成本。[2]守法既然是有付出的,守法程度与守法成本之间便存在着一定的关系。一般而言,守法成本低,人们倾向于守法;守法成本高,人们倾向于选择不守法,甚至违法。[3]

威慑执法理论认为,威慑有一般威慑(general deterrence)和个别威慑(specific deterrence)之分,前者意即对一个企业的制裁会抑制其他企业作出类似违法行为,后者则指遭受过法律制裁的企业会更倾向于努力避免未来的制裁。这两种威慑情形均被认为对降低规制措施所针对的社会危害作出了重要积极的贡献[4]。虽然威慑式策略能够在某些情形下产生积极效果,但也必须考虑过度利用或不加区分地采用这种策略产生的相反后果。因为"如果企业经营者认为他们有诚意守法,政府依然进行处罚,这些公司就可能会降低与规制机构合作的意愿"[5]。

此外,有人发现,人们守法的动机并非来自通常认为的制裁和惩罚,而是来自道德认同。例如,泰勒于20世纪90年代在美国所进行的一项"人们为什么遵守法律"的实证研究指出,与工具性的制裁、威慑相比,规范性的要素对于遵守法律是重要的、决定性的因素,对服从法律规则而言最重要的规范性因素是人们根据自己的

---

[1] 游劝荣:"守法成本及其控制",载《国家检察官学院学报》2006年第5期。
[2] Wim. Marneffe, Lode Vereeck, "The meaning of regulatory costs", *European Journal of Law and Economics*, 32 (2011), pp. 341~356.
[3] 游劝荣:"手法成本及其控制",载《国家检察官学院学报》2006年第5期。
[4] Simpson S., *Corporate Crime, Law, and Social Control*, Cambridge: Cambridge University Press, 2002, p. 26.
[5] Shapiro, S., Rabinowitz, R., "Punishment versus Cooperation in Regulatory Enforcement: A Case Study of OSHA", *Administrative Law Review*, 49 (1997), p. 718.

道德观念而作出的判断。强制和威慑对于规则的落实确实是有影响的，但不可否认的是，这影响有限的，存在某个"饱和点"，超过这个"饱和点"，生活会变得无法忍受，威慑的作用就会大大下降，因为生活已经不可能更坏了。[1]如果一个企业发现守法的成本高昂时，它或许会倾向于采取实施违法违规行为。

2005年秋，美国证券业协会（SIA）开展了一项行业调查，范围包括各种类型和不同规模的证券公司，内容涉及监管成本的总额、构成、产生来源等，此外调查还详细分析了监管成本对于当前监管环境的影响，调查显示：监管成本的上升十分显著，对证券公司运营影响很大，据估计，2003年~2005年监管成本约占行业净收入的5%；在快速上升的成本中，很大一部分是可以避免的，例如，重复检查、监督、管理，各种法规间缺乏协调、含糊不清，缺乏及时明确的指导等。证券公司报告，他们在过去12个月中平均收到231项监管要求，接近每个工作日一项，其中SEC和全美证券商协会（NASD）的要求占近3/4。[2]

在我国，包括《证券法》在内的现行法律法规在设计相关的监管制度时，往往仅着眼于如何达到"管"的目的，着眼于监管者的便利，极少考虑被监管者的守法成本，导致不仅增加监管执法成本，还增加被监管者的守法成本。监管执法中，经常出现中国证监会、派出机构和交易所就同一事项发文，导致被监管对象疲于应付的情况。以证券监管中的行政许可、审批为例，某证监局曾经就行政许可的情况，针对行政许可相对人、机构投资者、个人投资者等进行过问卷调查。调查结果显示，多数被调查者认为现有的行政许可事项过多，降低了市场主体运营效率，提高运营成本，阻碍市场充分竞争秩序形成。行政许可审批需要履行必要的审核程序和流程，必然会花费一定的时间，降低了期货经营机构决策效率，加大了运营

---

〔1〕 王锡锌："中国行政执法困境的个案解读"，载《法学研究》2005年第3期。
〔2〕 柯湘：《中国证券监管权的行使与制约研究》，知识产权出版社2015年版，第56~57页。

成本。以历史上曾经有过的迁址类行政许可为例（该项行政许可已取消），市场主体完成迁址准备工作后，由于需递交行政许可申请材料并等待核准，造成了额外的房租支出，增加了迁址成本。由此可以看出，我国证券监管对象为履行法律义务，事实上需要付出较高的守法成本。

综上所述，我国证券机关虽能部分地实现监管目标，但执法成本和守法成本都较高，因此目前的威慑式监管执法策略并未很好地实现证券监管的目标。

四、精明规制的理念的引入（smart regulation）

因此，我们应进一步思考是否应当转变监管的理念、是否应当采取更佳的规制执法策略。尽管规制失灵和规制国的悖论[1]在大范围内存在着，但我们并不能简单地要求放弃政府规制、回归自由放任。而是应当吸取证券规制实践的经验教训，尽力避免规制国的悖论，引入更符合我国证券规制实践的理念。

精明规制的概念是 Gunningham 在其 1998 年出版的《精明规制》一书中首次提出的。[2] Gunningham 提倡"精明规制"理念，以此来描述一种正在发展的规制多元化现象，这种现象融合了灵活、富于想象空间并且具有创新性的社会控制方式，其不仅发挥政府作用，也利用企业和第三方主体的力量。从而更好地以低成本实现政策目标，并且可以将稀缺的规制资源转而用于那些无法用其他手段替代直接政府干预的情况中。[3]

---

[1] "规制国的悖论"是政府规制失灵的一个重要表现形式。所谓规制国的悖论，是指规制方法在导致了与其追求的目标恰恰相反的效果这一意义上以自我挫败而告终。参见［美］凯斯·R. 桑斯坦著，钟瑞华译：《权利革命之后：重塑规制国》，中国人民大学出版社 2008 年版，第 120 页。

[2] Peter Grabosky, Darren Sinclair, Smart Regulation, *Regulatory Theories: Foundations and Applications*, ANU Press, 2017, p. 133.

[3] Neil Gunningham, "Enforcement and Compliance Strategies", *The Oxford HandBook of Regulation*, Oxford: Oxford University Press, 2010, p. 131.

"精明规制"理念逐渐形成于这样一个时期,即传统的命令-控制型规制和自由市场显然都无法为当今世界面临的日渐复杂且严重的环境问题提供满意的解决之道。正是这种状况导致人们转而寻求替代手段来应对环境问题带来的挑战,特别是推动了更多政策工具的运用,如经济工具,自我规制和信息化策略。

该理念的核心主张在于,在大多数情形下,相较于单一规制工具和单一规制主体,多重政策工具与多元化规制主体能够产生更好的规制效果。并且它能够根据特定的环境议题要求,来实现各种政策工具与参与者之间量体裁衣式的互补组合。

将这一理念置于实践中来看,我们必须记住,规制在传统上被视为是涉及政府和企业的双方过程,其中政府为规制者,企业为被规制者。然而,大量的实证研究发现,规制形式存在多元化,为数众多的主体通过各种复杂且微妙的方式影响着被规制者的行为,并且非正式的社会控制机制往往比正式的控制机制更为重要。因此"精明规制"理念要求我们扩大视野,关注更广泛的规制影响。

就执法而言,该理念建立在 John Braithwaite 的"执法金字塔"之上(见图7)。这种模式将建议和劝服性措施置于底部,将较为缓和的行政制裁置于中部,惩罚性制裁措施则置于顶端。在他们看来,规制者应当自金字塔模型底部开始,假设尚有道德存在——企业愿意自愿守法。但是,如果这种假设不当,规制者就应该逐步移向执法金字塔上层,采取更具有威慑性的措施。[1]规制者通过这种反复互动,就会了解规制对象是否是行业领跑者、勉强守法者、抗拒者抑或能力欠缺者,并能够采取相应措施。

---

[1] Ayres, I., Braithwaite, J., *Responsive Regulation: Transcending the Deregulation Debate*, Oxford: Oxford University Press, 1998.

第一章　我国证券监管执法策略及其调整

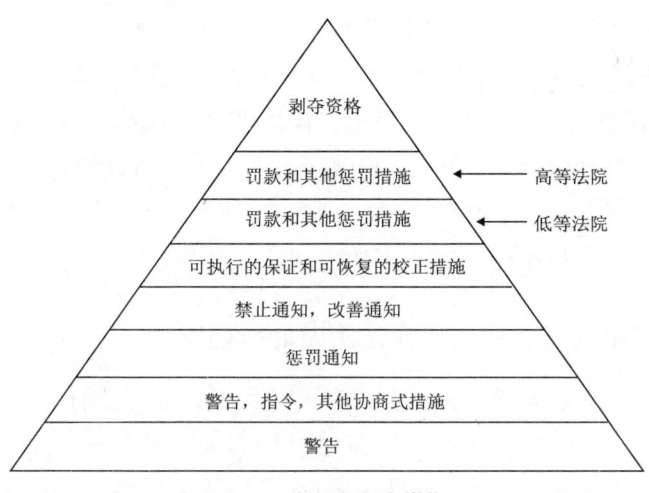

图7　"执法金字塔"

该理念主张从两个重要方面重新构建和扩展"执法金字塔"。（1）除国家这一执法主体外，第二和第三方主体能够承担准规制者（quasi-regulators）角色。在这一扩展的模型中，可以立足金字塔的多重维面逐级提升执行措施严厉程度，除政府行为外，还包括第二面（通过自我规制）和第三面（通过商业和非商业第三方主体的各种措施）各种机制。（2）Braithwaite的金字塔体系仅利用单一工具种类，即政府规制，而非多重工具与主体。相比之下，"精明规制"理念中的金字塔模型构建了多重主体实施不同工具进行规制的框架。

总之，"精明规制"理念中政府的重要角色在于，为第二或第三方主体创造必要前提以分担规制任务，而非直接干预。这也能够减轻规制资源有限的压力，同时强化企业和社会在规制过程中的主体地位。由此政府主要发挥着催化剂作用或扮演着推动者角色。特别是政府能够在金字塔框架下协调逐级上升过程中发挥关键作用，填补其间存在的空缺，并推动不同层级之间的联系。

"精明规制"尝试在回应性规制和"执法金字塔"内涵之上进行扩展，说明公共规制机构能够利用公共部门之外的组织和资源

（以及更广范围的补充性政策工具）去实现政策目标。特别是这种策略主张市场、市民社会和其他机构有时能够扮演替代规制者的角色，能够更有效地实现公共政策目标，同时获取更高的社会认可度并且降低国家成本[1]。这种进路与国际范围内政府角色的转换具有一致性：从"划船转向掌舵"[2]或者选择作为自我规制与合作规制的助推器进行"远距规制"而非直接规制。

五、中国证监会监管执法策略的转型

无论顺从式抑或威慑式执法策略，均无充足证据证明其具有有效或高效性。证据表明顺从式策略虽然有助于鼓励和推动那些愿意守法的被规制者遵守法律，但对于那些不情愿自愿守法的"理性行为人"，这种策略可能会造成严重后果。而威慑式策略一方面能够起到积极作用，提醒企业审视其守法行为，并使其确信如果自身守法，其他企业也不会逃脱相同约束，另一方面这种策略的效果也并非一成不变。例如，相对于大企业和能力欠缺的企业，威慑式策略更适用于小规模组织和理性的行为人。除非谨慎选择使用对象，否则可能适得其反，这种策略可能导致公司和个人产生"抵抗规制的文化"或者采取守势，拒绝提供信息，不去探查问题的内在诱因，唯恐这些信息会在法庭上于其不利。[3]鉴于顺从式策略和威慑式策略单独适用都存在局限性，目前欧洲和美国的多数规制专家主张，将这两种策略巧妙结合或许才是最佳规制策略。

---

[1] Gunningham, Grabosky, *Smart Regulation: Designing Environmental Policy* (Oxford Socio-Legal Studies), Oxford: Oxford University Press, 1998, p. 24.

[2] David Osborne, Ted Gaebler, *Reinventing Government: How the Entrepreneurial Spirit is Transforming Government*, Revista De Administracão De Empresas, 1992, p. 126.

[3] Neil Gunningham, "Enforcement and Compliance Strategies", *The Oxford Handbook of Regulation*, Oxford: Oxford University Press, 2010, p. 139.

第一章 我国证券监管执法策略及其调整

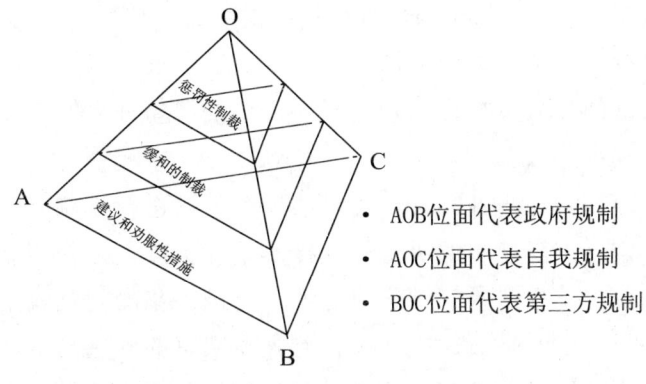

图 8 精明规制金字塔

在以上金字塔结构中，AOB 位面代表政府规制，AOC 位面代表自我规制，BOC 位面代表第三方规制。一个成功的规制应当是融合了政府规制、自我规制和第三方规制的整体。三种规制相互关联、相互配合、相得益彰，共同达致监管目标。如本文第一部分的数据所显示，中国证监会现在的规制执法策略的确存在着许多现实的问题：作为事前监管手段的行政审批仍然过多；作为事中监管手段的证券监管措施分布不平衡；作为事后监管手段的行政处罚和市场禁入作用发挥有限；过于依靠政府监管的作用，自律监管作用发挥有限等。引入精明规制的理念，推动规制执法策略的转型，可以考虑以下方面：

（一）事前监管向事中事后监管转移

政府对市场和经济与社会活动的规制和监管是一个过程，其中有不同的做法和手段，有的是事前控制，有的是事中的监督，有的是事后的追偿与惩罚。不同的做法产生的结果不一样。审批显然是事前的规制和控制。大量政府管理实践证明，传统的行政管理时代都倾向于采用前置性审批控制的做法。而在 1980 年以后的全球性行政改革中，各国政府逐渐放弃以往的做法，开始更多的放松前置性规制，转而采取事中监管的做法，这是政府管理中的一个新趋势。因为：第一，过分复杂的审批规制会增加审批的行政成本，给纳税人增加负担；第二，过分苛刻的审批会把市场"统死"，会把社会的活力扼杀掉；第三，更为可怕的后果是，过多过繁的审批还会增加公共权力部门和官员寻租腐败的机会。对经济与社会发展来说会造成很大的损害。[1]

一般而言，立法机关决定要对某一个领域进行规制时，需要做一系列决定：进行规制的决定；选择实质性标准；是否创立一个新的规制机关。一旦这些问题解决之后，更进一步的问题就是如何执行这些法律规定？解决这一问题，首先要回答的问题是某一规制领域的执行是纯粹私的执行，纯粹公的执行还是二者的结合？通常情况下立法机关愿意将执行权力授予行政机关，以取代或补充私人的执行。一旦立法机关决定将执行权授予行政机关，新的问题就产生了，授予何种类型的权力？立法机关将会为新设立的规制机关选择一种"执法模式"，即采取"事前模式"还是"事后模式"。以上两个问题构成了两条坐标：公或私，事前或事后。这两条坐标相结合，产生出四种可选择的执法方法（Mechodology）。[2]

表6 执法模式

	公	私
事后	起诉（刑事或民事）	私人损害诉讼
事前	事先许可或批准系统	私人禁止令（违法行为之前）

Ashutosh Bhagura指出，事实上，上述执法模式相互区别却并非相互排斥，一个规制领域或许会包括以上四种选择。Ashutosh Bhagwat认为，一个特定的规制领域是通过事后的执法还是事前的执法能得到最好的规制呢？政策制定者们在做决定时，应当考虑以下

---

[1] 马庆钰："'事中监管'更符合现代化政府管理新趋势"，资料来源：中国网。http://opinion.china.com.cn/opinion_41_57541.html，访问时间：2015年10月8日。

[2] Ashutosh Bhagwat, "Modes of Regulatory Enforcement and Problem of Administrative. discretion", *Social Science Electronic Publishing*, 50 (2000), p.1279.

因素：①违法的可能性。首先要考虑的是被规制对象违反法律规定的可能性和频率，以及可能发生的违法行为本身的特征。②调查的容易程度。③不可弥补的损害及其救济。④拖延的成本。如果因规制机关延迟作出决定而给被规制对象带来较高的成本，则倾向于采取事前执法模式。⑤被规制行为的特征。⑥规制的清晰程度/合作的好处。⑦信息成本。⑧被规制行为的量。[1]

　　监管方式的选择是实现监管目标的前提和关键。按照时间划分，政府监管可以分为事前监管、事中监管和事后监管。[2]如果公民、法人或其他组织的行为具有潜在的危险性，可能对社会或个人的人身或财产造成损害，行政机关必须加以适当限制。但这种被限制的行为可能对社会或个人在某些方面或某种程度上是必要的或有益的。如危险化学品的危害很大，如果不经妥善保存可能会造成重大的人员伤亡、财产损失。但是许多危险化学品在化工行业又是必需的。在此种情况下，人们常常想到的就是设定行政许可。长期以来，行政许可都是我国政府依法对经济、文化和社会生活等各项事务进行管理的重要手段。行政许可属于事前监督管理方式。事前监督管理方式，由于其对可能发生的问题及解决问题的条件的确定一般都是推定的，具有很强的主观性。因此，事前监督管理对经济、社会的有效性，往往受到人们的认识水平以及实施事前监督的制度是否健全有效等诸多因素的制约，成本很高，还易滋生腐败。可以说，事前监督管理方式是一种风险很高的管理手段，要慎用。[3]对于那些不可能发生系统性问题的事项，一般是通过事后监督管理，即备案制来防止危险的发生，或者对产生的不利后果进行补救。其背后的理念是：政府不是万能的，但是没有政府也是万万不能的，这体现

---

[1] Ashutosh Bhagwat, "Modes of Regulatory Enforcement and Problem of Administrative Discretion", *Social Science Electronic Publishing*, 50（2000），p.1313.

[2] 李明超：“公用事业特许监管的制度性风险及其制度体系之构建”，载《行政与法》2015年第10期。

[3] 张兴祥：《中国行政许可法的理论和实务》，北京大学出版社2003年版，第25页。

了一种行政对市场和社会的介入既不是全面的，也不是无所作为的服务行政观念。事中监管体现出政府监管的过程性、常态化，在放松监管的历史背景下，加强事中监管具有重要意义。

国务院在多个文件中提到行政机关要转变观念，加强事中事后监管，减少行政审批。中国证监会也多次强调要加强事中事后监管。对中国证监会而言，应当进一步减少行政审批，可以由市场调节的事项、可以通过事后监管达到监管目的的事项，就不再进行行政审批。

（二）实现合作规制

在对政府规制和政府规制法的研究中，学界往往会有意或无意地强调行政的作用，强调命令、控制型的行政规制工具，强调行政的高权性和行政相对人的服从。但是，除了市场失灵之外，还存在政府失灵或规制失灵。因此，应理性看待政府规制的限度与不足，不能走向"规制万能主义"，不能将行政规制视为解决社会问题的"万灵丹"，有必要从政府规制走向公共治理，探求通过多中心、多主体、多层次的合作治理，来实现行政任务。[1]

合作治理强调从传统的行政管理向公私伙伴关系和治理网络的转变。在行政治理过程中，不同主体有着不同的立场、知识、信息、资源和能力，有着自己的优势与不足，很难完全单由某个主体来完成行政任务，也很难由不同主体各自独立地来完成行政任务。因此，合作治理的重心从科层结构转向多中心治理网络，它强调多元主体的合作与参与，以更为合作、互动性更强的方式，形成相对更为持续、更为稳定的关系，通过不同主体来共享、动员和聚合分散的资源，协调利益和行动，进而实现行政任务。[2]

合作规制主张通过在规制过程中实现"多中心、多主体、多层次的合作"，以有效地实现行政任务。合作规制是在合作治理的大背

---

[1] 宋华琳："论政府规制中的合作治理"，载《政治与法律》2016年第8期。
[2] 宋华琳："论政府规制中的合作治理"，载《政治与法律》2016年第8期。

景之下，在规制领域的一种变革主张。就我国的证券监管而言，更多地采取以合作、劝服为特征的顺从式执法策略，或许更有利于监管目标的实现。

1. 为何要合作

John，T. Scholz 从博弈论的角度，论证了规制对象与规制机关的合作可以提高效率。囚徒困境理论可以为此提供很好的解释。"合作规制执法"模式认为基本的威慑平衡决定理论进路是不效率的，因为被执行的规制本身以及规制措施的成本均内含着不效率。要理解这种合作执法策略，须首先分析执法困境。[1]

表7　合作规制执法策略下的困境与效率

公司的选择		行政机关的选择	
		灵活的执法	最大程度的执法
	灵活的服从	3，3 自愿服从，平衡	0，5 干扰
	最小程度的服从	5，0 俘获	2，2 威慑，平衡

上表中，公司可以选择最小程度的服从或灵活的服从，行政机关可以选择最大程度的执法或灵活的执法。在经典的威慑平衡中，公司选择最小程度的服从，行政机关选择最大程度的执法，行政机关与公司所得均为2，共计4；在自愿服从平衡中，行政机关用灵活的执法减少了对公司的监控和起诉的费用，公司则选择了灵活的服从，其中行政机关与公司所得均为3，共计6，行政机关和公司获得双赢，公司和行政机关均倾向于自愿的服从。如果公司选择最小程度的服从而行政机关选择灵活的执法，公司则会逃避大多数或所有服从的成本并且采取很少的安全改进措施。与之类似地，如果行政机关选择最大程度的执法而公司选择灵活的服从，公司会产生更多

---

[1] John, T. Scholz, "Cooperative Regulatory Enforcement and the Politics of Administrative Effectiveness", *American Political Science Review*, Vol. 85, No. 1 (1991), p. 117.

的服从成本而行政机关可以获得最大程度的安全。两种情况下的结果都是不效率的。[1]

2. 谁与谁合作

合作规制（cooperative regulation）曾经并且仍然在一些规制领域和国家中颇为受用。这里的合作是规制者和规制对象之间的合作。就我国的证券监管而言，就是中国证监会与监管对象之间的合作。监管对象包括但不限于以下主体：证券发行人、上市公司及其董监高、证券公司、证券登记结算机构、证券服务机构、证券业协会、参与股票交易的人员等。

从规制者来看，这种合作规制要求规制者有更大的自由裁量权，[2]规制者可以决定合作对象的选择、合作的方式等问题。合作的表现形式主要是协商（negotiation）或劝服（persuasion）。中国证监会不应过多地依靠行政处罚、行政强制等监管手段，而是可以更多地对监管对象采用指导、劝服等方式，可以尝试更多地采取行政执法和解的方式处理涉嫌行政违法的行为。

从规制对象来看，其合作的意愿会在很大程度上不可避免地受到规制者的影响，事实上合作对规制者似乎会有更大的挑战。一方面，规制对象的合作意愿会受到规制者所采取的威慑式策略的影响。[3]虽然威慑式策略能够在某些情形下产生积极效果，但也必须考虑过度利用或不加区分地采用这种策略产生的相反后果。因为"如果企业经营者认为他们有诚意守法，政府依然进行处罚，这些公司就可能会降低与规制机构合作的意愿"。另一方面，已有大量证据证明如果规制机构不对违法者实施制裁，这种合作式策略就很可能会打消那些较好的被规制企业采取改善措施的积极性。这是因为那些被视

---

[1] John, T. Scholz, "Cooperative Regulatory Enforcement and the Politics of Administrative Effectiveness", *American Political Science Review*, Vol. 85, No. 1 (1991), p. 118.

[2] John, T. Scholz, "Cooperative Regulatory Enforcement and the Politics of Administrative Effectiveness", *American Political Science Review*, Vol. 85, No. 1 (1991), p. 132.

[3] 威慑式执法策略和顺从式执法策略之间的相互影响是值得我们继续进行观察的。

为"好苹果"的被规制者,如果他们为守法进行投入,但其他被规制企业却"侥幸逃脱",他们就会觉得在竞争上处于弱势。[1]

值得注意的是,有学者明确指出,合作关系在什么情形和哪一阶段会走向不守法和反对状态——规制体系"崩解"的临界点——是规制研究学者面临的挑战,同样也是规制者面临的重大挑战。[2] 如前所述,规制机关往往不会仅仅局限于一种规制执法策略,只是会有所侧重。因此,在何种情况下采取威慑式执法策略,在何种情况下采取顺从式执法策略,需要规制机关有很大的智慧。

(三)发展自我规制

1. 自我规制

正如精明规制理念所主张的,除国家这一执法主体外,还包括自我规制等多种机制。自我规制是一个多义的概念。(1)自我规制有时是指企业等经济主体出于社会责任感、建立声誉或声望或自律等动机,对于自己行为的自我约束和规范,这种意义上的自我规制与心理学上对自我规制的运用相似,是主体对自身行为的控制。(2)自我规制有时是指一个集体组织对其成员或者其他接受其权威的相关人员进行的约束和规范,即自我规制组织或者协会进行的规制。第一种意义上的自我规制在现代规制国家中也非常重要,但不应将其作为整个规制体制的一部分。[3] 本文采用其第二种意义,强调自我规制的集体性,认为自我规制的本质是一种集体治理过程。

尽管传统观点认为规制者的角色由政府承担,但正如研究指出,这一角色也可以由非政府性质的标准制定机构或者行业协会承担。一个规制对象通常接受不同政府和非政府规制者的规则约束,这些

---

[1] Neil Gunningham, "Enforcement and Compliance Strategies", *The Oxford Handbook of Regulation*, Oxford: Oxford University Press, 2010, p. 125.

[2] Cento Veljanovski, "Strategic Use of Regulation", *The Oxford Handbook of Regulation*, Oxford: Oxford University Press, 2010, p. 93.

[3] Alan C. Page, "Self-Regulation: The Constitutional Dimension", *The Modern Law Review*, 49 (1986), 141. Also see Angela Cambell, "Self-Regulation and the Media", *Social Science Electronic Publishing*, 51 (1999).

规制者彼此之间对其规则及规则执行活动可能会也可能不会进行协调。自我规制是传统命令即控制型规制的替代方式之一。自我规制是指规制对象对自身施加命令和结果的规制，而无论该对象是单个企业抑或代表规制对象的行业协会。

自我规制传统上主要存在于手工业、媒体、法律服务等自由职业领域，近年来在技术标准、金融服务和产业安全等领域也得到日益广泛的运用。在很长一段时间内，较为传统的规制形式主导着政府对社会经济问题的回应。那么为什么规制者会对替代式的自我规制策略表现出日渐浓厚的兴趣？自我规制有如下优势：第一，自我规制主体拥有较高的专业技术水平、充分的"内部知识"和产业信息，这使得规制能够针对该领域中确实存在的突出问题，其手段也往往较为有效。第二，可以依靠伦理标准、同行压力或自愿性的行为准则运作，这有利于促进规范事项的广泛性，并且在维持更高行为标准的同时获得业界的自愿接受。第三，自我规制主体作为私人组织，其在制定规则时不需要遵循严格正式的法定程序，这样，一方面规则制定的成本相对较低，另一方面也更加快捷，能够及时回应技术发展或经济形势变化的需要。同样，规则的执行与争端的解决也无需恪守僵化规则的要求，而是享有更高程度的灵活性，从而更能适应具体企业的特殊性。第四，自我规制的成本通常可以由被规制企业来承担，而政府规制则往往要由纳税人来承担成本。第五，自我规制也可以作为一种制度试验。如果产业界为实施自我规制而制定的规则被实践证明确实有效，也有可能转化为国家的正式立法。行业自我规制在美国和欧盟的历史都证明了其可以成为一个有效规制策略。[1]

自我规制根植于一种更深刻的意识，即自我控制在任何社会秩序中都是一种必要的存在，因为不可能为每一种可想象到的危害制

---

[1] 李洪雷："论互联网的规制体制——在政府规制与自我规制之间"，载《环球法律评论》2014年第1期。

定规则，检查人员也不可能时时刻刻监督每一个人。正因如此，所有类型的规制在最后分析中必须推动自我规制。了解哪些努力能够最有效地推动积极的自我控制仍应是有关规制式治理的社会科学研究的中心议题。[1]

高尔教授认为，自我规制固然有其优点，但如果不服从其他机构的监督，将导致一个卡特尔体系，其所制定的规则得不到被审查，规则的执行也无效率，因此必须尽可能地"保证自我规制服从政府规制的监督（surveillance）"[2]。它们的许多权力来自于法律的授权，其结构和行为也受到法律的重要限制。普遍的观点将这一规制体制概括为"法定框架内的自我规制"。

在发达国家的资本市场，证券交易所无论其形态为会员制还是公司制；无论是在证券市场自然演进中自主生成的，还是由政府推动建立的，均在证券监管中扮演着非常重要的角色。它既是证券商乃至证券市场参与者的利益代言人，又与政府的证券监管机构分享着资本市场的监管权。

以美国为例，美国的证券自律具有悠久的历史。早在18世纪中期就有商人专门从事证券买卖，并于1792年5月签订了著名的"梧桐树协议"。在较长时期内，证券市场依靠证券商、交易所的自律及各州制定的蓝天法来维持运行。行业自律是当时证券市场的主要监管力量。在证券交易委员会于1934年成立之后，尽管政府成了证券市场的主导监管力量，但自律监管由于其不可替代的优势，成为美国证券监管体系中不可或缺的重要组成部分，对证券业的规范健康发展具有重要作用。

美国证券行业的自律组织主要包括以下三类：一是证券交易所，如纽约证券交易所、美国证券交易所、纳斯达克等。证券交易所主

---

[1] Cary Coglianese, Evan Mendelson, "Meta regulation and self-regulation", *J. M. Dent*, 2012.

[2] 李洪雷："走向衰落的自我规制——英国金融服务规制体制改革述评"，载《行政法学研究》2016年第3期。

要通过制定上市规则、交易规则、信息披露等方面的标准，对其会员和上市公司进行管理，并实时监控交易活动，防止异常交易行为的发生。二是美国金融业监管局（FINRA）。FINRA 是在美国法律保障和政府授权下成立的最大证券行业自律组织，由美国全国证券交易商协会（National Association of Securities Dealers，NASD）与纽约证券交易所（New York Stock Exchange，NYSE）中有关会员监管、执行和仲裁的部门在 2007 年 7 月 30 日合并而成。三是其他社会团体，如注册会计师协会等。

自律组织与政府监管应该在分工的基础上互为依存，相互协作和补充。自律组织由于贴近市场，比政府更熟悉和了解证券市场的运作情况，可以对会员进行更有针对性、灵活性和预防性的监督、指导，而且可以采取更加符合市场运行规律的监管行动，通过实施自我教育、自我管理、自我规范，以维持公平、高效和透明的市场秩序。特别是在政府监管无能为力的范围，在政府和法律达不到的层面，恰可通过自律的行业道德规范和行为者自觉的约束，来发挥有效作用。一般说来，法律只规定证券市场主体行为的最低标准，而自律监管可以实施灵活的、高标准的道德规范和行为准则。

2. 证券交易所的自我规制

证券交易所作为证券集中交易场所，通过自律性的市场监督和管理，为发行人、投资者和其他市场使用人提供一个公平、透明且管理有效的市场，在一线监管、提高监管效率方面有着政府监管不可比拟的优势。

我国证券交易所就是一个自我规制的主体（一般称为自律管理）。《证券法》第 102 条第 1 款规定："证券交易所是为证券集中交易提供场所和设施，组织和监督证券交易，实行自律管理的法人。"证券交易所在证券市场中处于何种地位？一个经常被引用的回答是："交易所和购物中心或者跳蚤市场的经济职能没有什么实质差别，它们都是将买卖双方聚集在一起而减少彼此发现对方的搜寻成本。"[1]但事实并非如此简单。证券交易所为证券集中交易提供场所和设施,组织和监督证券交易,还要实行自律管理。目前,主要有上海证券交易所和深圳证券交易所。

自律管理是证券交易所的核心功能,亦是其本质属性。但证券交易所的自律管理由于关乎资本市场的稳定和投资者利益的保护,因此具有很强的公共性。此外,交易所的自律管理在诸多方面也不同于政府证券监管机构的行政监管。自律管理与行政监管在权力来源、逻辑、理念、履行方式等方面存在明显的区别。

从前文所述交易所实施的纪律处分措施来看,其总量与中国证监会实施的各类监管手段相比较而言,显得非常少。也就是说,可以认为我国的证券交易所在证券监管中发挥的作用是非常有限的。正如中国证监会主席刘士余在2017年监管工作会议中所指出的:"交易所的一线监管功能在过去是薄弱的,现在必须加强,这是下一步监管的主要力量。"

对于交易所而言,应当充分发挥以下三个方面的职能:

其一,市场服务职能。市场服务职能包括运营和组织证券集中交易,为证券集中交易提供场所和设施,为上市公司、证券公司、投资者等市场主体提供交易及相关服务。具体而言包括:一是上市服务。包括接纳股票、债券、基金等证券在交易所上市、公开挂牌交易。二是交易服务。提供场所和设施,将资金的需求者和供给者、证券交易的买方和卖方集中起来进行交易。三是清算交收服务。通过证券交易所自己出资设立的证券登记结算公司对交易进行清算交收。四是信息服务。通过交易所自己出资设立的证券信息公司单独或者委托他人加工汇集证券交易中形成的信息,成为信息产品。

其二,市场监管职能。交易所在提供市场服务的同时,履行一定的自律监管职能。主要包括:一是制定自律性业务规则。交易所

---

[1] Daniel R. Fischel, "Organized Exchanges and the Regulation of Dual Class Common Stock", *University of Chicago Law Review*, 1987, Vol 54, p. 119.

依法制定证券上市、交易、会员管理等方面的业务规则，规范市场运行。二是对会员进行监管。证券交易所实行会员制，证券公司是交易所的会员，投资者进行证券交易须由交易所的会员证券公司代理。交易所按照章程对会员资格和交易权限进行监管。三是对上市企业进行监管。根据法律和交易所业务规则的规定，交易所审核企业上市申请，决定企业上市，决定企业暂停、终止上市；依据法律规定和上市协议的约定，对上市公司信息披露、内部治理等环节的违规行为进行调查，并视情况给予处罚。四是对证券交易进行监管。上海证券交易所根据交易规则，对证券交易进行实时监控，发现异常交易及潜在的市场违规行为，及时采取措施，执行交易规则，对违反规则的市场参与主体实施纪律处分。

其三，市场培育发展与改革创新职能。我国的证券交易所是在计划经济转向市场经济过程中，由政府强力推动建立起来的。除了为证券交易提供市场服务、对证券交易市场进行监管外，证券交易所还承担着发展资本市场以及推动我国资本市场改革创新的职能。《中共中央关于制定国民经济和社会发展第十三个五年规划的建议》中明确要求积极培育公开透明、健康发展的资本市场，推进股票和债券发行交易制度改革。对于培育公开透明、健康发展的资本市场，证券交易所具有不可忽视的作用。同时，我国资本市场属于新兴的市场，尚待改革创新，交易所也可以发挥一定的作用。

关于证券交易所的自律管理，还需要注意两点：

第一，需要考虑政府监管和自律管理之间的界限，或者说需要考虑政府监管权和自律管理权二者如何进行科学的配置。这一问题的现状是：在证券交易监管、对交易所会员的监管、对上市公司的监管等领域，现行法律法规并未清晰界定证监会与证券交易所的监管权划分，实践中证监会的监管权过于广泛又缺乏重心——对违法行为的查处，使得证监会过多干预市场，侵犯市场自治，过度监管与监管缺失同时存在。因此，应当确立"尊重市场主体的判断、尊重市场自治的基础上，规范证券市场发展"的监管理念。为此，证监会与自律监管主体之间的权力配置应该确保自律监管主体一线的、基础性监管,证监会间接监管的基本配置模式。[1]

第二,交易所的自律管理应当是"法定框架内的自我规制",应当受到中国证监会的监督,因为交易所具有很强的公共性。交易所在提供证券集中交易的场所和设施过程中,协调并满足证券发行人、证券公司、投资者等不同市场主体的利益,实现既自利又互利;交易所的运营以及所组织的证券交易,与社会经济发展、社会公众有着直接的、密切的关系。证券交易所关系到证券市场的秩序,关系到投资者权益的保护,关系到系统性风险的控制。因此,交易所本身也承载着公共利益,具有很强的公共性。正因为此,交易所虽然实行自律管理,但也应当是在"法定框架内"进行。

3. 证券业协会的自律管理

目前,各国和国际性证券行业自律组织主要包括两类:一类是交易所,另一类是证券业协会。证券业协会组织大体上可以分两类:一种是纯粹的行业协会,主要负责行业内的沟通、交流等,没有自律管理职能;另一种是证券业自律组织。成熟资本市场一般都采取这种形式。纵观国际主要国家或者地区的证券业自律组织,其主要职能包括:制定和组织实施自律规则;从业人员注册、培训;合规检查并处罚违法违规会员;编制行业报告;开展投资者教育;通过调解和仲裁方式解决争端;管理场外证券交易市场,等等。[2]

从国际证券市场发展历史看,由于政治体制、经济制度、市场发育程度不同,各个国家和地区证券市场监管模式有所差异。但随着资本市场的发展,加强自律管理成为补充监管范围、完善监管体系、降低监管成本和提高监管效率的重要途径。

在美国,证券商协会是根据 Maloney 法案,于 1938 年成立的,

---

[1] 吴越、马洪雨:"证监会与证券交易所监管权配置实证分析",载《社会科学》2008 年第 5 期。

[2] 黄湘平:"中国证券行业自律组织的发展历程与趋势",载《中国金融》2010 年第 11 期。

是证券业的自律机构并负责对纳斯达克的监管，是全美最大的自律机构。美国法律规定，每一家从事公众证券业务的经销商都必须是协会会员。目前，协会有5400多个会员，9.2万个分支机构，近68万从业人员。协会在全国设有14家派出机构，承担了证券市场大量的监管职能和任务。协会引导会员规范经营，建立行业自律机制，并进行日常检查，协助证监会进行监管。协会与证监会关系密切，配合默契，承担了大部分对券商的日常检查任务，每年都要向证监会提交总结报告。证监会对协会的检查工作进行抽查，以检验其工作质量和执法水平。[1]由于美国法律上的分权文化影响，协会自律组织成为市场监管的重要力量，和行政监管共同组成市场监管体系。监管政策一直在政府与市场即行政监管与自律管理之间寻找平衡点。

有关证券业协会我国《证券法》第8条规定，在国家对证券发行、交易活动实行集中统一监督管理的前提下，依法设立证券业协会，实行自律性管理。第174条规定，证券业协会是证券业的自律性组织，是社会团体法人。第176条规定，证券业协会履行下列职责：（1）教育和组织会员遵守证券法律、行政法规。（2）依法维护会员的合法权益，向证券监督管理机构反映会员的建议和要求。（3）收集整理证券信息，为会员提供服务。（4）制定会员应遵守的规则，组织会员单位的从业人员的业务培训，开展会员间的业务交流。

我国证券业协会成立于1991年，但是真正发挥作用应该从2002年召开的证券业协会第三次会员大会将协会的职能首次定义为自律、服务和传导开始，而其职能的扩展则从证监会颁布《关于赋予中国证券业协会部分职责的决定》开始，此后证券业协会自律监管范围从证券从业人员延伸到证券行业执业标准和执业规范，从会员管理延伸到市场管理运作。2007年，证券业协会第四次会员大会召开，审议通过了新的《证券业协会章程》《证券业协会会员管理办法》，

---

[1] 徐叔衡："自律组织美国证券商协会"，载《中国证券报》2003年4月15日，第005版。

进一步明确和强化了证券业协会的自律监管权。

有人认为,我国的证券业协会仍然存在以下问题[1]:一是,证券业协会的独立地位仍然不存在,主要是证监会政策的执行者;二是,协会仍然是"桥梁和纽带"的功能,如反映会员的建议和要求,组织培训等,而没有反映出自律的功能,突出表现在《证券法》对于场外交易市场没有框架性规定。从发达国家的经验看,证券业协会均为场外市场的自律监管者,由于《证券法》规定的欠缺,导致证券业协会对该市场的监管缺乏法律依据,自律监管权十分狭窄,权威性降低。

因此,应当更好地发挥证券业协会的自律管理作用。当然,在政府职能定位的影响下,政府主导必将持续相当长的时期,使证券业协会成为完全独立的自律机构,当前还无法实现,但在现有法律框架内可以做到优化权力配置。其他国家的经验显示,证券业协会的主要自律职能体现在对证券公司和场外市场的监管。目前证券业协会最需要加强的就是自律监管职能,这也是证券业协会与证监会之间权力配置的重点。

---

[1] 康耀坤:"证监会与证券业协会监管权配置研究",载《甘肃社会科学》2010年第6期。

第二章 证券监管中的行政备案[1]

作为一种相对缓和的监管手段,行政备案在各个监管领域得到了广泛的运用。同时,随着我国行政审批制度的推进,许多行政许可、行政审批事项被取消后往往调整为行政备案事项。特别是在证券监管领域,行政备案的运用非常频繁,证券监管机构对上市公司、证券公司、期货公司等对象进行监管时,很多情况下通过行政备案的方式完成。2015年4月10日,中国证券监督管理委员会发布〔2015〕8号公告,取消调整了155项备案类事项。仅取消调整的备案类事项就有155项,可见证券领域行政备案事项之多。证券监管实践中的行政备案事项,在给监管者提供监管信息的同时,由于其数量繁多,客观上不仅给监管者增加了工作量,也给监管对象带来了沉重的负担。如何正确看待行政备案这种监管手段?行政备案将产生怎样的法律效力?行政备案法律关系各方主体的权利义务内容为何?上述问题目前在理论上均没有令人满意的回答。

本章拟通过分析证券公司向中国证监会派出机构进行报告及备案事项的现状与问题,进而探讨上述问题。[2]

---

〔1〕 本章部分内容曾刊载于《国家行政学院学报》2016年第3期和《证券市场导报》2016年第2期。

〔2〕 需要说明的是,本文仅讨论证券公司向中国证监会派出机构进行报告及备案事项,不涉及资本市场中证券公司向证券行业自律组织进行备案的事项。

第二章 证券监管中的行政备案

一、乱象丛生的行政备案

（一）法律规定中的备案

笔者在中国人大网法律法规库"法律法规司法解释"栏目中，以正文中含有"备案"一词进行检索，结果如下：法律及有关问题的决定共248部，中共中央、国务院法规及文件526部，司法解释及文件225部，部委规章及文件3033部。[1]而以标题中含有"备案"一词进行检索，结果如下：法律及有关问题的决定1件，中共中央、国务院法规及文件1件，司法解释及文件8部，部委规章及文件24件。

在北大法宝法律法规库"中央法规司法解释"栏目中，以"备案"作为主题词进行检索，检索结果如下：法律2篇[2]，行政法规6篇[3]，团体规定6篇[4]，行业规定107篇[5]，部门规章1794篇。事实上，此处所谓的"部门规章"，主要是国务院各部委给有关单位的回函以及一些关于备案的通知。真正属于国务院部门规章的

---

[1] 事实上，检索结果中有许多规定已经失效。

[2] 《全国人大常委会办公厅、国务院办公厅关于地方性法规备案工作的通知》（1987.05.25发布）、《行政法规地方性法规、自治条例和单行条例、经济特区法规备案审查工作程序》（2000.10.16发布，已修改）。

[3] 《法规规章备案条例》（国务院2001.12.14发布）、《国务院办公厅关于地方政府和国务院各部门规章备案工作的通知》（国务院办公厅1987.03.07发布）、《国务院关于报送国务院审批或备案的行政人员奖励和处分问题的通知》（国务院1985.10.25发布）、《企业投资项目核准和备案管理条例》（2016.11.30发布），还有两个是国务院关于青海和新疆某民族自治地方备案的批复。

[4] 包括《中国共产党党内法规和规范性文件备案规定》（2013年5月27日发布）、《中共中央纪委办公厅关于进一步加强和改进纪检监察法规备案工作的通知》（2003.12.09发布）、《中共中央纪律检查委员会办公厅关于中央和国家机关各部委纪检监察机关执行案件备案制度的通知》（1994.06.24发布）（失效）、《中共中央办公厅关于党内法规备案工作有关问题的通知》（1990.11.12发布）、《中国科学技术协会关于落实〈非经营性互联网信息服务备案管理办法〉的通知》（2005.06.15发布）、《中共中央纪律检查委员会办公厅关于纪检条规备案工作的通知》。

[5] 主要是中国证券业协会、中国证券投资基金业协会、中国期货业协会、中国银行间市场交易商协会、上海证券交易所、深圳证券交易所、煤炭工业协会、全国律协、全国银行间同业拆借中心、中国认证认可协会等行业协会关于备案的规定。

仅有18部[1]（下表1）。其余100余部关于备案的规定是有关部委制定的规范性文件。

表1 国务院部委规章设定的行政备案事项

序号	备案项目名称	部门	设定依据	设定年份	备注
1	奥林匹克标志备案 奥林匹克标志使用许可合同备案[2]	国家工商行政管理总局	《奥林匹克标志保护条例》（国务院令第345号）《奥林匹克标志备案及管理办法》（国家工商行政管理总局令第2号）	2002	形式审
2	出口食品生产企业备案	国家质量监督检验检疫总局	《出口食品生产企业备案管理规定》（国家质量监督检验检疫总局令第142号）	2011	类许可
3	电影剧本（梗概）备案	国家广播电影电视总局	《电影剧本（梗概）备案、电影片管理规定》（国家广播电影电视总局令第52号）	2006	类许可
4	对外贸易经营者备案	商务部	《对外贸易经营者备案登记办法》（商务部令2004年第14号）	2004	类许可
5	房屋建筑和市政基础设施工程竣工验收备案	建设部	《房屋建筑和市政基础设施工程竣工验收备案管理办法》（建设部令第78号发布，2009年修改）	2000	形式审

---

[1] 设定行政备案的18部国务院部委规章中，仅有3项是在2004年行政许可法实施之前已经存在的，剩余15个行政备案都是在2004年行政许可法之后新设的。

[2] 已被《国务院关于取消和下放一批行政审批项目的决定》（国发〔2014〕5号，2014年1月28日）取消。

续表

序号	备案项目名称	部门	设定依据	设定年份	备注
6	非经营性互联网信息服务备案	信息产业部	《非经营性互联网信息服务备案管理办法》（信息产业部令第33号）	2005	形式审
7	国际货运代理企业备案（以前是国际货运代理企业经营资格审批）	商务部	《中华人民共和国国际货物运输代理业管理规定》（中华人民共和国对外贸易经济合作部令［1995年第5号］）《国际货运代理企业备案（暂行）办法》（商务部令2005年第9号）	2005	形式审
8	来往香港、澳门小型船舶及所载货物、物品备案	海关总署	《中华人民共和国海关关于来往香港、澳门小型船舶及所载货物、物品管理办法》（海关总署令第112号）	2004	形式审
9	互联网IP地址备案	信息产业部	《互联网IP地址备案管理办法》（信息产业部令第34号）	2005	形式审
10	境外投资项目备案	国家发展和改革委员会	《境外投资项目核准和备案管理办法》（国家发展和改革委员会令第9号）	2014	实质审
11	商业特许经营备案	商务部	《商业特许经营备案管理办法》（2011修订）（商务部令2011年第5号）	2007	实质审
12	世界博览会标志备案[1]	国家工商行政管理总局	《世界博览会标志备案办法》（国家工商行政管理总局令第19号）	2004	形式审

---

〔1〕 已经被《国务院关于取消和下放一批行政审批项目的决定》（国发〔2014〕5号，2014年1月28日）取消。

续表

序号	备案项目名称	部门	设定依据	设定年份	备注
13	图书、期刊、音像制品、电子出版物重大选题备案	新闻出版署	《图书、期刊、音像制品、电子出版物重大选题备案办法》（新出图〔1997〕860号）	1997	实质审
14	外商投资项目备案	国家发展和改革委员会	《外商投资项目核准和备案管理办法》（国家发展和改革委员会令第20号）	2014	形式审
15	专利实施许可合同备案	国家知识产权局	《专利实施许可合同备案办法》（国家知识产权局令第62号）	2011	形式审
16	宗教活动场所主要教职任职备案	国家宗教事务局	《宗教活动场所主要教职任职备案办法》（国家宗教事务局令第4号）	2006	实质审
17	出口食品原料种植场备案	国家质量监督检验检疫总局	《出口食品原料种植场备案管理规定》（国家质量监督检验检疫总局2012年第56号）	2012	实质审
18	宗教教职人员备案	国家宗教事务局	《宗教教职人员备案办法》（国家宗教事务局令第3号）	2006	形式审

　　从已有的规定来看，涉及"备案"这一主题的规定数量庞大，根据备案的内容不同，我们可以将其分为四类：第一类是"法律规范的备案"，即法规规章和规范性文件的备案。《法规规章备案条例》（国务院2001年12月14日发布）、《能源部规章、规范性文件备案办法》（能源部1990年10月5日发布）、《中国共产党党内法规备案的规定》均在此之列。第二类是行政机关系统内部信息的备案。例如，《交通行政执法重大行政处罚决定备案审查制度》（交体法发〔1996〕829号，1996年9月25日颁布）中规定，交通行政管理部门作出的吊销证照、责令停产停业、5000元以上罚款的行政处罚决

定，交通行政管理部门应当在作出重大行政处罚决定之日的次日起15日内报上一级交通行政管理部门备案。第三类是行政机关要求相对人就有关事项向其备案。例如，《出口食品生产企业备案管理规定》（国家质量监督检验检疫总局令第142号，2011年7月26日发布）中规定，国家实行出口食品生产企业备案管理制度。国家质检总局设在各地的出入境检验检疫机构（以下简称检验检疫机构）具体实施所辖区域内出口食品生产企业备案和监督检查工作。第四类是行业协会成员就有关事项向行业协会进行的备案。例如，《公司债券发行与交易管理办法》（中国证券监督管理委员会令第113号）第29条规定，非公开发行公司债券，承销机构或依照本办法第33条规定自行销售的发行人应当在每次发行完成后5个工作日内向中国证券业协会备案。

本文所研究的行政备案，即是上述第三类备案。行政相对人向行政机关报告某些事项，供行政机关存档备查。但在法律规定中，与行政备案有关的用语非常混乱。除了称之为"备案"之外，有的称之为"报送"[1]，有的称之为"报告"[2]，有的称之为"登记备案"[3]，还有的称之为"审批备案"[4]。

（二）行政备案与行政许可、行政审批之间的关联

行政许可、行政审批和行政备案之间的关系错综复杂。通过梳理现有法律规定，以及国务院历次取消和调整行政审批项目的决定，我们发现行政许可、行政审批与行政备案存在如下三种相关联的情况：

---

[1]《企业年金试行办法》第6条规定："企业年金方案应当报送所在地区县以上地方人民政府劳动保障行政部门。中央所属大型企业企业年金方案，应当报送劳动保障部。"

[2]《劳动法》第27条规定："用人单位濒临破产进行法定整顿期间或者生产经营状况发生严重困难，确需裁减人员的，应当提前三十日向工会或者全体职工说明情况，听取工会或者职工的意见，经向劳动行政部门报告后，可以裁减人员。"

[3]《乡镇企业法》第8条规定："经依法登记设立的乡镇企业，应当向当地乡镇企业行政管理部门办理登记备案手续。"

[4]《全国学生体育竞赛管理规定》第33条规定："由中国大学生体育协会各单项分会主办的大学生单项体育比赛，裁判员的选聘方案及主要裁判人员名单，要在比赛前一个月报中国大学生体育协会审批备案。"

1. 曾经名为"备案",但已被取消的许可或审批

自 2002 年 11 月 1 日《国务院关于取消第一批行政审批项目的决定》开始,到 2015 年 2 月 24 日《国务院关于取消和调整一批行政审批项目等事项的决定》,国务院共做出 13 个取消和调整行政审批项目的决定。在国务院取消或者调整的行政审批事项中,共有 213 项曾经以备案形式出现,例如消防产品备案、土地评估机构资质备案、建设工程设计合同备案、电信服务格式合同的备案等,这些事项事实上属于行政许可或者审批,但这些事项已经被取消、不复存在了。

2. 替代审批事项的备案

近年来,随着国务院行政审批制度改革的深化,以行政备案替代行政许可项目的情况非常常见。最为典型的例子是,2014 年 12 月 28 日第十二届全国人民代表大会常务委员会第十二次会议通过的《全国人大常委会关于授权国务院在中国(广东)自由贸易区、中国(天津)自由贸易区、中国(福建)自由贸易试验区以及中国(上海)自由贸易试验区扩展区域暂时调整有关法律规定的行政审批的决定》(失效),授权国务院在上述区域内,暂时调整《中华人民共和国外资企业法》《中华人民共和国中外合资经营企业法》《中华人民共和国中外合作经营企业法》和《中华人民共和国台湾同胞投资保护法》规定的有关行政审批。暂停实施包括外资企业设立审批在内的共 12 项行政审批项目,调整为备案管理,在三年内试行。

在历次决定中,共有 8 项行政审批直接被改为"告知性备案"。[1]还有一些行政审批事项,虽然没有明确改为备案,但在备注栏中,有关于备案的制度设计。如在 2012 年《国务院关于第六批取消和调整行政审批项目的决定》中,明确取消企业投资扩建民用机场项目核准,但在备注一栏要求"投资主管部门通过备案发现不符合国家

---

[1] 包括房屋建筑和市政基础设施工程施工招标投标情况的书面报告核准、房屋建筑工程和市政基础设施工程竣工验收核准、设立营业性演出场所审批、地方软件登记办事机构设立审批、出版物出租单位设立审批、电子出版物复制单位(含磁盘、只读类光盘等)改变名称审批、危险化学品登记、举办国际教育展览审批。

有关规划和产业政策要求的投资项目,要通知有关部门和机构,在职责范围内依法采取措施,予以制止。"从中我们可以解读出虽然企业投资扩建民用机场项目核准项目取消,但有关行政机关仍然会通过备案的方式来予以监管。在《国务院关于第六批取消和调整行政审批项目的决定》中,这样的项目共有13项。

3. 事实上仍然是许可的备案

目前,还存在一些行政备案,无论从本质上还是程序上而言,均与行政许可无异。例如,《出口食品生产企业备案管理规定》第6条规定:"出口食品生产企业未依法履行备案法定义务或者经备案审查不符合要求的,其产品不予出口。"2006年《电影剧本(梗概)备案、电影片管理规定》第2条规定:"国家实行电影剧本(梗概)备案和电影片审查制度。未经备案的电影剧本(梗概)不得拍摄,未经审查通过的电影片不得发行、放映、进口、出口。"2004年《海关关于来往香港、澳门小型船舶及所载货物、物品管理办法》第5条规定:"小型船舶经海关备案后,可以从事进出境货物运输。"可见,上述事项均是未经备案,相对人便不能从事相应的活动,因此这些行政备案事项性质上仍然是行政许可。

上述第3种情况下,以备案之名,行许可之实,很显然违背了设定备案的初衷。第2种情况下,行政备案作为已取消行政许可的替代品,实践中有一种从行政许可遁入行政备案的倾向,值得我们警惕与思考。

二、证券公司向中国证监会派出机构报告及备案事项梳理[1]

(一)现状梳理

《证券法》第123条规定,证券公司是指依照《中华人民共和国

---

〔1〕 需要说明的是,本文对证券公司向中国证监会派出机构报告及备案事项的梳理,主要根据中国证监会有关证券公司的部门规章以及其他规范性文件的规定,以及证券监管机构网站上有关证券经营机构行政许可及备案工作指引,例如《北京辖区证券经营机构行政许可及备案工作指引》,参见 http://www.csrc.gov.cn/pub/zjhpublicofbj/ghbgzj/201507/t20150702_280250.htm,访问时间:2015年7月2日。

公司法》和本法规定设立的经营证券业务的有限责任公司或者股份有限公司。证券公司是专门从事证券经营业务的商业组织。根据《证券法》第 125 条规定："经国务院证券监督管理机构批准，证券公司可以经营下列部分或者全部业务：（一）证券经纪；（二）证券投资咨询；（三）与证券交易、证券投资活动有关的财务顾问；（四）证券承销与保荐；（五）证券自营；（六）证券资产管理；（七）其他证券业务。"由于证券公司的业务具有很强的专业性和特殊性，证券公司是否合法经营、公司是否出现重大风险，将严重影响到证券市场秩序，或者影响投资者利益，因此法律规定证券公司接受证券监管机构和自律组织的监管。

根据《证券法》和中国证监会的授权，对证券公司进行监管的主体之一是中国证监会的各派出机构。根据《中国证监会派出机构监管职责规定》（中国证券监督管理委员会令第 118 号）第 2 条的规定，派出机构受中国证监会垂直领导，依法以自己的名义履行监管职责。目前，中国证监会系统共有 38 个派出机构，包括 36 个证监局，以及上海证券监管专员办事处和深圳证券监管专员办事处。派出机构负责证券期货市场一线监管工作，切实维护资本市场公开、公平、公正，维护投资者特别是中小投资者的合法权益，防范和依法处置辖区市场风险，促进辖区资本市场稳定健康发展。派出机构按照中国证监会的规定对辖区内的上市公司、证券期货经营机构、证券投资咨询机构及具有证券期货相关业务许可证的律师事务所、会计师事务所、资产评估机构等中介机构的证券期货业务活动进行监督管理。

法律规定了下述几种对证券公司的监管手段：其一，行政许可。例如《证券法》第 122 条规定的，证券公司的设立须经国务院证券监督管理机构审查批准；第 129 条规定的，证券公司设立、收购或者撤销分支机构，变更业务范围，增加注册资本且股权结构发生重大调整，减少注册资本，变更持有百分之五以上股权的股东、实际控制人，变更公司章程中的重要条款，合并、分立、停业、解散、破产，必须经国务院证券监督管理机构批准。其二，证券监管措施。即证券期货市场监督管理措施，是指我国证券监督管理机构发展和规范证券期货市场，保护投资者的合法权益，维护社会经济秩序和社会公共利益，针对证券期货市场各类主体存在的各类违法或不当行为，依法所采取的监督管理措施的总称。[1]如暂停证券承销业务许可、暂停客户资产管理业务、暂停相关人员职务等。其三，各种行政备案事项。例如证券公司变更法定代表人备案，证券公司分支机构变更营业场所报备等。其四，行政处罚。《证券法》及有关的行政法规、规章中有许多关于行政处罚的规定。

通过梳理发现，证券公司向中国证监会派出机构进行备案或者报告的事项共计86项，其中关于证券公司内部治理与机构管理的备案事项共23项；关于内部控制与风险管理的备案事项共12项；有关人员管理与资格管理的备案事项有8项；有关业务管理的备案事项共有25项，其中经纪业务备案3项，自营业务备案2项，资产管理备案10项，投资咨询备案2项，融资融券备案3项，代销金融产品备案1项，金融衍生品备案3项，投行业务3项，结算与托管2项；有关结算与托管的备案事项2项，IT治理4项；信息披露1项；反洗钱备案5项；其他备案6项。

从证券公司向中国证监会派出机构进行备案或者报告事项的时间而言，共有以下几种情况：一是事前备案，要求证券公司在实施报备事项之前向派出机构进行备案或者报告。例如，证券公司总部迁址，申请迁入的为事前备案，此外，证券公司境外参股，证券经营机构在境外设立、收购、参股非与证券业务相关的其他机构和证券公司对其香港子公司、香港参股公司进行增资、提供融资或者担保事项都要求事前备案。二是事后备案，证券公司已经完成某一事项后在规定的时间点或者时间期限之内向派出机构进行备案或者报告。事后备案又包括以下四种情况：第一种情况是有关规定明确了

---

[1] 张红："证券监管措施：挑战与应对"，载《政法论坛》2015年第4期。

备案的时间期限。例如证券公司增加注册资本且股权结构未发生重大调整的，公司应当在取得证券公司登记机关换发的营业执照之日起5个工作日内，报公司住所地派出机构备案。[1]第二种情况是法律规定具体的某一日期之前完成备案或者报告，例如证券公司报送上一年度的合规报告（年度报告）应当在每年的4月30日之前。[2]第三种情况是法律规定中没有明确备案的时间，派出机构为了执行该规定，一般会要求证券公司"及时"备案。例如证券公司独立董事在任期内辞职或者被免职的，证券公司应当及时向公司住所地中国证监会派出机构提交书面说明。[3]实践中约有三分之一的情况下证券公司被要求及时备案。第四种情况是证券公司应当定期向派出机构备案。[4]但如何定期的问题，法律规定并未明确，派出机构也没有提出明确的要求。类似的情况还有证券公司按季度向派出机构报告资产管理业务季度报告等。

  对于证券公司的备案及报告事项，派出机构区分不同的情况进行不同的处理，不同的处理产生不同的法律效果。主要有以下几种情况：其一，出具回执。派出机构针对备案事项出具回执，表明派出机构已经收到证券公司报送的有关备案材料。目前出具回执适用于证券公司借入、偿还次级债务或者变更次级债务合同、证券公司增加注册资本且股权结构未发生重大调整、证券公司变更公司形式这三种情况。以证券公司借入次级债备案事项为例，2014年1月28

---

[1] 参见《关于调整部分证券机构行政审批事项有关工作的通知》（京证监发〔2014〕157号）。
[2] 参见《证券公司合规管理试行规定》（中国证券监督管理委员会公告〔2008〕30号）第23条。
[3] 参见《证券公司治理准则》（中国证券监督管理委员会公告〔2012〕41号）第32条规定："独立董事在任期内辞职或者被免职的，独立董事本人和证券公司应当分别向公司住所地中国证监会派出机构和股东会提交书面说明。"
[4] 参见《证券公司客户资产管理业务管理办法》（2013）第45条规定："证券公司应当建立公平交易制度及异常交易日常监控机制，公平对待所管理的不同资产，对不同投资组合之间发生的同向交易和反向交易进行监控，并定期向证券公司住所地、资产管理分公司所在地中国证监会派出机构及中国证券业协会报告。"

日,《国务院关于取消和下放一批行政审批项目的决定》(国发〔2014〕5号)中取消了证券公司借入次级债审批项目,并调整为以备案的方式进行管理。目前派出机构对于证券公司借入次级债的备案材料,通过审核之后出具回执。如果没有这一回执,证券公司将不能借入次级债。可以看出,这一回执所产生的法律效果从本质上而言与行政许可并无区别。其二,出具明确意见。目前针对证券公司总部迁址、辖区分支机构撤销核查、辖区证券营业部变更信息系统建设模式等三个备案事项,需要派出机构出具明确意见。实践中派出机构的意见会以批复、证明、无异议函、核查意见等形式出现。这种书面明确意见,一般是对某些法律状态加以确认,并不对后续行为产生法律效力。其三,派出机构仅对备案材料进行审阅,但不出具任何书面意见。这种情况又被区分为需要重点审阅的备案事项和不需要重点审阅的备案事项两类。前者包括证券公司开展其他新业务、证券公司及辖区营业部开展中间介绍业务、证券公司合规定期报告等共计17项。应该说,对于多数的备案事项,派出机构仅仅收取相关材料和信息,并不出具任何书面意见。在不需出具书面意见的情况下,备案对于派出机构而言就是收集信息、存档备查。

派出机构对备案材料是否进行审查,实践中包括两种情况:第一种情况下派出机构对备案的材料并不进行审查,只是接受证券公司提交的各种材料、数据等。第二种情况下派出机构对备案材料进行审查,根据审查的方式不同,区分为书面审查和现场核查两种情况。就书面审查而言,派出机构对证券公司提交的备案材料进行书面的审阅,这种书面审查审阅的方式适用于多数情况。就现场核查而言,对于某些备案事项,派出机构会到证券公司进行现场核查。例如,对于证券公司总部迁址备案事项,派出机构工作人员会到证券公司办公场所对是否合规以及信息系统安全情况进行现场核查。此外,某些情况下派出机构工作人员还会与证券公司有关人员进行谈话。例如,在证券公司申请变更法定代表人时,证监局必要时可以与之进行谈话。现场核查的方式,主要适用于需要派出机构出具明确意见的备案事项。

(二) 存在的问题

由于缺乏理论研究的支撑和完备的法律规定，实践中证券公司向中国证监会派出机构进行备案存在以下突出问题。

1. 备案事项边界不清

证券公司向派出机构进行备案共有 86 个事项，为何这些事项应当备案，行政备案与行政许可、行政审批等其他监管手段之间的界限何在，并不清晰。中国证监会又是依据什么标准来设定行政备案事项，我们同样不得而知。备案事项如果过多过滥，一方面会给派出机构造成很大的工作负担，另一方面也会给证券公司造成很大的负担。

2. 备案程序缺乏规范

绝大部分备案事项在有关法律规定中零散且简要地规定了申请备案的期限、办理备案时需要提供的材料，而没有全面细致地规范备案的基本程序。在我国缺乏统一行政程序法的情况下，这将可能影响备案的实际效果。备案程序方面存在的问题主要包括：其一，派出机构对备案材料是否需要审查，进行何种形式的审查，如果审查应当审查哪些内容，对于这些问题，目前并没有统一的规范；其二，对于备案事项应当采用何种处理方式，并不明确，什么情况下出具回执，什么情况下出具明确意见，什么情况下无须作出任何处理，没有可适用的标准；其三，监管机构在备案过程中应当遵循何种行政程序，同样缺乏规范。

3. 行政备案的法律效力不明确

如上所述，证券公司向派出机构进行备案，派出机构视情况不同会作出不同的处理结果，包括出具回执、出具明确意见以及不出具任何意见等三种情况，但这三种情况对派出机构、证券公司和对社会公众而言具有何种效力，在效力方面究竟有何区别，无论是在理论上还是在实践中均不清晰。

4. 行政备案中的权利义务及法律责任不明晰

在行政备案中，中国证监会派出机构和作为行政相对人的证券公司各自负有怎样的法律义务？例如，证券公司是否应当提交内容真实合法的材料，派出机构是否应当在规定的期限之内接受证券公司提交的材料等问题并不清楚。此外，备案过程中双方如果违反法律义务应当承担怎样的法律责任，证券公司能否获得行政救济等问题亦没有规则可循。

三、行政备案及其边界

（一）作为一种规制手段的行政备案

根据《现代汉语词典》的解释，"备案是指向主管机关报告事由，存案以备查考。"根据这一解释，行政备案的核心内涵是指，当事人向行政机关报告，行政机关接受这种报告、保存有关资料以便参考、公示。

有观点认为，行政备案是指公民、法人或其他组织依法将与行政管理有关的具体事务的相关材料向行政主体报送，行政主体对报送材料收集、整理、存档备查的一种程序性事实行为和行政法律制度。[1]也有观点认为，行政备案是指行政机关为收集与行政管理相关的信息，加强行政监督检查，依法要求公民、法人和其它组织报送与行政管理有关的材料，并对报送的材料进行收集、整理、存档备查的行为。[2]还有一种观点认为，备案是一种告知性行为，是相对人事后用书面形式向行政机关提供有关信息，不存在行政机关准予其从事特定活动的问题，因而不是行政行为也不是行政审批。[3]这是三种较为典型的定义，主要的区别在于行政备案是否应行政机关的要求而进行。关于行政备案行为的性质，多数观点认为是一种

---

[1] 朱最新、曹延亮："行政备案的法理界说"，载《法学杂志》2010年第4期。

[2] 姜雪："行政备案的概念及法律属性分析"，中国政法大学2011年硕士学位论文。

[3] 马太建："如何把握行政许可的界限"，载《行政与法》2004年第8期。

程序性的事实行为。[1]也有观点认为行政备案是一个讲究形式审查和程序正义的行政法律行为。[2]全国仅有的一部关于行政备案的地方政府规章《广州市行政备案管理办法》第2条规定："本办法所称的行政备案，是指行政机关为了加强行政监督管理，依法要求公民、法人和其他组织报送其从事特定活动的有关材料，并将报送材料存档备查的行为。"

我们认为，行政备案是行政机关依法要求公民、法人和其他组织报送其从事特定活动的有关材料，并将报送材料存档备查的行为。行政备案从性质上而言是一种行政事实行为。"事实行为是指以某种事实结果而不是法律后果为目的的所有行政措施。"[3]学者们大多将是否发生法律效果作为区分行政事实行为与行政法律行为的标准。[4]"行政事实行为是与行政法之法律行为相对之行为。事实行为的结果并不涉及法律关系，也就是不为了产生、变更或消灭一个行政法上的权利或者是义务关系，而仅仅产生了事实效果。"[5]

行政备案从性质上而言属于行政事实行为。通常情况下，行政备案的功能包括信息收集、信息披露和存档备查。但无论上述哪一种情况，行政备案都不以产生特定法律效果为目的[6]。通过备案进行信息收集、信息披露，主要是为行政决策或行政执法提供基础，对于相对人而言，这种行政备案只是一种程序性行为，行为的结果并不对相对人权利义务产生直接影响；主要是通过备案来检查监督

---

[1] 朱最新、刘云甫：《行政备案制度研究》，知识产权出版社2012年版，第13页；徐景波："完善我国行政备案制度的构想"，载《江汉大学学报（社会科学版）》2015年第1期。

[2] 王怿峰："行政备案制度研究"，中国政法大学2008年硕士学位论文。

[3] [德]哈特穆特·毛雷尔著，高家伟译：《行政法学总论》，法律出版社2000年版，第391页。

[4] 张兆成："台湾行政法学中事实行为概念辨析"，载《行政法学研究》2013年第3期。

[5] 陈新民：《中国行政法学原理》，中国政法大学出版社2002年版，第231页。

[6] 行政事实行为不产生"法效力"，此为行政法学理论上的通说。参见章剑生：《现代行政法总论》，法律出版社2014年版，第218页。

相对人的相关行为是否合乎法律，合乎法律则行为完结，不合乎法律则可能产生行政处罚等行政行为，因此，这种备案只是行政处罚等行政行为的前置性程序行为，其本身也不对相对人权利义务产生直接影响。[1]

事实上，行政备案也是行政机关的一种规制手段。所有规制工具或规制策略都具备四重必要特征，即对象（target）、规制者（regulator）、命令（command）和结果（consequences）。[2]第三个必要的规制属性为命令，指代规制者命令对象采取或者不得采取某些行为。由此看出，行政备案是一种传统的命令控制型（command and control）的规制手段。行政备案广泛存在于行政规制的各个领域，

（二）行政备案的意义

行政备案广泛存在于行政规制的各个领域，对于不同的主体而言，行政备案具有不同的意义。明确行政备案这种规制手段所能发挥的作用，有助于我们确定行政备案的边界。

对于行政机关而言，行政备案的意义有三：其一，行政决策的参考。信息是行政决策的依据和基础。行政信息纷繁复杂，变化多端，单靠行政机关自身的力量是难以及时、准确掌握的。如果行政机关在行政信息不准确、不全面、不及时的情况下盲目决策，可能导致行政决策失误，甚至违法决策。比如，通过劳动合同的登记备案，劳动与社会保障机关就可以及时掌握就业情况，以便于科学地制定针对当时就业形势的政策。其二，行政备案获取的信息是后续监管的基础。任何行政执法都必须具有事实依据，而事实依据的获得离不开信息的收集。现实中，行政机关获取行政信息的方式是多种多样的，其中行政备案是行政机关及时、高效获取经济信息、社

---

[1] 朱最新等：《行政备案管理制度研究》，资料来源：广州市人民政府法制办公室网站，http://www.gzlo.gov.cn/gzsfzb/ktyjcg/201108/882835.shtml，访问时间：2015年6月22日。

[2] Robert Baldwin, Martin Cave, Martin Lodge, *Oxford Handbook of Regulation*, Oxford University Press, 2010, p.147.

会信息和管理信息的重要方式之一。将通过备案收集到的信息汇总，经过科学的统计分析可以让行政机关准确掌握相应的事实情况。因此，行政备案的主要功能就是收集信息，存档备查，掌握行政相对人的有关动态，以利于行政机关进行监督。其三，监督备查。不同于事先的监督方式，行政备案通过事后的监管来实现监查功能，行政主体对市场和社会的介入程度既不如行政许可、审批那么高，也不是完全的无所作为。行政机关通过对公民、法人或其他组织的社会事务、经济事务进行必要的备案监督，排除其可能对社会、个人带来的危险，或者对产生的不利后果进行补救，以维护社会秩序和公民、法人或其他组织的合法权益。而且这种功能用较少的行政成本就可以实现，形式上是被动的信息收集，实质上是监督以备需要时审查的一个步骤，也可以促使备案事项中的相关主体自觉的依法从事相关活动。

对于社会公众而言，行政备案具有信息披露和公示价值。行政机关在某些情况下将备案的信息予以公布，供社会公众了解。例如，《商业特许经营管理条例》第10条规定："商务主管部门应当将备案的特许人名单在政府网站上公布，并及时更新。"特别是对于有利害关系的人而言，通过查询有关的备案信息，可以提供参考。

(三) 行政备案的边界

对于哪些事项应当进行行政备案，哪些事项应当进行行政许可，需要整体的理论与制度设计。设定行政备案的边界，首先应明确应当考虑哪些因素；其次，应当明确哪些事项不能设定行政备案。

1. 应当考虑的因素

不同的规制领域、不同的规制事项可能适用不同的规制形式，可以使用某一种或某几种规制形式。面对诸多可以选择的规制手段，例如行政许可、行政处罚、行政强制，等等，是否选择行政备案作为行政手段，行政机关应当考虑以下因素：

其一，是否有助于行政目的的达成。理论上而言，任何规制手段的采取均应当有助于行政目的的实现。行政机关采用行政备案的手段，主要目的包括获取信息、存档备查，或是作为决策的参考，或是为监督检查提供信息。如果通过行政备案这一手段能够达成行政目的，便应当采用行政备案；如果不进行行政备案也不会影响行政目的的实现，便无须设置行政备案。例如，如果通过行政机关之间的信息共享机制能够获取的信息，便不应要求行政相对人进行备案。

其二，是否能够提高行政的效率。行政效率原则要求行政机关以较低的成本实现行政目标。法律的执行必须考虑执法成本，执法效果也不能离开执法成本而进行孤立评价，衡量不同执法手段的执行效果时必须考虑执法成本。采用行政备案的方式，不能太多，否则会增加行政机关的工作负担，影响工作效率。行政机关采用行政备案的方式，而不采用行政许可等其他方式，出发点原本就是为了高效地获取各类信息，提高行政管理的效率。行政备案和行政许可、行政审批等比较起来，成本应当是最低的，如果行政备案过多过滥，势必会给行政机关造成很大的工作负担，从而影响行政机关的工作效率。

其三，是否给行政相对人增加不必要的负担。"所有的规制措施都会给商业带来成本。""由于过去存在过度规制的趋势，因此给产业带来了过重的规制负担。"[1]实践中，行政机关设定太多行政备案事项，给行政相对人造成较大的工作负担。2015年4月10日，中国证券监督管理委员会发布〔2015〕8号公告取消的150余项备案类事项中，共有57项备案涉及证券公司。这些行政备案事项涉及证券经纪人内部管理制度、证券公司集合资产管理业务、证券公司融资融券业务、证券公司治理、证券公司信息安全保障、金融衍生品、资产证券化等多个方面，覆盖了证券公司的所有业务范围。可以想象，如此繁多的行政备案事项必定会令证券公司疲于应付。因此，

---

[1] [英]安东尼·奥格斯著，骆梅英译：《规制：法律形式与经济学理论》，中国人民大学出版社2008年版，第345页。

行政备案事项不应当给行政相对人增加不必要的负担。

2. 不能设定行政备案的事项

根据《行政许可法》第 13 条的规定："针对本法 12 条所列事项，通过下列方式能够予以规范的，可以不设行政许可：（一）公民、法人或者其他组织能够自主决定的；（二）市场竞争机制能够有效调节的；（三）行业组织或者中介机构能够自律管理的；（四）行政机关采用事后监督等其他行政管理方式能够解决的。"该条第四项"行政机关采用事后监督等其他行政管理方式能够解决的"事项，已经为行政备案的范围划定了基本轮廓。

确定行政备案的范围，需要划清两条界限：一是哪些事项根本就不需要政府管理的，对于这些事项而言，连行政备案都不需要；二是哪些事项是需要通过事前的行政许可来管理的，对于这些事项，设定行政许可即可。可以这样认为，介于行政许可和政府根本不需要管理的事项之间的事项，属于行政备案的范围。

具体而言，不能设定行政备案的事项应当包括：

其一，已经通过行政许可、行政确认等方式进行事前管理的事项。《行政许可法》规定，在设定行政许可时应该遵循"市场优先""自律优先""事后机制优先"的原则。能通过市场机制解决，或通过规范、公正的中介机构自律能够解决的问题，由市场机制解决或由中介机构自律解决。当然也不存在设定行政备案的问题。行政备案主要是针对行政机关通过事后监督来实现有效保障公共安全和社会成员人身、财产安全的事项。因此，已经通过行政许可、行政确认等方式进行管理的事项便不应设定行政备案。

其二，行政机关直接通过行政检查、行政调查等方式可以实现行政监督管理目的的事项。行政检查是行政主体为实现管理职能，依据法律的规定，对相对人是否遵守法律和具体行政决定的情况进行强制直接了解并作出法律结论的行政行为。[1]实践中较为常见的

---

〔1〕 杨建明："论行政检查"，载《江西行政学院学报》2005 年第 2 期。

是例行检查，行政机关借以掌握行政相对人遵守法律情况。行政调查则是行政主体在行政程序开启之后、行政决定做出之前为了查明案件事实依据职权所进行的资料收集、证据调取活动。[1]行政机关在进行行政检查、行政调查等过程中，往往能够通过行政相对人获取大量的信息。在此情况下，便无必要要求行政相对人重复提交信息。

其三，行政机关之间能够通过信息共享机制获取信息的事项。我国行政机关之前的信息共享机制已经初步建立。目前，行政机关之间信息共享机制主要涉及科学数据、行政规制信息以及行政给付等领域。[2]2001年建设的"口岸电子执法系统"（国家金关工程的核心部分之一）是一个非常成功的典型。[3]在一些地方，已经开始建立电子政务信息共享平台，如广东省2014年11月7日发布的《推进珠江三角洲地区智慧城市群建设和信息化一体化行动计划（2014-2020年）》中明确要求建设电子政务信息资源共享平台。如果通过行政机关之间的信息共享机制能够获取有关信息的，便不应再要求行政相对人进行备案。

四、行政备案的程序

（一）行政备案中的审查

行政机关是否应当对相对人的备案材料进行审查、应当如何审查等问题是困扰行政机关的主要问题之一。

行政机关的审查一般包括形式审查和实质审查两种形式。所谓形式审查，是指行政机关对备案申请，不处理其是否与实体法上的

---

[1] 章志远："行政调查初论"，载《中共长春市委党校学报》2007年第1期。
[2] 胡建淼、高知鸣："我国政府信息共享的现状、困境和出路——以行政法学为视角"，载《浙江大学学报（人文社会科学版）》2012年第2期。
[3] 该系统在国务院领导下，由海关总署会同公安部、铁道部、交通部、信息产业部、国家外汇管理局等12个部委共同建设，在对相关信息实行共享的基础上，实现了既严密又高效的通关管理，从源头上打击了走私、骗汇、骗出口退税等违法犯罪行为。参见宋永乐："技术遭遇体制障碍"，载《计算机世界》2004年7月12日，G80版。

权利关系一致，而仅审查备案申请在形式上是否合法，即审查申请材料是否齐全完整、是否符合法定形式等。所谓实质审查，是指行政机关对申请备案事由、材料的实质内容进行审查。具体而言，行政备案实质审查要审查申请备案事由、材料的内容与事实是否一致，即核查申请备案事由、材料是否真实；申请备案事由、材料的内容是否符合法律规定，即处理申请备案事由、材料是否合法；申请备案事由、材料的内容是否具有法律效力，即申请备案事由、材料是否有效。换言之，行政备案实质审查是核实申请备案事由、材料的内容即实质要件是否真实、合法、有效，从而确定是否符合备案的实质条件。

具体到对某一行政备案事项进行形式审查还是实质审查，考虑到备案的主要作用是相对人向行政机关提供信息材料，供其存档备查，因此，原则上行政备案进行形式审查，以减少行政权力介入私人领域的机会。如果要对备案材料进行实质审查，那么当行政机关在申请人的备案材料中发现问题时应该如何处理？是否定申请人的备案材料，还是不允许申请人进行该项行为，这就又成了变相的行政审批，与取消行政审批改变行政管理模式的目的相悖。所以，行政机关只需对申请人报送的备案材料尽到一般注意义务即可。

（二）行政备案程序的完善

1. 报送程序

行政备案是一项需要当事人积极配合的行政事实行为。对于相对人而言，行政备案并不具有授益性，相反在一定程度上还需要承担一定的法律义务。据此，对于行政备案的报送，一方面要以法律责任做后盾，包括不备案的责任、虚假备案的责任，等等，以保证相对人依法及时报送备案；另一方面要在备案程序上坚持便民原则，在不损害公共利益、公共秩序的前提下，给当事人一个比较宽泛的申请时限，在申请方式上应当尽量方便民众，民众可以通过邮寄、传真等书面方式进行申请，有条件的可以实行行政备案的网上报送。对于行政备案需提交的材料，因行政备案涉及的事项不同，所需要提交的材料也是千差万别的，很难做统一的规定。一般由单行法律、法规、规章作具体规定或者通过工作指引进行规定的方式比较适宜。

2. 行政备案的公开机制

行政备案所涉及的事项范围广泛，不同事项在程序上有着不同要求。当今社会，透明政府已经成为行政改革不可阻挡的潮流，《政府信息公开条例》对此也做了较具体规定。行政备案也应该确立行政公开机制，对行政公开作具体要求。建议从以下方面构建行政备案的公开机制：（1）要求行政备案的实施机关将行政备案的事项、依据、程序、期限、实施机构以及需要提交的全部资料目录和备案报告的示范文本等在办公场所公开，以利于相对人办理有关事项和对行政备案进行监督；（2）除涉及国家秘密、商业秘密、个人隐私外，要求行政机关及时将行政备案的结果向社会公布。

3. 行政机关对备案的处理

行政备案的处理程序是指行政机关对相对人提交的备案事由、材料等进行处理所要遵循的方式、步骤、期限等。行政备案实施机关对报送材料进行核对后，应当根据下列情况分别作出处理：（1）报送事项依法不需要备案的或者不属于本行政机关职权范围的，应当即时告知备案报送人，并说明理由；（2）报送材料存在可以当场更正的错误的，应当允许备案报送人当场更正；报送材料不齐全或者不符合法定形式的，应当一次性告知备案报送人需补正的有关材料；（3）报送材料齐全、符合法定形式，备案报送人以现场方式报送材料的，行政机关应当当场出具加盖行政机关印章的书面回执；备案报送人以信函、传真、电子数据交换和电子邮件等方式报送材料的，行政机关应当自收到报送材料之日起3个工作日内，以书面回执形式告知备案报送人。

五、行政备案中的程序义务与法律责任

如前所述，行政备案作为一种行政事实行为，虽然并不以产生法律效果为目的，但并不意味着对相对人的权利义务不会产生影响。

行政过程中大量存在着的事实行为，一方面有利于实现行政管理的广泛职能，但另一方面事实行为也会影响特定相对人的权利与义务，即行政事实行为具有可致权益受损性（虽然其不具有法律上的约束力，但是它对相对人的人身权、财产权等合法权益仍可能产生事实上的损害）。[1]行政机关和相对人在行政备案过程中均负有一定的程序义务，如果不履行各自的程序义务，将承担相应的法律后果。

（一）行政备案中的程序义务

对行政相对人而言，行政备案中的程序义务包括：其一，按照行政机关的要求，在一定期限内向行政机关报送符合法定形式和内容要求的备案材料；其二，已经备案的情况发生变化时，相对人应当及时向行政机关报送变更的备案材料；其三，行政相对人应当对报送材料内容的真实性负责，应当向行政机关报送内容真实的备案材料。

对行政机关而言，行政备案中的程序义务包括：其一，事先以一定的方式公开对备案事项的时限、形式等方面的要求，以便行政相对人知晓行政机关的要求；其二，对于相对人报送的符合要求的备案材料，应当予以接受并进行存档处理；其三，对于相对人报送的不符合要求的备案材料，应当一次性告知相对人如何补正。

（二）行政备案中的法律责任

"法律责任是有责主体因法律义务违反之事实而应当承受的由专门国家相关依法确认并强制或承受的合理的负担。"[2]行政备案中，行政机关或者相对人未能履行有关的程序义务，应当承担相应的法律责任。

1. 行政相对人违反义务的法律责任

实践中，行政备案往往是法律法规明确规定的行政相对人的一种程序性义务。一般情况下，行政相对人应当按照行政机关的要求

---

[1] 姜明安主编：《行政法与行政诉讼法》，北京大学出版社、高等教育出版社1999年版，第257页。

[2] 刘作翔、龚向和："法律责任的概念分析"，载《法学》1997年第10期。

在规定的时间期限内向行政机关提供要求的信息。如果行政相对人怠于履行备案义务,或者不按照要求履行备案义务,或者在备案过程中提供不真实信息的,行政相对人是否应当承担相应的法律后果?行政机关能否对行政相对人采取措施促使其履行这一程序义务呢?

应当说,法律法规如果规定了行政相对人的行政备案义务,行政相对人未能履行备案义务的,属于一种行政程序义务的违反。从行政机关角度观之,由于相对人未能履行备案义务,导致行政机关无法获知与行政监管活动有关的信息材料,可能会影响行政机关对相对人进行后续的监督和监管。因此,行政机关应有权采取措施促使行政相对人积极履行行政备案义务。

我们认为应当区分以下两种情况:第一种情况下,相对人逾期报送备案或者不按要求报送备案材料的,应当由行政机关在一定期限内催告行政相对人履行行政备案义务。催告期限届满,行政相对人仍未履行备案义务的,应当由行政机关课予一定数额罚款的行政处罚,促使行政相对人履行备案义务。第二种情况下,行政相对人隐瞒有关情况或者提供虚假材料报送备案的,应当由行政机关责令其限期提供真实材料或者信息,同时建议可以课予一定数额罚款的行政处罚。由于这种情况下相对人违背了诚信义务,其行为情节以及给行政管理秩序造成的危害大于逾期或者不按要求报送备案材料的情况,因此,行政罚款的数额应当高于第一种情况。相对人情节较为严重的情况下,行政机关应当将此情况公开,或者记入诚信档案。

2. 行政机关违反义务的法律责任

行政相对人按照要求向行政机关报送备案材料,行政机关应当进行存档。可见,行政备案同样是行政机关的义务。行政机关违反备案义务,同样应当承担相应的法律后果。正如德国的毛雷尔教授所指出的,"由于事实行为不产生法律后果,从法律的角度来看不如法律行为那样重要。但是,事实行为在法律上并非毫无意义,它必须符合现行法律,如果违法可能引起清除请求权和损害赔偿请求权"。[1]

行政机关违反备案义务具体而言包括以下几种情况：其一，材料齐全、符合法定形式的行政备案材料不予备案或者拖延处理的；其二，对材料不齐全或者不符合法定形式的行政备案报送予以接受的；其三，不在办公场所公示依法应当公示的材料的；其四，不按规定一次性告知备案报送人必须补正的全部内容的；其五，明知备案报送人隐瞒有关情况或者提供虚假材料而予以接受或者事后不及时进行处理的。

德国和我国台湾地区学者均认为"行政事实行为同样应当服从法律的规制，如违法则应为相对人提供相应的救济手段"。[2]毛雷尔认为，事实行为违法仍然可能产生如下后果：行政机关有义务去除违法事实行为造成的现实，并且在可能的和可预期的范围之内恢复合法的状态。因违法事实行为而遭受损害的公民享有相应的清除请求权和补偿请求权。而行政法院的法律保护不限于行政行为和其他法律行为，事实行为也在其中。[3]我国台湾地区行政诉讼法制也借鉴德国制度，对于行政事实行为不服可以提起行政诉讼。[4]我国新修订的《行政诉讼法》第2条明确规定："公民、法人或者其他组织认为行政机关和行政机关工作人员的行政行为侵犯其合法权益，有权依照本法向人民法院提起诉讼。"此处"行政行为"既包括行政法律行为，也包括行政事实行为。只要事实行为造成公民合法权益侵害，就具有可诉性。[5]因此，对于行政机关在行政备案中违反程序义务构成违法的情形，行政相对人可以申请行政复议或者提起

---

[1] [德]哈特穆特·毛雷尔著，高家伟译：《行政法学总论》，法律出版社2000年版，第391页。

[2] 闫尔宝：《行政行为的性质界定与实务》，法律出版社2010年版，第37页。

[3] [德]哈特穆特·毛雷尔著，高家伟译：《行政法学总论》，法律出版社2000年版，第392～393页。

[4] 吴庚：《行政法之理论与实用》，三民书局2014年版，第452页。

[5] 袁杰主编：《中华人民共和国行政诉讼法解读》，中国法制出版社2014年版，第8页。

行政诉讼。正如有学者指出的,"与其对行政事实行为概念进行规范界定,并对事实行为和法律行为进行理论上的区分,还不如具体关注事实行为对相对人到底会产生什么样的影响以及相应的救济途径。"[1]

六、针对证券监管中行政备案的具体建议

事实上,除了证券公司向派出机构进行备案及报告的事项之外,证券监管中还存在大量的行政备案事项。我们将结合上文的分析,提出有针对性的建议。

一是厘清证券监管中行政备案的边界。建议根据设定行政备案的边界应当考虑的因素,以及不能设定行政备案的事项范围,仔细梳理监管对象向证券监管机关进行行政备案的事项。一方面,将现存的名为行政备案事项但本质上属于行政许可的事项调整为真正意义上的行政备案。以证券公司向派出机构进行备案和报告的事项为例,从本文第一部分可以看到,证券公司向派出机构进行备案和报告的事项中,有一类事项在证券公司向派出机构提交材料后,派出机构需出具回执。目前出具回执适用于证券公司借入、偿还次级债务或者变更次级债务合同、证券公司增加注册资本且股权结构未发生重大调整、证券公司变更公司形式这三种情况。这类备案虽然名为备案,但往往以前是行政许可,后被国务院取消,但监管实践中又认为这些事项不管不行,于是调整为备案。如果派出机构不出具回执,证券公司无法开展下一步的活动,因此这种备案是行政许可意义上的备案,与行政许可并无本质区别。建议将这一类本质上仍然是行政许可的行政备案事项调整为真正意义上的行政备案。另一方面,从长远的角度而言,现存的行政备案事项中,有些事项证券监管部门可以不进行管理的,应当取消。

---

[1] 王锡锌、邓淑珠:"行政事实行为再认识",载《行政法学研究》2001年第3期。

二是规范关于监管对象向证券监管部门备案的程序。首先，规范监管对象向证券监管部门报送材料的程序，坚持便民高效的原则，方便监管对象报送材料，同时也要有相应的措施敦促监管对象报送材料；其次，建立公开机制，证券监管部门主动公开备案的事项范围以及具体要求，并将备案结果向社会公布；最后，建立行政备案的处理机制，证券监管部门接收到监管对象报送的材料后视不同情况分别进行不同的处理。

三是明确行政备案中的程序义务与法律责任。在行政备案过程中，证券监管部门和监管对象均应承担一定的程序义务。如果证券监管部门或者监管对象未能履行有关的程序义务，应当承担相应的法律责任。如果由于监管对象未能履行备案义务，导致证券监管部门无法获知与行政监管活动有关的信息材料，可能会影响证券监管部门对监管对象进行后续的监督和监管。因此，建议赋予证券监管部门一定的权力以采取措施促使行政相对人积极履行行政备案义务。相应地，对于证券监管部门违反法定义务构成违法的情况，监管对象认为损害自己合法权益的，应有权申请行政复议或者提起行政诉讼。

第三章 证券监管措施：挑战与应对[1]

证券监管措施，即证券期货市场监督管理措施，是指我国证券监督管理机构发展和规范证券期货市场，保护投资者的合法权益，维护社会经济秩序和社会公共利益，针对证券期货市场各类主体存在的各类违法或不当行为，依法所采取的监督管理措施的总称。据统计，法律、行政法规和中国证监会的行政规章等规范性文件中共规定了114种证券监管措施。这些监管措施对于预防市场风险、防止风险扩大虽然必要，但往往会对相对人的权益产生巨大影响，且由于不受行政许可法、行政处罚法、行政强制法的约束，因而成为法律规范的盲点。如何对证券监管措施进行法律定位并进行规范，是本章试图探讨的问题。

一、证券监管措施对理论与实务的挑战

（一）两个案例

1. 2010年弘信期货诉中国证监会案

2009年2月20日，中国证券监督管理委员会青岛监管局（以下简称青岛证监局）因青岛弘信期货经纪有限公司净资本不足，向其发出《关于对弘信期货经纪有限公司限期整改并限制业务的通知》（青证监发〔2009〕41号），责令公司限期整改，促使净资本达标或

---

[1] 本章内容部分刊载于《政法论坛》2015年第4期。

提出重组方案。2009年3月31日，整改期限届满，弘信期货仍无法满足"净资本不得低于人民币1500万元"的规定。2009年7月9日，中国证券监督管理委员会（以下简称证监会）依法作出《中国证监会行政监管措施决定书》[2009] 6号，决定撤销青岛弘信期货经纪有限公司《期货经纪业务许可证》（许可证号30670000）和《期货公司营业部经营许可证》（许可证号30671001、30671002），并关闭其所有分支机构。弘信期货不服，向证监会申请行政复议。2009年10月26日，证监会作出[2009] 7号《行政复议决定书（弘信期货）》，决定维持《行政监管措施决定书》[2009] 6号对申请人作出的行政监管措施决定。弘信期货不服上述复议决定，于2009年12月28日向北京市第一中级人民法院提起行政诉讼，请求法院依法予以撤销。北京市一中院于2010年6月3日作出[2010] 一中行初字第949号《行政判决书》，驳回了上诉人的诉讼请求。弘信期货不服一审判决，提起上诉。经过庭审，北京市高级人民法院终审判决，驳回上诉，维持一审判决。[1]

案件庭审过程中有两个争议焦点：其一，证监会撤销许可的行为是证券监管措施还是行政处罚？原告认为撤销其经营和业务许可的行为是一种行政处罚行为，属于行政处罚法的调整范畴。而被告证监会则强调自己向弘信期货下发的是《行政监管措施决定书》，决定书采取的措施是"撤销"其期货业务许可并关闭分支机构，不是《行政处罚法》中的"吊销"，其决定是适用《期货交易管理条例》（2007年）相关规定所作出的行政监管措施，不属于行政处罚。其二，证监会作出证券监管措施的行为程序是否合法？原告弘信期货诉称被告未履行听证程序，程序违法，处罚行为显然无效。被告证监会则辩称，监管决定是适用《期货交易管理条例》相关规定所作出的行政监管措施，不属于行政处罚，因此无需履行听证程序。

---

[1]《北京市高级人民法院行政判决书》(2010) 高行终字第896号。

2. 2009年江苏期望诉中国证监会案

2005年七八月,江苏期望经纪有限公司因无法追交450万元的最低结算保证金,被各期货所停止交易。此后几年,江苏期望基本处于停业状态。2007年《期货交易管理条例》开始施行。根据该《条例》第21条"期货公司成立后无正当理由超过3个月未开始营业,或者开业后无正当理由停业连续3个月以上,国务院期货监督管理机构应当依法办理期货业务许可证注销业务"之规定,证监会于2008年3月17日作出［2008］4号《中国证监会行政监管措施告知书》,注销了江苏期望期货经纪有限公司《期货经纪业务许可证》(许可证号A031610063)。江苏期望不服,提起行政诉讼,请求法院撤销证监会作出的注销其期货经纪业务许可证的行政监管措施。经过庭审,北京市第一中级人民法院一审判决驳回江苏期望公司的诉讼请求。江苏期望不服一审判决,提起上诉。北京市高级人民法院终审判决,驳回上诉,维持一审判决。[1]

在庭审过程中,有两个争议焦点:一是对证监会注销江苏期望期货经纪有限公司《期货经纪业务许可证》这一措施性质的认定;二是证监会监管措施程序是否合法。对于证监会注销许可证行为的性质,原告坚持认为注销措施系行政强制措施决定范围,且其实质内容系撤销期货业务许可证处罚行为。对此,被告证监会辩称,"对于江苏期望的注销措施既不是行政强制,也不是行政处罚,更不是对江苏期望的否定性评价",采取注销措施是针对期货公司怠于经营、无正当理由停业的事实状态,本质上是一种许可证的管理措施,不能混同于行政处罚。[2]在监管措施行使程序是否合法这一问题上,原告诉称被告证监会在注销许可前未能适当履行调查、告知、审批以及送达程序,程序瑕疵致使事实认定上存在错误。而被告认为自己严格依法行政,审慎做出决定,程序并无不当。

---

[1]《北京市高级人民法院行政判决书》(2010)高行终字第303号。
[2] 张欢:"期货经纪业务许可证被注销,江苏期望起诉中国证监会——期货业行政诉讼第一案在京开庭",载《上海证券报》2009年8月15日,第002版。

(二) 证券监管措施带来的挑战

上述两案系中国证监会因证券监管措施被诉的唯一两案。不难发现，上述两个案例的共同之处在于，原、被告对于具体证券监管措施的性质认定及行使程序是否合法，存在争议。此外，弘信期货诉证监会案和江苏期望诉证监会案都曾引发社会极大关注，法院在事实认定和法律适用上也都经历了一个艰难的过程。透过上述两案，可以看到证券监管措施对行政法学理论与实务所带来的挑战。

1. 挑战之一：法律定位不清

在弘信期货案中，原被告双方对于撤销原告经营和业务许可行为的性质存在不同意见。原告弘信期货公司认为，被告撤销了其经营及业务许可，停止了其期货经营业务，严重影响了公司利益，显然属于行政制裁的一种，故被告实施的此项监管措施实质上是行政法上的行政处罚行为，而被告证监会则辩称，针对弘信期货违法行为所制作的〔2009〕6号《行政监管措施决定书》，依据的是《期货交易管理条例》第59条关于撤销期货业务许可的规定，不是《行政处罚法》第8条关于吊销许可证的规定，撤销原告经营和业务许可行为不是一种行政处罚，而是证券监管措施的一种。与此相似，在江苏期望案中，原被告双方对于注销许可证行为的性质同样产生了分歧——注销行为是行政强制措施还是证券监管措施。且不论撤销许可与注销许可的区别何在，问题在于，证券监管机构对于证券市场上企业许可的撤销或注销行为的性质究竟是什么？作为以公权力为后盾的此类证券监管措施到底属于哪种行政行为？更为严重的是，法院对证监会关于证券监管措施不属于行政处罚主张的支持，是否在事实上以司法确认的形式，将证券期货监管措施第一次作为独立的具体行政行为类型对待？[1]

事实上，中国证监会采取的证券监管措施均存在定位不清的问

---

[1] 参见桂敏杰主编、中国证券监管管理委员会编：《中国资本市场法制发展报告 (2010)》，法律出版社2011年版，第785页。

题。例如，不具处罚性质的建议性、报告性、指导性监管措施，如"建议暂停或免除职务""披露财务报告""责令进行业务学习"等如何认定？[1]"记入信用记录"或"记入诚信档案"是处罚措施还是强制措施？[2]"暂停证券承销业务许可""限制有关股东行使股东权利"等是否属于行政强制措施？特别是《行政强制法》颁布施行之后，其中关于金融业审慎监管的例外规定，造成条文理解上的困难和法律适用中的混乱。《行政强制法》第3条第3款规定，"行政机关采取金融业审慎监管措施、进出境货物强制性技术监控措施，依照有关法律、行政法规的规定执行。"在证券期货执法中所适用的各类证券监管措施，是否适用行政强制法，一时出现了"完全不适用说"和"部分不适用说"之争。[3]

2. 挑战之二：行政程序缺失

前述两个案件中，原告坚持认为被告证监会在作出具体行政行为时未能适当履行法定程序，程序瑕疵，该行为依法当然无效。而被告证监会强调撤销许可和注销许可行为，并非依照行政处罚法作出，本质上属于一种证券期货监管措施而不是行政处罚，因而无需按照行政处罚法的程序规定进行。在此情况下，只能寄望于单行法律法规中是否有关于行政程序的规定。

上述两个案件均涉及《期货交易管理条例》的适用。弘信期货案涉及该《条例》第59条的适用，第59条第4款规定："对经过整改仍未达到持续性经营规则要求，严重影响正常经营的期货公司，国务院期货监督管理机构有权撤销其部分或者全部期货业务许可、

---

[1] 彭冰：《中国证券法学》（第2版），高等教育出版社2007年版，第420页。

[2] 对此，有学者认为应以是否公布为区分标准，若记入诚信档案并未公布，则不属于行政处罚措施；若记入诚信档案并予以公布，则该措施具备制裁性，属于行政处罚；柯湘："中国证监会非行政处罚性监管措施研究"，载《政法学刊》2008年第2期。这种区分标准同样值得质疑，因为未经公布的诚信记录，可为公众所查询，从而影响被记录者的特定权益，如《上市公司收购管理办法》第51条规定的，上市公司董事、监事、高级管理人员近3年有证券市场不良诚信记录的，不得收购本公司。

[3] 黄江东："《行政强制法》与证券监管执法若干问题辨析"，载《国家行政学院学报》2011年第6期。

关闭其分支机构。"江苏期望案涉及该《条例》第 21 条的适用，第 21 条第 1 款规定："期货公司或者其分支机构有《中华人民共和国行政许可法》第七十条规定的情形或者下列情形之一的，国务院期货监督管理机构应当依法办理期货业务许可证注销手续：（一）营业执照被公司登记机关依法注销；（二）成立后无正当理由超过 3 个月未开始营业，或者开业后无正当理由停业连续 3 个月以上；（三）主动提出注销申请；（四）国务院期货监督管理机构规定的其他情形。"但《期货交易管理条例》对于期货监督管理机构采取监管措施没有任何程序性规定。

除《期货交易管理条例》之外，《证券法》《期货交易所管理办法》《上市公司收购管理办法》《证券发行上市保荐业务管理办法》《证券投资基金销售管理办法》《上市公司信息披露管理办法》等多部法律法规、规章中都规定了许多监管措施，但均没有关于采取监管措施的程序性规定。

2008 年 12 月 12 日，中国证监会发布《证券期货市场监督管理措施实施办法（试行）》（以下简称《证券监管措施实施办法》）。《证券监管措施实施办法》对监管措施的种类作了统一设定，对其实施程序作了明确规范。中国证监会《关于印发〈证券期货市场监督管理措施实施办法（试行）〉的通知》中明确指出，"监督管理措施的具体适用情形及实施主体，由相关法律、行政法规或者规章予以规定。各单位、各部门应当根据法律、行政法规和规章规定，结合个案的具体情况，做出是否实施以及适用哪种或者哪几种监督管理措施的决定"。

《证券监管措施实施办法》共罗列了 18 种监管措施[1]，并通

---

[1] 这 18 种监管措施包括：责令改正、监管谈话、出具警示函、责令公开说明、责令参加培训、责令定期报告、认定为不适当人选、暂不受理与行政许可有关的文件、责令增加内部合规检查的次数、公开谴责、责令处分有关人员、责令停止职权或者解除职务、责令更换董事、监事、高级管理人员或者限制其权利、撤销任职资格、暂停核准新业务或者增设、收购营业性分支机构申请、限制证券期货经营机构业务活动、限制股东权利或者责令转让股权、临时接管。

过第三章"监督管理措施的实施程序"对监管措施的程序作出了规定,还规定了回避、监管文书的格式、监管措施的公开等问题。如果采取《证券监管措施实施办法》规定之外的其他监督管理措施的,可以参照该办法的有关程序。因此,正如中国证监会通知中所指出的,"《实施办法》是我会实施监督管理措施的'程序基本法'。"

应当说,这些条文对实施证券监管措施提出了基本的程序要求,有利于规范证券监管措施的实施,但却很难对监管措施的实施产生真正有效的规范作用。原因在于:其一,这些程序规定内容较为简单,《证券监管措施实施办法》第三章"监督管理措施的实施程序"共26个条文,对18种监管措施的程序逐条进行了规定。例如,《证券监管措施实施办法》第27条规定:"责令改正的,实施机构应当向当事人发出书面决定,责令其限期改正并提交书面报告。决定书应当载明改正事项、时限和要求。"此后的17个条文都是根据这种模式作出了规定,一般都明确规定实施监管措施要作出书面决定、监管对象履行监管措施所规定义务应当遵守的时限等,其他规定涉及较少。其二,各种监管措施的程序中没有体现监管对象的程序参与权,其只能被动地接受处理。此外,还对监管对象履行监管措施所规定的义务提出了明确的要求,显然这与行政正当程序的要求存在着差距。

3. 挑战之三:司法审查乏力

由于证券监管措施是一种行使公权力的行为,监管措施的相对人对其不服,自当可以提起行政诉讼。证券监管措施进入法院司法审查轨道之后,对司法审查亦带来不小的挑战。

第一,大量证券监管措施没有进入司法审查的轨道。这么多年以来,只有弘信期货和江苏期望两家公司针对中国证监会的监管措施提起了行政诉讼。两个行政诉讼案件与中国证监会采取的大量证券监管措施比较而言实在太少。很显然,面对监管机构及其所代表的对证券期货市场强大的监管权力,监管措施的相对人往往会去考虑如何与监管机构进行"沟通协调",而不会首先考虑提起行政诉讼。

第二，在证券监管措施行政诉讼案件中，司法机关往往陷入"无法可依"的境地。《证券法》及其他行政法规、行政规章规定了各种证券监管措施。监管措施背后的各项监管权力似乎都有着法律法规及规章条文上的概括性授权，这种宽泛、抽象而又模糊的授权却与现代金融市场法治化下的"有限政府"诉求格格不入。[1]承载着大量监管措施的法律规定，却缺乏司法可操作性。司法机关往往会陷入"无法可依"的境地。

第三，证券监管行政案件的复杂性，加剧了司法权的自我克制。一方面，法院受制于维护政治稳定、经济发展等"任务"束缚，面对肩负"国计民生大业"的证监会时，往往再三思量判决认定可能带来的后果与影响，[2]对于此类行政案件更是小心谨慎。另一方面，司法权力本应保持与行政权力的合理边界，不能因过度干预而降低行政裁量权在剧变社会中所具备的效率优势。法院在审理行政违法案件时，需注意调整司法审查的范围和深度，保持与行政权的良性互动。[3]因此，司法救济在涉及证券监管措施的案件面前，往往表现乏力。证监会成立二十多年来行政诉讼案件屈指可数且皆以被告胜诉告终即为例证。在面对弘信期货诉证监会案、江苏期望诉证监会案等类似案件时，受制于种种外部环境因素以及司法权本身职能边界有限性的制约，法院往往在承受巨大压力的同时举步维艰。司法救济乏力，使得维护正义的最后一道防线形同虚设。

证券行政纠纷所引发的问题，反映了证券期货市场监管措施乱象丛生，事实上折射出权力不受约束，肆意滋蔓的诡影。我们知道，程序和救济是法治政府或依法行政的两个必要延伸。证券监管措施

---

〔1〕 参见黄韬："法院真的推动了法治进程吗？——中国法院审理金融行政案件引发的制度性反思"，载《行政法学研究》2011年第2期。

〔2〕 参见吴志攀主编：《市场转型与规则嬗变——WTO条件下中国证券市场法制环境面临的挑战与完善建议》，北京大学出版社2004年版，第78页。

〔3〕 参见李东方、王爱宾："证券业监管中司法权的介入及其与行政权的互动"，载《西南政法大学学报》2009年第2期。

失于规范，使得后续程序约束和司法控制渠道不畅，极易导致证券法治不张，政府依法行政、市场有序发展和市场主体权益保护沦为空谈。

二、认识证券监管措施

证券监管措施并非严格法律用语。对于证券监管措施的概念，目前并无明确界定，它更多的使用于监管机构内部。从其特定的主体、对象、实施目的及范围来看，证券监管措施本质上属于国家进行市场规范、权益保护的手段或形式，更类似于一个独特的行政管理或经济学术语。但它却与法律密切相关。

（一）证券监管措施的产生与滥觞

1998年12月29日第九届全国人民代表大会常务委员会第六次会议通过，1999年7月1日起施行的《证券法》中并没有规定证券监管措施。可以查到在中国证监会颁布的行政规章中，最早规定证券监管措施的是1999年4月22日颁布实施的《外国证券类机构驻华代表机构管理办法》。该《办法》第24条规定了"证监会要求其外国证券类机构更换首席代表"，第25条和第27条规定了"责令限期补报"。

2005年10月修订的《证券法》中首次出现了"监管措施"一词。《证券法》第153条规定："证券公司违法经营或者出现重大风险，严重危害证券市场秩序、损害投资者利益的，国务院证券监督管理机构可以对该证券公司采取责令停业整顿、指定其他机构托管、接管或者撤销等监管措施。"在1999年《外国证券类机构驻华代表机构管理办法》和2005年《证券法》之间，共有7部中国证监会规章中规定了证券监管措施。[1] 2005年证券法修订之后至2012年间，

---

[1] 这七部规章是：《证券投资基金运作管理办法》（2004年7月1日实施），《客户交易结算资金管理办法》（2002年1月1日实施），《网上证券委托暂行管理办法》（2000年3月30日实施），《证券公司债券管理暂行办法》（2004年10月18日实施），《证券投资基金行业高级管理人员任职管理办法》（2004年10月1日实施），《证券投资基金托管资格管理办法》（2005年1月1日实施），《证券业从业人员资格管理办法》（2003年2月1日实施）。

共有36部中国证监会规章规定了证券监管措施。

至于为何要规定证券监管措施，全国人大财政经济委员会副主任委员周正庆2005年4月24日在第十届全国人民代表大会常务委员会第十五次会议上所做《关于〈中华人民共和国证券法（修订草案）〉的说明》中明确指出，"现行证券法对证券经营机构监管的特殊性考虑不够，监管手段不足，影响监管效率和效果。修订草案参照《银行业监督管理法》规定，补充和完善了监管措施，要求证券公司及其股东、实际控制人向国务院证券监督管理机构报送有关信息、资料；可以委托会计师事务所、资产评估机构对证券公司进行审计或者评估；对风险控制指标不符合规定的限期改正或限制其业务、限制分配红利；对虚假出资、抽逃出资的股东限期改正并可责令转让股权；对违法违规的证券公司高级管理人员取消任职资格；对严重违法违规的证券公司责令停业整顿、指定其他机构托管、接管或者撤销；在证券公司清算时，优先偿付挪用的客户资产。"可见，证券监管措施是为了顺应证券监管的需要、充实监管手段而出现的。

（二）证券监管措施现状

我国现行有效的法律规定中，设定证券监管措施的法律包括《证券法》和《证券投资基金法》，行政法规包括《期货交易管理条例》和《证券公司监督管理条例》，还有《上市公司收购管理办法》等43部中国证监会规章对证券监管措施进行了规定。中国证监会于2008年12月12日发布的《监管措施实施办法》第8条将监管措施分为法律、行政法规规定的监督管理措施和中国证监会规章规定的监督管理措施。前者包括责令增加内部合规检查的次数等10种，后者包括责令改正等8种。2008～2012年四年间，中国证监会制定或者修改了多部规章，新增了多种证券监管措施。通过对设定证券监管措施的47部法律、行政法规和部门规章的梳理发现，截至2012年底，我国证券监管措施多达114种。根据这些监管措施对监管对象权利、资格或者行为的限制或者影响进行分类，可以将其划分为申诫类监管措施、限制财产权类监管措施、限制行为类监管措施、限制资格类监管措施。

1. 申诫类监管措施

申诫类监管措施，是指证券监管机构对监管对象发出警戒，通过对其名誉、荣誉、信誉等施加影响，从而引起其精神上的警惕的措施。这类措施共有11种：监管谈话；谈话提醒；谈话；出具警示函；出具监管关注函；提示；予以重点关注；要求证券交易所对发行人证券的交易实施特别提示；记入信用记录；记入诚信档案并公布；通报批评。

2. 限制财产权类监管措施

限制财产权的监管措施，是指证券监管机构对监管对象的财产或某种财产权利进行限制或者剥夺的措施。这类措施共有11种：限制向董事、监事、高级管理人员支付报酬、提供福利；限制分配红利；限制转让财产或者在财产上设定其他权利；限制期货公司自有资金或者风险准备金的调拨和使用；限制有关股东行使股东权利；限制股东权利；责令控股股东转让股权；责令转让所持证券公司的股权；责令转让股权；责令转让所持期货公司的股权；不具有表决权、分红权。

3. 限制行为类监管措施

限制行为类监管措施，是指证券监管机构限制或者剥夺监管对象特定行为能力的措施。这类措施最为常见，共有78种：临时接管；限制业务活动，责令暂停部分业务；限制或暂停部分期货业务；暂停证券承销业务许可；暂停客户资产管理业务；暂停网上委托业务；暂停办理相关业务；限制托管业务；责令暂停基金代销业务；责令暂停收购；限制交易行为；责令暂停履行职务；暂停相关人员职务；限制出境；暂不受理其客户资产管理业务资格申请、集合资产管理计划设立备案或者申请；不受理由其出具的评级报告；不再受理公开发行证券申请；不受理申报文件；不受理其文件，并将处理结果予以公布；不受理该推荐人的推荐意见和签署意见的年检登记表；不受理保荐推荐；不再受理保荐机构推荐的保荐代表人注册登记申请；不接受证券发行专项文件；不受理任职资格申请；每月报告接受保荐机构督导的情况；定期不定期检查；要求说明对公司净资本等风险控制指标的影响；披露月度财务报告、相关资料；建议暂停或者免除职务；责令改正；责令限期改正；责令整顿；责令整改；责令限期整改；责令限期补报；限期纠正；要求予以改进或更换；责令增加内部合规检查的次数；公开作出解释并道歉；公开谴责；责令处分有关人员；责令停止职权或者解除职务；责令更换董事、监事、高级管理人员或者限制其权利；责令更换董事、监事、高级管理人员；责令更换董事、监事、高级管理人员或者有关业务部门、分支机构的负责人员，或者限制其权利；要求其交易所更换首席代表；责令公司限期另行决定代为履行职务的人员；责令原代为履行职务人员停止履行职务；责令公司更换代为履行职责的人员；责令增加内部合规检查的频率；停止批准新业务；停止批准新增业务或者分支机构；停止批准增设、收购营业性分支机构；不得参与证券承销；撤销有关业务许可；取消证券承销业务许可；撤销证券评级业务许可；吊销网上委托业务许可；撤销其部分或者全部期货业务许可；暂停或撤销其相关证券业务许可；责令终止基金代销业务；不得作为特定对象认购证券；吊销期货业务许可证；责令停止收购；责令停止交易品种的交易；关闭分支机构；撤销代表处；不得行使表决权；责令进行业务学习；责令更换保荐代表人、内核负责人；从名单中除去；要求期货公司更换会计事务所；要求期货公司聘请中介服务机构进行专项审计、评估或者出具法律意见，要求提前报送专门报告；责令履行相关业务；责令定期报告；暂停或者限制证券期货经营业务活动；限制证券买卖。

4. 限制资格类监管措施

限制资格类监管措施，是指证券监管机构剥夺或者限制监管对象从事特定行为的资格的措施。共有14种：暂停基金托管资格；暂停任职资格；认定为不适当人选；不得再次申请基金托管资格；资格年检;撤销任职资格;取消任职资格;吊销任职资格;取消客户资产管理业务资格;取消从事证券交易结算资金存管业务资格;取消基金管理资格;吊销基金托管资格;取消基金托管资格;取消托管人资格。

上述114项证券监管措施包罗万象,涵盖了市场准入、运行监管、风险控制、稽查执法以及企业教育等方方面面,可谓织下证券监管的"天罗地网"。各类监管措施中,监管谈话、出具警示函,记入诚信档案并公布、责令改正、责令限期整改、认定为不适当人选等几种是实践中运用最多的监管措施。

(三)证券监管措施的法律定位

《证券法》第178条规定:"国务院证券监督管理机构依法对证券市场实行监督管理,维护证券市场秩序,保障其合法运行。"证券监管是指能够代表国家履行证券监管职能的机构,依据法律授权,为了既定的监管目标,制定相应的法规和政策并监督其执行,查处违法者,对证券市场各类主体及其行为进行的监督和管理。[1]中国证监会《证券监管措施实施办法》(2008)中明确指出:"通过推进股权分置改革、提高上市公司质量、实施证券公司综合治理、完善资本市场法律体系等一系列旨在加强资本市场基础性制度建设的重要改革,我国资本市场发生了重大的变化,进入了改革发展的新阶段,同时也面临着许多新情况、新问题。针对资本市场违法行为呈现出一些新形式、新特征,监管工作必须进一步提高时效性,及时矫正不法行为,快速反应,防范风险的蔓延与危害后果的扩散。监督管理措施作为行政许可、行政处罚等措施的重要补充形式,具有及时矫正的功能。"

证券监管措施是证券监管机构行使证券监管权所采取的措施,是证券监管的具体手段或形式。有学者认为,证券监管权是指能够代表国家履行证券监管职能的机构,为了维护证券市场的公平和效

---

[1] 马洪雨:《论政府证券监管权》,法律出版社2011年版,第16页。

率，保护投资者合法权益，依法律授权拥有的对证券市场各类主体及其行为进行监督和管理，制定相应的法规和政策并监督其执行，对违反者给予处罚的权力。[1] 各国政府证券监管机构拥有的权力不尽相同，但一般都拥有法规制定权、核准审批权、日常监督管理权、调查处罚权、采取强制措施的权力等。除法规制定权外，其他证券监管权均有可能以证券监管措施的形式行使。

三、证券监管措施为何构成挑战

随着法律越来越多地规定证券监管措施，中国证监会也日益频繁地适用证券监管措施，使得证券监管措施逐渐引起人们关注。面对一种证券监管措施，人们首先要问的是：这是一种什么性质的行为？是行政处罚、行政许可还是行政强制，抑或其他行政行为？然而，令人沮丧的是，多数情况下我们都很难给出明确的答案，我们会发现很难将证券监管措施归入这些行政行为型式之中。正如前文所述，各种各样的证券监管措施给行政法学理论和实践带来了诸多困惑，或者说是挑战，归根结底，是行政监管理论对传统行政行为理论的挑战，也是法律移植的结果。

（一）行政行为的型式化理论

在行政行为理论框架之下，证券监管措施悄然存在了，并且对传统的行政行为理论构成了挑战。其实这就是行政监管措施对传统行政法理论带来的新命题。

行政行为是行政法学尤其是大陆法系行政法学上所普遍接受和广泛使用的法学范畴，也是行政法尤其是大陆法系行政法的核心。对行政行为的系统研究，几乎需要行政法学的所有技术、涉及行政法的全部领域。奥托·梅耶在 1895 年出版的《德国行政法》中提出了"行政行为"这一行政法学核心范畴。根据他的界定，行政

---

〔1〕 这是狭义的政府证券监管权，参见马洪雨：《论政府证券监管权》，法律出版社 2011 年版，第 167 页。

行为是"行政机关依法针对个别事件所作的对人民具有公权力的表示"。[1]经过系统的理论研究,行政行为成为行政法学的一个核心概念。明治宪法下的日本行政法学接受了这一理论,至今仍是行政法学研究中的重要领域。在我国台湾地区,基本上沿用了德国和日本的理论体系,将行政行为作为行政法学的基本概念来把握。

19世纪中叶,德国法学家为适应德国法制统一及其法典化进程的需要,掀起了一股概念法学的思潮。20世纪以来,概念法学在大陆法系国家以及日本和我国的法学界得以广泛流行。在行政行为领域,概念法学仍致力于行政行为的型式化。所谓"型式化之行政行为"是指,已经受实务、学说所讨论而已固定化之行政行为,其概念、体系与其他体系间互相间之关系已经大体完备者。型式化之行政行为主要有行政处分、行政契约、法规命令、行政规划及行政事实行为等。[2]行政行为是纷繁复杂的。从内容上看,既有为相对人设定权利的行为也有为相对人设定义务的行为,既有为相对人消灭权利的行为也有为相对人消灭义务的行为,既有消灭相对人作为义务的行为也有消灭相对人不作为义务的行为。从形式上看,既有书面的行为也有口头的行为,还有表现为具体动作的行为。从主体上看,既有行政机关的行为也有非行政机关的行为,既有公安、民政部门的行为也有经济、教育部门的行为。它们尽管都是行政行为,但又有各自的特征。我国20世纪的行政法学对此作了大量的逻辑处理工作,即寻求某类行政行为的共同素材,将具有相同素材的行政行为加以归类,再用一个行政行为的下位属概念加以命名和界定,从而形成各种不同模式或型式的行政行为,如行政许可、行政征收、行政裁决、行政处罚和行政强制措施等。[3]社会的发展,行政行为

---

[1] [德]奥托·迈耶著,刘飞译:《德国行政法》,商务印书馆2002年版,第97页。

[2] 林明锵:"论型式化之行政行为与未型式化之行政行为",载《当代公法理论》,月旦出版公司1993年版,第338页以下。

[3] 事实上,我国行政法学理论所发展出的型式化之行政行为,与德国行政行为型式化学说有明显区别。

的灵活性，使得新的行政行为层出不穷、原有的行政行为也变幻莫测，如行政计划、行政合同、行政指导、行政私法行为和行政事实行为等。[1]

有学者指出，这种型式化之行政行为，虽然具有制度化、衔接性和储藏性的功能，可以带来制度化与稳定性等优点，但相对的，型式化之行政行为也存在过度抽象性、过度集中性的缺陷，且缺乏对行政过程与行政法律关系的研究。[2]我国行政法学理论对行政行为作了具体细致划分，整个行政法律法规体系不仅按具体行政行为的类型设定部门法，而且对该具体行政行为的范围、特点、设定权限、实施程序等做出了相应的不同规定。这一理论首先影响了我国的行政立法。从1994年《行政处罚法》到2003年《行政许可法》，再到2011年《行政强制法》，全国人大完成了对最常见的三种行政行为进行立法的任务。行政机关在实施行政处罚、行政许可和行政强制这三种行为时必须分别遵守上述三部法律中对行为程序的规定。行政行为型式化理论不仅对我国立法产生影响，也直接影响到司法审查。法院在对行政争议进行审查时，也是按照具体行政行为的性质和类别适用相应的法律规范。对此，最高人民法院曾于2004年下发《关于规范行政案件案由的通知》，明确了确定案件案由的基本方法是划分案件的类别，以行政管理范围为"类"，以具体行政行为种类为"别"进行构造。并将具体行政行为分为以下27类：行政处罚、行政强制、行政裁决、行政确认、行政登记、行政许可、行政批准、行政命令、行政复议、行政撤销、行政检查、行政合同、行政奖励、行政补偿、行政执行、行政受理、行政给付、行政征用、行政征购、行政征收、行政划拨、行政规划、行政救助、行政协助、行政允诺、行政监督、其他行政行为。[3]一旦某一行政争议所涉及

---

〔1〕 参见叶必丰："法学思潮与行政行为"，载《浙江社会科学》2000年第3期。

〔2〕 参见林明锵："论型式化之行政行为与未型式化之行政行为"，载《当代公法理论》，月旦出版公司1993年版，第347页。

〔3〕 《最高人民法院关于规范行政案件案由的通知》（法发[2004]2号）。

的行政行为尚未出台独立的部门法律，囿于我国统一行政程序法的缺失，法院在审查时难免倍感艰辛。

而"证券监管措施"这一特定概念，正是在行政处罚法出台后、其他行政行为的专门规范法出台前这一立法空缺期间内出现的。前文所涉及的监管谈话、出具警示函，记入诚信档案并公布、责令改正、责令限期整改、认定为不适当人选等证券监管措施就难以归入某一既有行政行为形式。在像我国这样将行政行为型式化，并分别立法进行法律约束这种框架之下，证券监管措施极易因此而逃脱法律的规范，导致行政权力的滥用。

（二）法律移植与本土化

集中统一监管和全面干预是我国证券监管理念的一个表现。在这种理念作用下，我国证券监管部门职责繁重，肩负多重监管目标。证监会强大的公权力特征是我国社会政治中的独特体现之处，可见社会政治因素对于证券市场法治环境的影响。20世纪末以来，国外有学者认为，世界不同法律体系或渊源对一国证券市场法治环境有着至关重要的影响。[1]虽然这种认识受到了来自各国学者不同程度的驳斥和批判，[2]但在我国证券监管法治领域其带来的启示仍然值得探究，因为作为深受大陆法系传统法理论影响的我国，在证券市场法律制度建设过程中却大规模吸取甚至模仿了以美国为主的英美法系证券法制。1992年我国专门的证券监管机构（国务院证券委员会和中国证券监督管理委员会）成立后，主要任务是证券立法，[3]

---

[1] See Rafael La Porta, Florencio Lopez‐De‐Silane, Andrei Shleifer and Robert W. Vishny, "Legal Determinants of External Finance", *The Journal of Finance*, Vol. 52, No. 3 (Jul, 1997), pp. 1131~1150; Rafael La Porta, Florencio Lopez-de-Silane, Andrei Shleifer, Robert W. Vishny, "Law and Finance", *Journal of Political Economy*, Vol. 106, no. 6 (1998), pp. 1113~1155.

[2] 参见张宪初："近期西方证券监管理念论争及对中国的一些启示"，载《中国资本市场法治评论》（第1卷），法律出版社2008年版。

[3] 宗日："刘鸿儒谈中国证券市场"，载《中国对外贸易》1994年第2期。

而美国和台湾地区经验成为立法主要参考。[1]

其一，在证券机构设置方面，证监会的结构定位显然受到了以美国为代表的独立规制立法潮流影响。[2]与被规制企业等利益相关者以及政府行政部门保持距离的独立性，是独立规制机构的重要特征。如美国证券交易管理委员会（U. S. Securities and Exchange Commission 下文简称 SEC）即属于独立规制机构的典型代表，它是一个职权由国会授予，以证券市场执法为己任，并接受司法审查的中立规制机构。我国证监会成立之初也是一个独立于行政机构的监管执法机构，但归口国务院证券委员会管理。1998 年 9 月 30 日，国务院办公厅发布了《中国证券监督管理委员会职能配置、内设机构和人员编制规定》，设置中国证券监督管理委员会。中国证券监督管理委员会为国务院直属事业单位，是全国证券期货市场的主管部门。从《证监会三定方案》来看，国务院实际上并未对证监会作出有别于行政机关的实质性制度安排，《证券法》也未对"国务院证券监督管理机构"作出任何有别于一般行政监管机构的规定。那么，将中国证监会界定为国务院直属事业单位究竟用意何在呢？对此，尽管未见任何官方报道，理论界也基本上不予置评，但应当是受到了世界独立规制机构立法潮流的影响。鉴于世界各国（地区）普遍将证监会确认为一种独立规制机构，可以认为，1998 年政府机构改革时将证监会界定为国务院直属事业单位，其良苦用心应为确立一种独立规制机构的变革取向。除此之外，证监会还采用了境外独立规制机构所通用的名称"证券监督管理委员会"，而这种名称此前并不用于国家行政机关序列之中。这也似乎印证了关于证监会属性的设想。[3]

---

[1] 参见肖力见："突破：我国股份制改革与资本市场设立——中国证监会首任主席刘鸿儒访谈录"，载《证券市场导报》2011 年第 5 期。

[2] 参见范建、王建文：《证券法》，法律出版社 2007 年版，第 433 页。

[3] 参见王建文："中国证监会的主体属性与职能定位：解读与反思"，载《法学杂志》2009 年第 12 期。

其二，在证券监管措施方面，从发行管理到交易管理再到对券商的管理与处罚，我国证券监管措施大多与 SEC 监管执法措施相似。在名称上，美国 SEC 执法手段，被称为监管行动（Regulatory Actions）或监管执法措施（Securities Enforcements），我国"证券监管措施"的叫法，与 SEC 执法措施并无实质差异。在诸如信息披露、检查、谴责、限制行为或业务、中止或撤销业务许可、暂时吊销或撤销资格、企业高级管理人员资格任免、市场禁入、账户冻结等方面，中国证监会都在借鉴着 SEC 执法手段。[1]与美国《2002 年萨班斯法案》赋予监管者更多执法手段相似，[2]我国 2005 年《证券法》同样加大了证监会的监管权力，其中关于查封、冻结等准司法性权力的设置，毫无疑问源自对 SEC 行政法官执法机制青睐的结果。此外，同样与 SEC 相似的是，中国证监会也享有广泛的规则制定权和市场监控等行政权，以确保监管及时有效，且中国证监会倾向于不断扩张权力，以增加监管执法资源。[3]当然，我国证券法治进程中同样借鉴了台湾、香港地区以及日本等国家和地区的有益经验。但现代西方国家证券法治体系无一不是在美国金融监管经验基础之上发展而来的。[4]

问题在于，与我国证券法治相比，美国整个证券法治环境呈现出别样"风情"。作为普通法系典型代表的美国，SEC 由国会特别授权，不受政党政治影响，独立于总统及其领导的政府行政部门，以保障独立规制机构执法专业性、持续性和裁决独立性、公正性等优势，但要和行政机关一样受到国会和法院监督。[5]SEC 行政执法过程则主要受到《宪法》《联邦行政程序法》、SEC《行为规则》

---

〔1〕 参见刘鸿儒："亚洲金融危机的教训"，载《金融研究》1998 年第 6 期。
〔2〕 See Sarbanes-Oxley Act of 2002, Sec 603, Sec 1103, Sec 1105.
〔3〕 参见卢文道："法律背后的证监会"，载《社会科学报》2007 年 6 月 28 日，第 003 版。
〔4〕 参见郭锋：《中国证券监管与立法》，法律出版社 2000 年版，第 77 页。
〔5〕 参见洪艳蓉："美国证券交易委员会行政执法机制研究：'独立''高效'与'负责'"，载《比较法研究》2009 年第 1 期。

(Rules of Practice)的约束,遵循着调查、听证、处罚、复议等严格的行政决策和监管程序,处于一个严密的程序控权体系之下。[1] SEC本身独立于政府部门,内设行政法官办公室,行政法官作为独立职员,负责开展听证及初步裁决事宜,[2]具体听证及裁决程序则由《联邦行政程序法》和《行为规则》予以明确。这种以程序规制为主导的权力控制方式,[3]确保了行政裁量的克制合理与灵活高效。权力制衡和程序约束的有效结合所构建起的严密体系,使得美国证券业监管机构SEC向来兢兢业业,以严格、高效著称,备受好评。[4]总之,在拥有普通法系国家传统的美国,无论是司法审查的消极控权机制,还是正当程序的积极控权机制,都使得SEC不可能成为一个滥用权力的"无脑"机构,在证券市场监管中恣意妄为。

由此可见,我国证券市场监管措施法律困惑的真正原因,或许是证券法治"洋为中用"与我国行政法学理论传统的大陆法系"基因"互斥的结果。在英美法系法治演进模式之下孕育出的证券监管措施,有着权力制衡和正当程序的法律规制,一旦移植到不同体制和观念的国家证券法律体系中,势必会出现衔接不畅、磨合吃力的制度困境。作为发展转型国家,先发展市场,后强化法治,在试错和摸索中前行,似乎是大多国家证券市场的一条必由之路。但这种简单照搬他国制度经验,证券法治建设不细腻的做法,仍然值得警惕。

因此,可以说,在证券监管领域,发生了行政监管与传统行政

---

〔1〕 参见马志刚、马江河:"美国SEC行政执法机制研究",载《证券市场导报》2005年第10期。

〔2〕 参见SEC官方网站:http://www.sec.gov/alj.shtml。

〔3〕 美国行政法理论经历了一个由注重司法控制、权力制约,向注重程序约束的转变过程,后者使得行政机关的自由裁量权受到相当约束,具体表现在法院要求:a.行政机关严格遵守立法指令和程序要求;b.行政机关在作出决定的时应在详尽说明理由的基础上保持前后一致;c.立法目的的明确表述。参见[美]理查德·B.斯图尔特著,沈岿译:《美国行政法的重构》,商务印书馆2002年版,第8页。

〔4〕 See Walter Werner, "The SEC As a Market Regulator", *Virginia Law Review*, Vol. 70, No. 4 (May, 1984), pp. 755~784.

法学理论,特别是行政行为理论的碰撞;也发生了英美法系与大陆法系法律制度的碰撞。

四、如何应对挑战

大量的证券监管措施对于规范证券发行和交易行为,保护投资者的合法权益,维护社会经济秩序和社会公共利益,促进社会主义市场经济的发展,发挥了不可忽视的作用。但同时不可避免地会发生侵犯监管对象权利的情况。如何约束证券监管机构的监管权,规范证券监管措施,成为不可避免的问题。

对于这一问题,目前有两种答案:其一,实现行政程序法典化。证券监管措施就是监管措施,很难也没有必要予以分类定位,对证券监管执法的规制完全可以通过完善的证券监管程序来实现。[1]证券监管行为首先表现为监管机构依法执法的活动。我国证券监管机构集规则制定权、行政裁决权、准司法权等权力于一身,监管手段具有涉及面广、作用不一、程序各异等特点,这给权力的有效规制带来困难,而从监管措施实施的程序上对权力的运行过程加以规范,无疑给行政自由裁量权的滥用绑上了一道枷锁。事实上,这种认识仍然是受到了证券市场监管体制较为成熟的美国的影响。2005年修订的《证券法》在赋予证监会准司法权的同时,为避免权力的滥用,尝试规定了检查或调查的限制程序,[2]这正是对于程序控权理念在立法实践层面的回应。近年来,监管机构自身也受程序正当理念影

---

[1] 之所以是"可能"认识,是因为目前并无论著明确提出下文观点,但从监管者的"固持己见"及学界的"旁敲侧击"中可以推出。前者以实践案例中监管者坚持"监管措施"的说法为适例;后者则体现为,学界存在一些希望通过"行政程序的法典化"来实现对监管者的权力约束的观点,后者可参见廖进球、陈富良:"政府规制俘虏理论与对规制者的规制",载《江西财经大学学报》2001年第5期;范亚苇、张孝锋:"俘虏理论及其对证券监管的启示",载《江西社会科学》2002年第3期。

[2]《证券法》第181条:"国务院证券监督管理机构依法履行职责,进行监督检查活调查,其监督检查、调查的人员不得少于二人,并应当出示合法证件和监督检查、调查通知书。监督检查或调查人员少于二人或者未出示合法证件和监督检查、调查通知书的,被检查、调查的单位有权拒绝。"

响，注意规范监管执法行为，在主动公开监管信息的同时，出台了程序性规范160余件。[1]其二，证券行政监管行为类型化。这种观点强调对现有证券监管措施进行系统梳理，并按照不同具体行政行为进行归类，进而以该具体行政行为的部门法律进行针对性的规制。有人归纳出监管机构界定的29项非行政处罚性监管措施，经过深入分析，认为有17项属于行政强制措施，9项属于事实上的行政处罚措施，其余3项是非强制性行政措施，并进而指出，行政处罚性监管措施应当遵循行政处罚法的规定，行政强制措施至少应当满足行政行为对于正当程序的要求。[2]但是，作者并未列出证监会所有的监管措施，部分论证同样值得商榷，对问题原因的分析也失于深入、全面，因此并不能从根本上解决证券监管措施存在的问题。

（一）证券监管措施的两个面向

一是面向过去的传统行政行为型式化理论。

规范证券监管措施，我们首先要思考的是，如何将证券监管措施与我国传统的行政行为型式化理论相契合，因为我们既然深受大陆法系行政行为理论的影响，就很难将其彻底摒弃。解决中国问题首先应当寻求本土的解决办法。因此，就目前法律规定的114种证券监管措施而言，应当对其进行仔细梳理，对每一种措施从本质上进行分析并试图进行类型化。第一类是本质上属于行政处罚行为的措施，应明确其行政处罚行为的性质，并接受《行政处罚法》的规范，遵守行政处罚程序。例如公开谴责、记入诚信档案、出具警示函、停止批准新业务、撤销有关业务许可、责令更换董事、监事、高级管理人员、责令股东转让股权等。第二类是本质上属于行政强制措施的，应明确其行政强制措施的性质，并接受《行政强制法》的规范，遵守行政强制措施的程序。根据《行政强制法》第2条第

---

[1] 申屠青南："尚福林：法治是资本市场'立市之基'"，载《中国证券报》2010年10月8日，第A06版。

[2] 柯湘："中国证监会非行政处罚性监管措施研究"，载《政法学刊》2008年第2期。

2款的规定："行政强制措施，是指行政机关在行政管理过程中，为制止违法行为、防止证据损毁、避免危害发生、控制危险扩大等情形，依法对公民的人身自由实施暂时性限制，或者对公民、法人或者其他组织的财物实施暂时性控制的行为。"该法第3条第3款还专门规定"行政机关采取金融业审慎监管措施、进出境货物强制性技术监控措施，依照有关法律、行政法规的规定执行。"在114种证券监管措施中，约有20余种属于行政强制措施，包括限制出境、限制分配红利、限制支付报酬、限制转让财产、限制期货公司自有资金或者风险准备金的调拨和使用、限制出境、接管、托管等。

二是面向政府规制理论。在现有的证券监管措施中，除了可以归入行政处罚、行政强制措施的监管措施，大量的是无法归入上述两类的证券监管措施，例如予以重点关注、监管谈话、谈话提醒、临时接管、不得参与证券承销等。同时，我们可以合理地预见到，证券监管措施的数量还将增加，如何对这一部分证券监管措施进行法律规范，建议引入政府规制理论。

在当代中国，政府与经济的关系发生了重大变化，可以说"监管型"国家正在中国崛起。这是一种政府和市场的关系模式，在这种模式下，政府实行市场经济，但同时承认市场存在缺陷，因此对市场主体的活动进行监督和控制，以预防和矫正市场失灵问题。国家类型的变迁必然引起行政任务的变化，也会导致行政权在整个国家权力架构中地位和角色的转变。自20世纪八九十年代以来，中国证券监督管理委员会、中国保险监督管理委员会、食品药品监督管理局等政府监管机构相继成立。这是我国政府在监管型国家崛起的背景之下作出的反应。我们要研究作为证券监管机关行使证券监管权所作出的证券监管措施，需要转换研究视角，摆脱传统行政法学理论的限制，转向政府规制理论，并尝试用这一理论去解释新问题。

政府规制理论最早发轫于20世纪60年代至70年代的美国经济学界，它所研究的主要对象是行政机构的活动以及行政对市场和社会的规制。应该说，政府规制研究本质上是一种问题导向的政策分析理论，它是法律学科内的整合，它不只是行政法，甚至也不只是公法，而是为了彻底解决问题而综合运用各种法律手段、法律机制和法律思想的理论。它是一个不曾有着体系建构的雄心，却对真实世界行政过程有着超强解释力的理论。[1]从某种意义上讲，政府规制理论为现代行政法学研究提供了一个强有力的分析工具。

在20世纪70年代之后，规制分析逐渐开始在美国行政法学中占据重要的一席之地，托梅恩和夏皮罗两位学者在1997年的一篇合作论文中提出了"行政法学者的终结"，认为"传统行政法学者永远不能告诉我们，什么才是好政策，什么才是理想的政治蓝图"。[2]在这样的背景下，美国当代行政法学中政府规制学派（government regulation scholarship）的兴起，他们开始探索"管制国家"的目的与对象、"健全规制"的基本构成要件、"新公共时代"的含义、"官僚政府"的"公共利益"等课题，他们以对法律规范和实践素材的把握，将程序问题与实体问题结合起来考虑，探索公共政策的形成过程，在行政国家之下对具体的行政活动加以探讨。[3]

正如有学者指出的，现代行政法学对政府规制理论和方法的引入，可以为行政法学研究增加新的生机和活力。[4]其一，融入了政府规制理论的规制方法开始对研究产生影响。正如叶俊荣教授所指出的，由于很多行政决定背后蕴藏着对诸多复杂的政策和政治因素的考量，因此将政府规制理论融贯其中的三层次规制分析方法就开始凸显其魅力。第一层次是传统法律解释技术的应用，它以当事人之间的争议和法律适用问题为核心展开分析，我们可以去审视有无

---

[1] 张永健："论药品、健康食品、食品之管制"，台湾大学法律研究所2003年硕士学位论文。转引自朱新力、宋华琳："现代行政法学的建构与政府规制研究的兴起"，载《法律科学（西北政法学院学报）》2005年第5期。

[2] [美]约瑟夫·P.托梅恩、西德尼·A.夏皮罗著，苏苗罕译："分析政府规制"，载《法大评论》（第3卷），中国政法大学出版社2004年版。

[3] 董炯："政府管制研究——美国行政法学发展新趋势评介"，载《行政法学研究》1998年第4期。

[4] 朱新力、宋华琳："现代行政法学的建构与政府规制研究的兴起"，载《法律科学（西北政法学院学报）》2005年第5期。

发生或存在的事实？审视法律的构成要件如何规定？所认定的事实是否与法律构成要件的要素相当。第二层次则是制度与程序层面的分析，力图超越当事人之间的争议，超越法院的考量，从整体上把握事件发展过程中的各种权力部门之间的功能、角色及相互关系。第三层次则是在前面的基础上，对整个体制运行的政策和策略予以审视，去探讨政府规制是基于哪些正当化理由？政府有哪些可能可供选择的活动形式？政府事实上选择了哪种活动形式？政府是否选择了最为有效的行政活动形式？[1]其二，诸多独立规制机构的涌现，又促使我们去检讨和修正传统的行政主体及行政组织法理论。我们从理论界关于中国证监会的主体地位的讨论即可看出这一影响。其三，而现代社会出现的不胜枚举的新型政府规制形式，又会促使我们去对行政行为型式化以及非正式行政活动理论予以反思和重构。正如本文所探讨的证券监管措施及其所带来的一系列问题对行政法学理论造成的挑战。

证券监管措施是证券监管机构行使证券监管权所采取的措施，是证券监管的具体手段或形式。我们对证券监管措施的认识，不应囿于传统行政法学理论体系的限制，不是去思考如何将一个又一个的证券监管措施纳入行政行为的类型中去，而是应当转变传统研究思路，从政府监管的理论视角去思考证券监管措施的法律规范问题。

（二）行政程序规定的完善

国际上五个成熟的证券市场——美国、英国、德国、法国和中国香港的证券监管有着共同的实践。上述五个国家和地区的证券执法都实现了高度的法制化。无论监管主体的职权，还是行政执法的程序都有充分的法律依据。

以美国为例，SEC 的证券执法行为必须符合《宪法》《联邦行政程序法》、各单行法律，包括《1933 年证券法》《1934 年证券交易法》，以及 SEC《工作规则》。

---

[1] 叶俊荣：《行政法案例分析与研究方法》，三民书局 1999 年版，第 89 页。

一个完整的证券执法行为通常包括发现、调查、追诉及裁决等基本环节。[1]第一，发现违法行为。SEC 充分利用各种渠道发现证券违法行为，包括 SEC 执法部自己发现；证券交易所、证券业协会等自律组织提供信息；联邦或州政府部门转来的信息；通过 SEC 网站的公众投诉平台获得的信息等。第二，调查。SEC 根据法律授权为确信证券法未被违反或怀疑证券法已被违反，即可开展调查。调查分为执法部自主决定的非正式调查和经 SEC 签发调查令（Investigation Order）进行的正式调查。此时执法部享有广泛的权力，即使对不受 SEC 管辖的事项，只要与违反证券法相关，也可以签发传票（Subpoena）。执法部根据调查进展采取如下处理：（1）若认为无需进一步调查、对当事人采取进一步执法行动或行动建议被 SEC 否决，则终止调查；执法部可以将结果通知当事人，但不表明其无罪或以后不予追究责任。（2）若认为当事人行为轻微无需追究责任，可和当事人达成一份非正式协议，同意对其不采取正式处罚，当事人承诺不予再犯并采取相应补救措施，从而了结调查。（3）若认为当事人行为严重需进行处罚，调查结束之后则起草书面报告，阐明违法事实并提出制裁建议，和所有证据一并提交委员会审查并决定下一步执法行动；同时书面通知当事人拟对其提起的指控。（4）如果调查发现当事人故意违法，可将有关证据移送美国司法部，由其决定是否进行刑事追诉并负责起诉。追究刑责不影响 SEC 对当事人基于同样事由施以罚款和没收非法所得制裁。第三，追诉及裁决阶段。SEC 同时享有诉讼权和裁决权，一旦决定以审理方式指控案件，SEC 有权或通过行政法官主持的行政审裁程序，对当事人施与行政制裁——只适用于在 SEC 注册的当事人（如各类受 SEC 监管的证券交易商、投资顾问/投资公司）或与在 SEC 注册的证券有关的当事人（如发行人及其股东、高管人员）。在 SEC 发布追诉令（Order Insti-

---

[1] 洪艳蓉："美国证券交易委员会行政执法机制研究：'独立''高效'与'负责'"，载《比较法研究》2009 年第 1 期。

tuting Proceeding）之后，行政法官效仿司法上的无陪审团审判程序主持公开听证，综合考虑执法部和当事人意见和证据之后做出初步决定（Initial Decision），包括阐明事实、法律结论并做出制裁。当事人可以提请 SEC 审查初步决定，SEC 也可以自行审查。之后，SEC 发出生效令（Order of Finality）使之约束当事人，或以原告身份向联邦地区法院提起诉讼，申请制裁当事人的禁止令（Injunction）及附属救济——适用于违反证券法的任何人。法官适用民事程序，综合考虑 SEC 和当事人意见和证据之后做出裁决。这种通过司法力量执行证券法的方式，不被认为违反了 SEC 作为执法机构的法定授权。实践中，SEC 通过分析不法行为的严重程度、技术性问题、战术考虑和可获得的制裁手段等决定选用何种审理方式指控案件。20 世纪 90 年代以来，随着 SEC 自身执法手段的丰富，具有审理周期短、配备专业审理法官，又能提升 SEC 执法地位的行政审裁程序占了上风，成为适用最多的追诉机制。

根据《联邦行政程序法》、各单行法律，包括《1933 年证券法》《1934 年证券交易法》等，以及 SEC《工作规则》的规定，SEC 必须严格遵守行政程序。以目前适用最多的行政法官裁决程序为例。SEC《工作规则》中对听证程序中的各方主体、听证的具体程序要求作出了明确的规定。关于听证程序中的各方主体，《工作规则》规定了听证主持人、听证官、听证程序中的命令和决定、文件的送达等；关于听证的具体程序，《工作规则》规定了听证程序的启动、预听证的规则、听证程序的规则（包括听证的公开原则、证据、听证记录等）、向证券交易委员会提出的申诉以及证券交易委员会开展的复议程序、与临时命令和暂停相关的规则、关于追缴款项和罚款支付的规则、非正式程序规则等。正是因为有法律规定和 SEC 内部工作规则的规定，使得"武装到牙齿"的证券监管权得到了约束。

我国的证券监管机构拥有越来越多的裁量权和监管措施，需要对此进行程序规范，否则裁量权的滥用将难以避免。出路有两条：

第一，实现行政程序法典化。

20世纪后半叶以来,世界上越来越多的国家采取制定统一的行政程序法的方式对行政程序进行法律规范。由于行政行为在程序上具有明显的统一性,因而又可以制定一部统一的行政程序法典,并以其他行政程序方面的法律以及分散在各个行政法律中的行政程序法律规范作为这部法典的补充。在我国,目前虽然在主要行政管理领域已有或将有单行法律规范,但是,其毕竟未能覆盖所有行政领域,例如,行政计划、行政指导、行政合同等领域尚没有程序规范。并且,除了人们予以类型化的行政领域外,现代行政管理内容的复杂多样化,决定了行政管理形式、方法和手段的多样化,对于尚未被类型化的领域来说,各个击破的立法策略一般难以照应。正如应松年教授所指出的:"以行政的公正、公开、参与、高效为立法目标的行政程序法,是现代国家规范行政权力的基本法,它的制定对国家机关之间的关系、国家与公民之间的关系有着深远影响。当今社会,无论中外,行政权力空前强大,一国如果没有建立起完善的行政权力规范机制,法治的实现无从谈起,公民权利的保障难以实现。"[1]制定统一的行政程序法典,对行政机关行使行政权的行为进行规范,可以避免那些没有专门程序规范的行政行为逃脱法律的约束。

　　第二,修改《证券法》,完善中国证监会内部的行政规定。

　　首先,建议修改《证券法》,明确证券监管措施的性质,并对证券监管机构实施监管措施规定基本的程序。在最新的《证券法(修订草案)》中已经增加专条规定证券监管措施,但遗憾的是并没有证券监管措施的程序规定。[2]

　　其次,完善中国证监会内部的行政规定。

---

〔1〕 应松年:"中国行政程序法立法展望",载《中国法学》2010年第2期。
〔2〕《证券法(修订草案)》第256条规定:"国务院证券监督管理机构依法履行职责,在制定规章时有权规定并采取下列措施:(一)责令改正;(二)监管谈话;(三)出具警示函;(四)责令公开说明;(五)责令参加培训;(六)责令定期报告;(七)暂不受理与行政许可有关的文件;(八)认定为不适当人选;(九)法律、行政法规规定的其他监督管理措施。"

就法律位阶而言，中国证监会现行《证券监管措施实施办法》层次太低，其仅为中国证监会的内部规范性文件。建议将其上升为中国证监会的行政规章。

在具体程序方面，建议借鉴美国证券执法的程序规定。SEC的证券执法行为必须符合《宪法》《联邦行政程序法》、各单行法律，包括《1933年证券法》《1934年证券交易法》，以及SEC《工作规则》。一个完整的证券执法行为通常应当包括发现、调查、追诉及裁决等基本环节。[1]

我国证券监管机构集规则制定权、行政裁决权、准司法权等权力于一身，监管手段具有涉及面广、作用不一、程序各异等特点，这给权力的有效约束带来困难，而通过证券监管措施的程序对权力的运行过程加以规范，无疑给行政自由裁量权的滥用绑上了一道枷锁。通过中国证监会的内部行政程序规定，对证券监管措施进行程序规范，不失为一个可行的好办法。

---

[1] 洪艳蓉："美国证券交易委员会行政执法机制研究：'独立''高效'与'负责'"，载《比较法研究》2009年第1期。

第四章
破解证券行政执法和解的难题[1]

行政执法和解,是在行政执法过程中,当事实、法律观点不明确且这种不确定状态不能查明或者非经重大支出不能查明时,行政主体与相对人就此不确定状态进行协商达成协议。在以往的研究中,学界较多关注的是行政诉讼和解、行政复议和解等问题,而较少关注行政执法和解。长期以来人们普遍固守着这样一个传统依法行政的观念:即行政权必须严格受制于法律而不得自由处分。这种传统依法行政的观念与私法契约自由的理念是不可调和的。同时,和解必须以权利处分为前提,因此行政权的非契约性和不可和解性被认为是行政法的典型特征。然而,随着法律实践的发展和行政裁量的大幅度扩张,现代行政领域得以不断拓宽,传统的单纯强调约束行政权随意性的依法行政理念,也相应地向实现既约束行政权随意性又维护行政权机动性的二者之间平衡的方向转化。

我国没有关于行政执法和解制度的统一规定,目前仅在反垄断、反倾销和海关知识产权保护领域建立了行政执法和解制度,证券领域在积极探索试点。欧美主要发达国家和我国台湾地区均建立了行政执法和解制度,但实践中德国和我国台湾地区行政执法和解制度的适用范围比美国狭窄,这既受本国和地区的法治传统的影响,也与行政执法和解制度本身的设计密切相关。本文将探讨我国及有关

---

[1] 本章部分内容刊载于《行政法学研究》2015年第2期和《行政管理改革》2015年第5期。

国家和地区行政执法和解的立法与实践，特别是证券领域的行政执法和解。还将重点探讨我国证券行政执法和解的几个难点问题。

一、我国行政执法和解的法律规定与实践

行政和解是一种传统行政行为之外的替代性执法方式，率先在英美法国家发展起来，后来大陆法系国家和地区如德国、日本、台湾地区在"行政程序法"上予以规定。我国大陆地区没有统一的行政程序法，因此没有关于行政执法和解的统一规定，仅仅在单行法律法规中有规定。

我国目前在以下领域中建立了行政执法和解制度：（1）反垄断法规定的经营者承诺制度。《反垄断法》第 45 条第 1 款规定："对反垄断执法机构调查的涉嫌垄断行为，被调查的经营者承诺在反垄断执法机构认可的期限内采取具体措施消除该行为后果的，反垄断执法机构可以决定中止调查。中止调查的决定应当载明被调查的经营者承诺的具体内容。"（2）《反倾销条例》规定的价格承诺制度。《反倾销条例》第四章第二节规定了价格承诺制度。第 31 条规定："倾销进口产品的出口经营者在反倾销调查期间，可以向商务部作出改变价格或者停止以倾销价格出口的价格承诺。商务部可以向出口经营者提出价格承诺的建议。商务部不得强迫出口经营者作出价格承诺。"（3）海关知识产权执法和解制度。《海关关于〈中华人民共和国知识产权海关保护条例〉的实施办法》对知识产权海关执法中的和解制度作了明确规定。该条例第 27 条第 3 款明确规定："知识产权权利人与收发货人就海关扣留的侵权嫌疑货物达成协议，向海关提出书面申请并随附相关协议，要求海关解除扣留侵权嫌疑货物的，海关除认为涉嫌构成犯罪外，可以终止调查。"上述反垄断、反倾销和海关知识产权保护都是非常特殊、专业性很强的领域，经常涉及中方与外方关系的处理，还经常关涉政治因素。实践中上述几种制度的实施情况均不令人满意。

在证券监管领域，《证券法》及相关法律规定中并未规定证券执

法和解制度。2013年，国务院办公厅发布《关于进一步加强资本市场中小投资者合法权益保护工作的意见》（国办发〔2013〕110号），提出"探索建立证券期货领域行政和解制度，开展行政和解试点"。2014年初，时任中国证监会主席肖钢在《中国行政管理》上发表署名文章"积极探索监管执法的行政和解新模式"，明确指出行政和解制度符合现代行政法治的基本价值取向，建立证券期货行政和解制度核心在于投资者救济及和解权力制约，并表示中国证监会将稳妥推进证券期货行政和解试点工作。[1] 2015年2月17日，中国证监会发布了《行政和解试点实施办法》（中国证券监督管理委员会令第114号），标志着证券行政执法和解制度正式开始试点。为规范行政和解金的管理和使用，中国证监会会同财政部制定了《行政和解金管理暂行办法》（〔2015〕4号），自2015年3月29日起施行。《行政和解试点实施办法》共5章40条，规定了行政和解的适用范围与条件、行政和解的实施程序、行政和解金的管理和使用等问题。

目前，《证券法》正在修订过程中，最新的修改建议稿中加入了两个条文专门规定证券执法和解制度。

二、两条进路

事实上，行政执法和解关涉行政裁量权的运用。通过观察德国、美国和我国台湾地区的有关立法和实践，特别是证券领域的情况，可以看出存在着形式主义法治和法律实用主义两条截然不同的进路。

（一）形式主义法治：德国的立法与实践

在严格的形式法治理论之下，行政在本质上是法治而非自治，行政行为是行使行政权力的行为，而行政权力属于法定权力，它具有不可自由处分性，行政机关在行政管理活动中不能自由放弃或转让其权力，因而行政应是"法定"行政而不是"议价"行政，在行

---

[1] 肖钢："积极探索监管执法的行政和解新模式"，载《行政管理改革》2014年第1期。

政中应严格禁止"讨价还价"的现象。从形式法治主义的要求看,行政主体对于其所拥有的行政权进行处分的确可能会带来合法性的问题。因此,传统的行政法学理论是反对行政执法和解和行政诉讼和解的。

然而,公共行政因应社会现实之发展发生了很大的变化。自20世纪以来,行政的新领域不断涌现,国家的行政职能发生了根本性的变化,行政职能已不再是简单的维持社会秩序,行政机关已不再是"一个纯粹的传送带"[1],而是积极地为社会提供服务和保障。在这种情况下,给付行政、福利行政逐渐取代了警察行政与秩序行政而成为现代公共行政的主流。在行政的方式手段上,传统单一的行政手段已远远不适应行政职能多样性的要求,因而行政契约、行政指导等手段或者其他非正式手段等与多元化行政相适应的手段进入行政领域。

在《联邦行政程序法》颁布以前,德国的联邦行政法院早在1966年就以判决的方式承认了"行政契约"的合法地位。[2]德国1976年《联邦行政程序法》承认了和解契约作为行政执法之替代方式。但基于行政法治原则的拘束和对行政主体贩卖公权的担忧,德国的行政程序法对和解契约的应用规定了较为严格的条件。该法第54条规定:"公法范畴的法律关系可以通过合同设立、变更或撤销,但以法规无相反规定者为限。行政机关尤其可以与拟作出行政行为的相对人,以签订公法合同代替行政行为的作出。"第55条规定:"第54条第2句意义上的公法合同,经明智考虑事实内容或法律状况,可借之通过相互让步消除存在的不确定性(和解)时,可以签订,但以行政机关按义务裁量认为达成和解符合目的者为限。"第59条第2款第(三)项规定,不具备订立和解合同的条件,且行政行为如具有相应内容的,即会因不属第46条所指的程序或形式瑕疵

---

〔1〕 [美]理查德·B.斯图尔特著,沈岿译:《美国行政法的重构》,商务印书馆2002年版,第10页。

〔2〕 参见于安编著:《德国行政法》,清华大学出版社1999年版,第136页。

而违法的。

德国行政法学界认为和解合同是一种特殊的行政合同类型。行政和解合同的条件是：（1）存在着有关事实状况或者法律观点的不确定状态；（2）这种不确定状态不能查明或者非经重大支出不能查明；（3）通过双方当事人的让步，可以取得一致的认识。[1]可见，德国行政程序法对和解合同的规定是极其严格的。学界对和解合同的态度也较为谨慎。汉斯·J.沃尔夫等认为，行政和解合同的主要目的是程序的经济性，主要是为了避免漫长的程序和巨大的支出风险。在签订和解合同时，应当注意维持行政合法性的利益对裁量或者合目的性的要件提出了严格的要求。尤其是根据调查原则和证明责任规则，不宜草率使用和解合同这种活动方式。[2]毛雷尔也认为行政机关不得通过合同协议的方式扩大法定的活动空间。[3]

行政实务中，在社会法领域、租税法领域有行政和解契约之运用。在社会法领域，依德国《社会法典》第十篇第53条第（二）项之规定，于社会给付主体为给付时享有裁量权限者，得缔结行政契约。实务上有行政机关与退休劳工彼此就退休年金成立和解契约的情况；[4]在租税法领域，德国租税通则法中没有直接对行政契约之容许性加以规定，但在税务行政上，以行政契约来间接确定税额乃是合目的性且经常被使用的手段。德国联邦财务法院（BFH）之折衷见解一直主张：对于难以调查之事实情况，可以例外准许税捐机关与纳税义务人缔结和解契约，但是，对于未能获得解决之法律

---

[1] [德]哈特穆特·毛雷尔著，高家伟译：《行政法学总论》，法律出版社2000年版，第356页。

[2] [德]汉斯·J.沃尔夫、奥托·巴霍夫、罗尔夫·施托贝尔著，高家伟译：《行政法》（第2卷），商务印书馆2002年版，第156页。

[3] [德]哈特穆特·毛雷尔著，高家伟译：《行政法学总论》，法律出版社2000年版，第367~368页。

[4] 林明锵："行政契约"，载翁岳生主编：《行政法》（下），中国法制出版社2002年版，第770页。

问题则不许缔结和解契约。[1]

在证券监管领域，对于证券领域的违法行为，德国1998年《有价证券交易法》（Wertpapierhandelsgesetz-WpHG）第12部分"刑罚与行政罚款"部分规定了具体的罚则。2001年《证券收购和兼并法》（Wertpapiererwerbs- und Übernahmegesetz WpÜG）对证券收购和兼并中的违法行为规定了刑罚和行政罚款。上述两部法律中均没有关于行政和解的规定。对于违反证券监管规定的违法行为，尚未构成犯罪的，德国联邦金融监管局（BaFin）按照法律规定处以行政罚款（administrative fine）。[2]但BaFin并没有采取行政和解的方式处理行政违法行为，而是通过制定行政罚款裁量基准的做法规范行政罚款。2013年11月，根据德国《有价证券交易法》，BaFin发布了《德国有价证券交易法行政罚款指南》（以下简称指南），专门适用于自然人或法人违反特别披露义务、表决权通知义务以及财务报告义务这三类较为常见的违法行为。这一指南事实上就是有关证券行政处罚的裁量基准。裁量基准是一种确定如何行使裁量权的行政规则，它通过对裁量权行使的范围、种类和幅度加以具体化的解释，以确保裁量权行使的统一性和平等性。指南运用三步法来确定具体个案中行政罚款的金额。第一步，根据违法行为计算罚款的基准额，基准额结合股票发行人的规模和违法行为情节的轻重来确定。在指南中，基准额通过若干表格展示，清晰明确。第二步，为反映当事人的特定违法行为，使用与违法行为尤其是违法者有关的额外评价标准对基准额进行调整，包括减轻和加重的标准。第三步，考虑当事人的经济状况或财务能力。[3]

---

[1] 林明锵："行政契约"，载翁岳生主编：《行政法》（下），中国法制出版社2002年版，第771~772页。

[2] BaFin于2013年底颁布了《证券交易法行政罚款指南》，用于规范针对违反德国《证券交易法》有关条款而进行的行政罚款。

[3] 张红："《德国有价证券交易法行政罚款指南》简介"，载《证券法苑》（第14卷），法律出版社2015年版，第440~457页。

(二) 法律实用主义: 美国的传统与实践

实用主义是美国重要的哲学传统。[1]受此哲学传统的影响,法律实用主义也对美国的立法和实践产生了重大的影响。和解这种替代性行政执法方式就是法律实用主义在行政过程中的体现。行政执法和解,是行政执法过程中行政机关或独立规制机构与行政相对人达成的和解。

美国行政和司法实践中存在着三种类型的和解 (settlement)。第一种和解是在行政过程中作为替代性纠纷解决方法 (alternative dispute resolution, ADR) 的和解,适用于行政机关主持之下,民事争议双方当事人之间就争议进行的和解。许多行政机关和独立规制机构设有 ADR 项目,用于帮助民事争议双方达成和解。在这些机构中往往会有一种"和解法官"(settlement judge),属于行政法官 (administrative law judge, ALJ),扮演着调解人 (mediator) 的角色。全国劳工关系委员会 (National Labor Relations Board, NLRB)、联邦劳工关系机构 (Federal Labor Relations Authority, FLRA) 等机构就有这样的 ADR 项目。第二种是司法过程中的和解,例如在行政机构针对行政相对人提起的民事诉讼中,行政机构与行政相对人就民事罚款的数额达成和解协议。第三种是行政执法和解,是行政执法过程中行政机关或独立规制机构与行政相对人达成的和解。美国《联邦行政程序法》第 554 条规定,在实践、案件性质和公共利益容许的情况下,行政机关应给与所有争议当事人进行和解的机会,行政机关并不一定必须接受当事人提出的和解方案,但是一旦和解方案被行政机关所接受,那么该方案就具有行政决定的性质。

美国学者认为行政过程中的和解协议是一种契约,它作为一种行政和管制工具,在行政中的作用日益凸显。朱迪·弗里曼将行政契约分为管制性契约 (regulatory contract) 和作为行政手段的契约。作为行政手段的契约,典型的例子是运用于民营化过程中的若干契

---

[1] 江怡:"美国实用主义哲学的现状及其分析",载《哲学动态》2004 年第 1 期。

约，以及政府提供补贴的契约。[1]行政和解契约则是作为行政规制手段的典型例子，是在管制过程中产生的，被视作传统行政机关主导之实施活动的一种替代。[2]管制性契约可以为当事人提供更大的灵活性，它是作为一种规制手段存在的。这被美国学者概括为一种"契约式"的管制进路。

美国联邦政府许多行政部门（executive departments）在行政实践中均采用行政和解作为一种执法的方式，例如，联邦能源管制委员会（Federal Energy Regulatory Commission，FERC）和联邦环保署（Environmental Protection Agency，EPA）都制定了和解的规则和程序。在联邦行政机关系统之外，还有若干独立机构[3]。其中包括25个独立规制委员会（Independent Commissions（regulatory））[4]，这些独立规制委员会在经济和社会规制中发挥着重要作用，覆盖了从反托拉斯到银行到劳工关系到电讯再到消费者保护的若干经济规制领域。笔者查阅了这25个规制委员会的官网，发现有13个委员会[5]的官网中能查到行政执法和解的新闻或者法律规定等材料。

---

[1]〔美〕朱迪·弗里曼著，毕洪海、陈标冲译：《合作治理与新行政法》，商务印书馆2010年版，第494~497页。

[2]〔美〕朱迪·弗里曼著，毕洪海、陈标冲译：《合作治理与新行政法》，商务印书馆2010年版，第538页。

[3] 美国行政机构之外存在着四类行政机构：（1）独立行政机构（Independent Administrations）；（2）独立规制委员会（Independent Commissions（regulatory））；（3）非规制独立委员会（Independent Commissions（non-regulatory））；（4）政府公司及其他（Government Corporations/other）。这种分类是借鉴美国行政会议（ACUS）编辑的Sourcebook of United States Executive Agencies，First Edition，December 2012，第54页。

[4] David E. Lewis, Jennifer L. Selin, *Sourcebook of United States Executive Agencies*, Vanderbilt University, 2012, p. 54.

[5] 这13个规制委员会是：（1）期货交易委员会（Commodity Futures Trading Commission，CFTC），（2）消费品安全委员会（Consumer Product Safety Commission，CPSC），（3）工作机会平等委员会（Equal Employment Opportunity Commission，EEOC），（4）农场贷款署（Farm Credit Administration，FCA），（5）联邦电讯委员会（Federal Communications Commission，FCC），（6）美国联邦存款保险公司（Federal Deposit Insurance Corporation，FDIC），（7）联邦矿山安全与健康委员会（Federal Mine Safety and Health Review Commission），（8）联邦储备局（Federal Reserve Board），（9）联邦贸易委员会（Federal Trade

可以看出，在多数规制领域中行政机构均可以选择契约的方式，作为传统行政活动的替代方式以实现行政目的。

在证券监管领域，授予美国证券交易委员会（Securities and Exchange Commission，简称 SEC）证券监管职权的《1933 年证券法》"1934 年证券交易法"等法律中并未规定证券执法和解制度。但在 SEC 的《行为规范》（Rules of Practice）中的第 201.240 条"和解"（Settlement）专门对证券监管和解的条件、程序、和解建议的审查和批准、提出和解的建议人放弃的权利、对和解建议的最终接受等方面做了规定。此外，在 SEC 内部执法部门（Division of Enforcement）的《执法手册》（Enforcement Manual）中多处有关于和解的具体程序性规定。根据《行为规范》第 201.240 条（a）的规定，任何人在被通知可能或将要针对其提起程序之后均有权提出书面和解要约，同时，已经发起的程序中的任何当事人均有权在任何时间提出书面和解要约。《行为规范》第 202.5 条"执法活动"（Enforcement activities）是对 SEC 开展执法活动的一般性规定。根据本条规定，证券交易委员会收到公众投诉、来自联邦或州政府机构的通信以及在审查向证券交易委员会提交的文件的过程中或通过其他方式，初步判断可能存在违反证券交易委员会负责实施的法律、规则和规章的情况的，通常会展开初步调查。在开展调查或采取其他行动后，证券交易委员会可自行裁量决定采取如下一个或多个行动：启动行政处理程序以实施救济性制裁、在法院启动禁令程序以及将故意违法违规行为提交司法部进行刑事追诉。该条（f）中规定"在证券交易委员会开展调查、民事诉讼和行政处理程序的过程中，具有恰当授权的工作人员可以与相关人员讨论以同意、和解或其他方式处理该事项。"和解是 SEC 执法活动中的重要手段。美国 SEC 有一半以上的

（接上页）Commission，FTC），（10）核规制委员会（Nuclear Regulatory Commission，NRC），（11）职业安全与健康署（Occupational Safety and Health Administration，OSHA），（12）证券交易委员会（Securities and Exchange Commission，SEC），（13）美国国际贸易委员会（U.S. International Trade Commission）。

案件在采取正式的诉讼程序（民事诉讼或行政审裁）前被和解。此外，还有大量的案件在诉讼进行中被和解（如在某些动议提出或证据发现程序进行后）。实际上，启动调查的案件中，最终走完民事诉讼或行政审裁的只有大约10%。[1]以2012会计年度为例，和解金的金额占到了总罚金的69%，公司的平均和解金是100万美元，最高的是与花旗银行的和解，高达2.85亿美元。[2]作为政策性立场，SEC力求避免给外界造成一种其给予的处罚或者法院裁定缺少事实基础的印象。因此，如果当事人否认行政审裁启动令或起诉状中列明的指控，则不允许当事人和解。而且，SEC认为，拒绝承认指控就相当于否认，除非当事人声明既不肯定也不否认。因此几乎所有的和解都会使用"既不肯定也不否认所指控违法行为"的表述（without admitting or denying the allegations of violations）。如果当事人在和解后声明否认所指控事实，SEC可以撤销和解，或者要求其撤回声明。

在美国的行政处理程序中，无论是行政机关还是行政相对人均有和解的意愿和动力：

从行政机关的角度而言，一是行政机关通过执法和解，能够以最经济的方式迅速排除不明确的事实或法律状态，使社会秩序尽快归于稳定，客观上提高了行政效率。二是能够实现行政执法资源的合理利用。行政机关的行政执法人员、经费等有限，因此，行政机关必须实现有限的执法资源的合理运用。以SEC为例，由于人员、资金等资源的限制，SEC必须选择重大的、恶劣的、原则性的、具有示范意见的案件进行重点追诉，这也就意味着其必须在其他案件中大量使用和解策略以实现监管资源的最优配置。

从行政相对人的角度而言，之所以愿意选择在行政程序中与行

---

[1] 郭雳："美国证券监管执法中的调查与和解制度"，载杨紫烜编：《经济法研究》（第5卷），北京大学出版社2007年版，第375页。

[2] Jorge Baez, Dr. James Overdahl, Elaine Buckberg, "SEC Settlement Trends", *NERA Economic Consulting*, January 14, 2013.

政机关和解,完全是理性思考的结果。具体而言,一般会进行以下几方面的考虑:其一,诉讼风险和不确定性永远存在。假如当事人在民事诉讼中的抗辩最终未被采信,判决结果可能比行政和解条件坏得多。其二,诉讼成本也高得多,当事人必须考虑辩护的经济成本和旷日持久诉讼所带来的损失。美国的多数经济规制领域中,对于行政相对人的违法行为,法律一般规定三种方法予以制裁:一是由行政机关进行行政处理,主要是采取包括民事罚款[1]、禁止特定人从事特定行为[2]等规制手段。二是可以提起民事诉讼,由法院判决违法的行政相对人缴纳民事罚款。[3]法院在适当说明依据和理由后,有权对该违法者给予民事罚款处罚。至于是行政处理还是提起民事诉讼,属于行政机关自由裁量的范围。三是如果达到犯罪的程度,提起刑事诉讼,[4]刑事诉讼程序和行政处理或者民事诉讼程序可以并行。对于有些案件,SEC如果针对涉嫌违法的行政相对人提

---

[1] 例如,美国1934年《证券交易法》第21B条(a)(1)规定:"在根据本法第15(b)(4)条、第15(b)(6)条、第15D条、第15B条、第15C条或第17A条对任何人提起的任何诉讼中,证券交易委员会或者有关监管机关根据通知和提供听证机会后的记录认为该人存在下列情况并且进行罚款符合公共利益的,可以给予民事罚款:……"

[2] 美国1933年《证券法》第8A条(f)证券交易委员会禁止违法者担任高管人员或董事的权力:在第(a)子条项下进行的任何制止程序中,对曾违反第17条第(a)款(1)项或其下规则、条例的任何人,若其行为表明其确实不适合担任拥有根据《1934年证券交易法》第12条注册的类别证券之发行人的高级管理人员或董事,或需要根据该法第15(d)条规定申报报告的证券之发行人的高级管理人员或董事,则证券交易委员会可签发命令,附条件或无条件地、永久性地或在其决定的期限内禁止其担任任何该类发行人的高管人员或董事。

[3] 例如,美国1933年《证券法》第20条(d)(1)规定:"在发现任何人违反本法、本法项下规定或规则,或证券交易委员会根据本法第8A条发布的制止令时,除该行为属于《1934年证券交易法》第21A条应被处以罚款的违法行为外,证券交易委员会可在美国任何地区法院提起诉讼,要求对该违法者给予民事罚款处罚。法院在适当说明依据和理由后,有权对该违法者给予民事罚款处罚。"

[4] 例如,美国1933年《证券法》第24条规定:"任何人若故意违反本法任何条款或证券交易委员会根据本法授权颁布的条例或规则,或在根据本法申报的注册登记表中故意对任何重大事实做出不实陈述,或漏报要求在其中陈述的任何重大事实或漏报为使其中的陈述不致误导而必须陈述的重大事实,一经定罪,应单处不超过10,000美元的罚金或不超过5年的监禁,或并处罚金和监禁。"

起民事诉讼,往往耗时较长,行政相对人参加民事诉讼成本也非常高,因此即使是进入民事诉讼环节的诉讼,作为被告的行政相对人往往也会选择与 SEC 进行和解。其三,有些相对人希望尽快结案,以便放下包袱轻装前进,选择和解可以降低事件的曝光率,同时就此避免负面的媒体报道,以免影响自己的社会形象和声誉进而影响到经济利益。其四,某些当事人特别是金融行业的从业者,不希望激烈对抗的诉讼影响到其与监管机构的良好关系。

(三)摇摆在两条进路之间:我国台湾地区

我国台湾地区"行政程序法"仿效德国行政程序法,也设专条规定了行政和解契约。"行政程序法"第 136 条规定:"行政机关对于行政处分所依据之事实或法律关系,经依职权调查仍不能确定者,为有效达成行政目的,并解决争执,得与人民和解,缔结行政契约,以代替行政处分。"理论上,认为行政和解契约属于隶属契约之一种。隶属契约是指行政官署与本欲对之为行政处分之相对人订立公法契约,以代替行政处分的一种行政契约。[1]

在竞争法领域,"行政院公平交易委员会"于 2000 年 9 月 21 日通过"行政院公平交易委员会缔结行政和解契约处理原则",明定"公平会"进行行政和解之情况及应衡酌之因素等内容。"公平会"在 1996 年 7 月 10 日同意接受英代尔专利授权行为准则建议方案及暂停调查程序,使得英代尔成为第一家与"公平会"达成和解的厂商。[2] 2003 年 2 月,"公平会"接受了台湾地区微软的和解要约书,一度引起大众的关注。[3]

在证券法领域,台湾地区"行政院金融监督管理委员会"于 2005 年 3 月 16 日颁布了"行政院金融监督管理委员会缔结行政和解

---

[1] 林明锵:"行政契约",载翁岳生主编:《行政法》(下),中国法制出版社 2002 年版,第 752 页。

[2] 冯震宇:《智慧财产权发展趋势与重要问题研究》,元照出版公司 2004 年版,第 283 页。

[3] 纪振清:"公平会与台湾微软行政和解契约之定性与检讨",载台湾行政法学会主编:《行政契约之法理/各国行政法学发展方向》,元照出版公司 2009 年版,第 243 页。

契约处理原则",详细规定了"行政院金融监督管理委员会"与证券商、期货商、证券投资信托事业、证券投资顾问事业或会计师等相对人缔结行政契约的条件、程序、效力等问题。值得注意的是,在证券领域,台湾地区虽然学习美国建立了行政执法和解制度,但实践中几乎没有运用和解的实例。

在租税法领域,税务机关与人民协谈,可能成立租税上的和解契约。[1]

台湾地区的"行政程序法"对和解契约的规定也是极其严格的。因此,在实务中,和解契约的运用远不如其他行政契约广泛。学者对和解契约也多有批评,认为"行政程序法"中的和解契约条文"快要成为具文"。[2]

三、中国是否需要行政执法和解?形式法治主义还是法律实用主义

(一)基于两条进路的简要分析

在美国的行政和规制领域中,和解得到了广泛的运用,而在德国和台湾地区,和解的适用范围相对狭窄。在证券领域,美国和德国的区别就更加明显了:美国在行政程序中积极运用和解,替代行政处理决定;而德国还是固守传统的行政理念,采用传统的行政罚款方式处理证券违法行为,并通过制定裁量基准控制行政裁量权。

究其原因,一方面是因为受到各自法律传统的影响。美国的行政机构之所以会接受与行政相对人进行和解以替代行政处理决定这种方式,也与其法律文化不无关系。20世纪60年代的美国,随着民权运动迅速发展,保护个人权利的立法大量出现从而使法院的受案量剧增,司法体制的弊端与缺点充分暴露出来,诉讼作为解决争议的方式因其拖延、昂贵和破坏当事人之间的良好合作关系而受到批

---

[1] 例如,台北"高等行政法院"91年度诉字第1012号判决。
[2] 陈新民:"和为贵——由'合作行政'的概念论行政调解的法制改革",载《政大法律评论》第121期。

评，因此包括仲裁、调解、微型审判、简易陪审审判等在内的各种替代性争议解决办法（ADR）得到了蓬勃的发展。到 20 世纪 90 年代，ADR 在行政过程中的运用得到了立法上的肯定。1990 年，美国国会通过了《行政争议解决法》（ADRA）。1996 年，美国国会对 ADRA 做了修改，并将其确立为永久法律。可见，民事诉讼中的 ADR、刑事诉讼中的辩诉交易，都会对行政机关产生影响，使其很容易接受与相对人的和解，从而替代行政处理决定。可见，美国是基于实用主义的立场，在成本收益思维指导之下，强调行政效率的提高和行政执法资源的合理配置与利用，从而有了行政执法和解及其频繁适用。可以说，实用主义的法律观、发达的法律制度、控辩双方的博弈、成本收益分析的方法是行政执法和解生存的土壤。

而在德国，传统形式法治的要求下，行政机关很难接受模棱两可的法律状态，美国行政执法和解协议中行政相对人"既不肯定也不否认所指控违法行为"的表述（without admitting or denying the allegations of violations）是很难被德国行政机关所接受的。有趣的是，在我国台湾地区，虽然"行政院金融监督管理委员会"颁布了"行政院金融监督管理委员会缔结行政和解契约处理原则"，承认了行政和解契约在处理证券违法行为中的运用，但事实上我们几乎找不到这样真实的案例。我们可以推测个中原因，最主要的可能是：在事实与法律调查不清的情形下进行和解，容易对监管机关的执法权威产生消极影响，使公众对其执法权丧失信任，而监管机关本身也不愿意承认对违法行为束手无策，尽管行政权不是万能的，但此种和解的达成就意味着承认了行政权面对违法行为的无能或无奈。可见，这种和解前提的设定可能是监管机关以及社会公众都无法接受的。因此，台湾地区金管会虽然借鉴了执法和解的方式，但实践中还是倾向于传统行政手段的运用。

另一方面当然是受到制度设计本身的影响。具体的制度设计，例如行政执法和解的适用范围、条件、程序等均会在很大程度上影响其功能的发挥。例如，美国 SEC 自身规章和《行为规范》中对行政和解适用的范围和条件并没有特别严格的规定，对于是否与行政相对人和解，SEC拥有很大的裁量权。而台湾地区行政程序法上明确规定"须对于行政处分所依据之事实或法律关系，经依职权调查，仍不能确定者，订定行政契约"。严格的条件和程序客观上限制了行政和解制度功能的发挥。我国反垄断执法和解制度对于执法和解的适用条件、利害关系人与社会公众的权利义务等不做规定，也在客观上阻碍了制度功能的发挥。[1]

（二）中国的选择

在严格的形式法治理论之下，行政在本质上是法治而非自治，行政行为是行使行政权力的行为，而行政权力属于法定权力，它具有不可自由处分性，行政机关在行政管理活动中不能自由放弃或转让其权力，因而行政应是"法定"行政而不是"议价"行政，在行政中应严格禁止"讨价还价"的现象。从形式法治主义的要求看，行政主体对于其所拥有的行政权进行处分的确可能会带来合法性的问题。因此，传统的行政法学理论是反对行政执法和解和行政诉讼和解的。

然而，公共行政因应社会现实之发展发生了很大的变化。自20世纪以来，行政的新领域不断涌现，国家的行政职能发生了根本性的变化，行政职能已不再是简单的维持社会秩序，行政机关已不再是"一个纯粹的传送带"[2]，而是积极地为社会提供服务和保障，因为"人民总是，先求能够生存，以后才会要求享有自由、秩序与福祉。国家因此而负有广泛照料人民生存的义务，并受这种义务之拘束"。[3]在这种情况下，给付行政、福利行政逐渐取代了警察行政与秩序行政而成为现代公共行政的主流。在行政的方式手段上，

---

[1] 参见殷继国：《反垄断执法和解制度：国家干预契约化之滥觞》，中国法制出版社2013年版，第228~230页。

[2] [美]理查德·B.斯图尔特著，沈岿译：《美国行政法的重构》，商务印书馆2002年版，第10页。

[3] [德]福斯多夫著，陈新民译："当成服务主体之行政"，载陈新民：《公法学札记》，中国政法大学出版社2001年版，第53页。

第四章 破解证券行政执法和解的难题

传统单一的行政手段已远远不适应行政职能多样性的要求，因而行政契约、行政指导等手段或者其他非正式手段等与多元化行政相适应的手段进入行政领域。

事实上，形式主义法治的一个根本问题在于它忘记或者不愿面对行政过程中的一个基本事实：行政过程中存在着广泛的自由裁量权。[1]行政机关采用行政执法和解的方式行使自由裁量权，其所追求的效率、执法资源的合理配置、成本收益等，可能并非法治的核心价值，但的确是行政机关不得不面对和解决的现实问题。正如汉斯·J.沃尔夫等人所指出的，行政和解合同的主要目的是程序的经济性，主要是为了避免漫长的程序和巨大的支出风险。[2]数据显示，BaFin 的行政罚款案件积压是非常严重的。[3]客观上而言，行政机关的执法资源总是有限的，如何配置有限的行政执法资源以实现行政目的，也是属于行政机关自由裁量的范围。采用行政执法和解的方式，行政机关与行政相对人进行对话与协商，一方面有助于行政裁量的理性化，另一方面有助于相对人理解和执行行政决定，也有助于实现行政程序的经济化。

对于当下的中国来讲，是否建立行政执法和解制度，主要是一个价值取向的问题，是继续固守形式法治主义的要求还是选择实用主义？传统行政法上关于"公权不可处分""行政意志优于私人意志"等观点的束缚，使行政和解制度的构建阻力重重，但基于实用主义的考虑，结合行政执法资源的有限性、行政效率的追求、行政法律秩序的维护等各种现实因素的考虑，我们应当选择建立行政执

---

〔1〕 王锡锌："规则、合意与治理——行政过程中 ADR 适用的可能性与妥当性研究"，载《法商研究》2003 年第 5 期。

〔2〕 [德]汉斯·J.沃尔夫、奥托·巴霍夫、罗尔夫·施托贝尔著，高家伟译：《行政法》（第 2 卷），商务印书馆 2002 年版，第 156 页。

〔3〕 根据 BaFin2012 年度报告，该年度新启动了 534 个行政罚款程序，处理了 240 个行政罚款案件，终止了 265 个案件，总共还有 851 个案件未得到处理。根据 BaFin2013 年度报告，该年度新启动了 519 个行政罚款程序，处理了 119 个案件，终止了 242 个案件，总共还有 1006 个案件未得到处理。未能处理的行政罚款案件增幅为 20%。

法和解制度。

正如中国证监会之所以有如此强烈的动力来推动建立此项制度,最重要的原因事实上就是我国证券执法现实的需求。根据《证券法》的规定,中国证监会作为国务院证券监督管理机构,依法对全国证券市场实行集中统一监督管理,承担着规范证券发行和交易行为,保护投资者的合法权益,维护社会经济秩序和社会公共利益,促进社会主义市场经济的发展的重担。近年来,随着证券市场的完善和发展,如何保护投资者的合法权益显得日益重要起来。有效保护投资者合法权益,一方面需要严格执法,严肃查处和惩治各类市场主体的违法行为,维护市场秩序,实现对全体投资者利益的整体保护;另一方面,需要及时弥补因违法违规行为给投资者造成的经济损失,实现对单个投资者利益的保护。在中国目前体制之下,第一个目标是通过行政执法主要是行政处罚的方式实现,第二个目标是通过民事诉讼的方式实现的。就行政执法而言,行政相对人的高智商、证据的易逝性与复杂性、取证的高难度等客观情况使得证券行政执法较其他领域更为困难,与此相应的,处罚决定的做出效率也较低,行政处罚案件久拖不决的情况屡见不鲜。就民事诉讼而言,由于投资者往往面临维权成本高、举证难等问题,因而获得救济的效果也不理想。面对这一现实难题,中国证监会开始探索借鉴国外的证券执法和解制度,以兼顾行政执法效果和投资者利益保护。正如《中国证监会关于〈行政和解试点实施办法(征求意见稿)〉的起草说明》中所提到的,有效查处和惩治各类市场违法失信行为,并对因违法违规行为给投资者造成的经济损失及时、充分地予以补偿,是保护投资者尤其是中小投资者合法权益的实质举措,也是维护资本市场公开、公平、公正的市场环境和运行秩序,实现资本市场功能作用的有效举措。行政和解是一种兼顾对违法违规者经济制裁和对利益受损投资者经济补偿的执法方式。

因此,建立行政执法和解制度是行政机关面对有限的行政执法资源与行政效率的要求之间的矛盾时、为了追求行政程序经济化而作出的现实选择，这样的制度具有很强的内生力量。

四、我国证券行政执法和解制度的几个问题

证券领域建立行政执法和解制度是中国证监会行政执法体制改革的一个重大创新性举措。遗憾的是，《行政和解试点实施办法》自2015年3月29日起施行以来近两年的时间里，虽然有一些公司曾经向中国证监会提出和解申请，但中国证监会并没有进行过行政和解。我们认为，建立证券行政执法和解制度，需要厘清以下几个问题，否则行政和解制度将可能"成为具文"。

（一）证券行政执法和解协议

1. 证券行政和解协议的性质

证券行政和解协议的性质，是整个证券行政和解制度的核心和基础，这一问题将影响到证券行政和解程序的设计以及相关的救济制度。

德国和我国台湾地区的行政法学理论和行政程序立法中均认为行政和解契约或合同就是一种特殊的行政合同。《德国联邦行政程序法》第54条规定："公法范畴的法律关系可以通过合同设立、变更或撤销，但以法规无相反规定者为限。行政机关尤其可以与拟作出行政行为的相对人，以签订公法合同代替行政行为的作出。"第55条规定："第54条第2句意义上的公法合同，经明智考虑事实内容或法律状况，可借之通过相互让步消除存在的不确定性（和解）时，可以签订，但以行政机关按义务裁量认为达成和解符合目的者为限。"我国台湾地区"行政程序法"仿效德国行政程序法，也设专条规定了行政和解契约。"行政程序法"第136条规定："行政机关对于行政处分所依据之事实或法律关系，经依职权调查仍不能确定者，为有效达成行政目的，并解决争执，得与人民和解，缔结行政契约，以代替行政处分。"

可见，行政机关对行政决定所依据的事实或法律关系，在经依职权调查仍不能确定的情况下，与相对人缔结的行政和解协议，本

质上而言是一种行政合同。德国和台湾地区行政程序法理论和实践中均认为行政和解协议的本质是一种行政契约，具体而言属于隶属契约，这是一种特殊的行政契约，与对等契约有很大的区别。隶属契约是行政机关与处于不平等地位的相对人之间达成的协议，而在对等契约中，行政机关与相对人处于平等的地位，双方依"契约自由原则"订立协议。

2. 行政和解协议与行政行为之间的关系

明确行政和解协议与行政行为之间的关系，将有助于我们把握行政和解协议的特殊性，以及与其他类型行政合同的区别。

德国和台湾地区理论上将行政契约区分为对等契约和隶属契约。在隶属契约的情形之下，行政机关与处于不平等地位的相对人之间达成协议，以代替行政行为的作出，德国有学者也将此形象地称为"主从权合同"；而在对等契约的情形之下，行政机关与相对人处于平等的地位，依"契约自由原则"而订立的协议。《德国联邦行政程序法》第54条第2句明确规定"行政机关以签订公法合同代替行政行为的作出"。我国台湾地区"行政程序法"第136条也明确规定"缔结行政契约，以代替行政处分"。"台湾地区行政院金融监督管理委员会"于2005年3月16日颁布的"行政院金融监督管理委员会缔结行政和解契约处理原则"中也明确"缔结行政契约，以代替行政处分"。

同时，应当明确行政机关与行政相对人经过协商所达成的行政和解协议，将替代行政行为的作出。德国《联邦行政程序法》第54条第2句明确规定"行政机关以签订公法合同代替行政行为的作出"。我国台湾地区"行政程序法"也有相同的规定。之所以要强调行政和解契约是代替行政行为的作出，是为了凸显行政和解契约法律关系中行政机关与行政相对人之间的不平等的地位，以明确区别于对等契约。

3. 行政和解协议的可诉性

行政相对人与中国证监会之间因行政和解协议发生争议，能否申请行政复议或者提起行政诉讼，将在很大程度上影响到相对人的权益保护和行政秩序的维护。

行政和解协议的性质是行政合同,虽然这是中国证监会与行政相对人经过协商所达成的协议,但行政相对人仍可能会因行政和解协议的订立、内容的变更、协议的终止和解除、协议的无效等问题与中国证监会发生争议,这些争议属于行政争议。在德国和台湾地区,因行政契约包括行政和解契约引起的公法争议,可以提起行政诉讼,是毋庸置疑的。台湾地区"行政诉讼法"第2条规定:"公法上之争议,除法律别有规定外,得依本法提起行政诉讼。"根据第5条的规定,因公法上契约发生之给付,得提起给付诉讼。

我国新《行政诉讼法》中有关行政诉讼受案范围的第12条增加规定了一项:"(十一)认为行政机关不依法履行、未按照约定履行或者违法变更、解除政府特许经营协议、土地房屋征收补偿协议等协议的。"近两年,学术界和实务界有不少关于行政协议司法审查的思考。关于可诉的行政协议范围,虽然行政诉讼法明确认可了政府特许经营协议、土地房屋征收补偿协议的可诉性,但其他协议能否纳入行政诉讼范围,仍存在争议。

有学者认为,总体上看,行政机关签订的协议涉及三类活动。第一类是与行政职权的行使有关的,比如物价行政部门为了做好价格监测,与定点商户签订价格监测协议。第二类是与提供公共服务有关的,如政府投资水利的水厂、电厂与用户签订供水、供电协议。第三类是政府以私法主体身份签订的协议。综合权衡之下,在上述三类行政机关可能签订的合同中,宜将第一类即与行政职权有关的协议纳入行政协议范畴。[1]有学者认为,《最高人民法院关于适用〈行政诉讼法〉若干问题的解释》第11条第2款,在新《行政诉讼法》规定基础上作出进一步明确和扩展,即:政府特许经营协议;土地、房屋等征收征用补偿协议;其他行政协议。[2]

---

〔1〕 江必新:"行政协议的司法审查",载《人民司法》2016年第34期。
〔2〕 程骁:"审理行政协议案件若干疑难问题研究",载《法律适用》2016年第12期。

但遗憾的是，现有的讨论几乎都只涉及了政府特许经营协议、土地房屋征收补偿协议等行政协议的司法审查问题，并未论及行政执法和解协议的可诉性问题。我们认为，借鉴德国、台湾地区关于行政协议的规定，新《行政诉讼法》第12条第（十一）项中的协议应理解为除了政府特许经营协议、土地房屋征收补偿协议之外，也包括行政执法和解协议。

具体而言，行政相对人认为中国证监会不依法履行、未按约定履行或者违法变更、解除证券行政和解协议，或者根据情势变更原则，请求继续履行、撤销、变更或者解除协议等事宜可以申请行政复议或者提起行政诉讼。

4. 行政和解协议的无效

明确行政和解协议在哪些情形之下无效，将有利于把握行政和解协议违法的法律后果。

一般而言，行政行为具有重大瑕疵或者根据理智判断存在明显的瑕疵时，被认为无效。明确集中规定行政契约无效的情形，是德国《联邦行政程序法》和台湾地区"行政程序法"共同的做法。根据德国《联邦行政程序法》第59条第2款的规定，行政和解合同在下列情况下无效：（1）因准用民法典规定而生无效性的，合同无效；（2）具有相同内容的行政行为无效的；（3）相同内容的行政行为具有除第46条规定程序违法之外的违法情况，当事人即明知该违法情况的；（4）和解合同不具备法定条件的。可见，行政和解协议的无效包括两类情形：一是民事合同无效的情形；一是行政和解协议无效的特殊情形。

中国证监会《行政和解试点实施办法》应当借鉴德国《联邦行政程序法》和台湾地区"行政程序法"的规定，设专条集中规定行政和解协议无效的情形，包括我国《合同法》第52条所规定的合同无效的情形以及行政和解协议无效的特别情形。具体而言，应当包括：（1）一方以欺诈、胁迫的手段订立合同，损害国家利益；（2）恶意串通，损害国家、集体或者第三人利益；（3）以合法形式掩盖非法目的；（4）损害社会公共利益；（5）具有相同内容的行政行为无效的；（6）协议双方明知具有相同内容的行政行为违法应当撤销的；（7）和解合同不具备法定条件的。

（二）证券行政执法和解的适用范围和条件

1. 证券行政执法和解的适用范围

行政机关具有行政裁量权是行政执法和解的前提和基础。"和解在行政过程中的运用，实际上就是在法律授权行政机关裁量的情况下，行政机关根据法律的规定，运用行政裁量权，从法定的行为方式中选择一种方式（和解），而后通过与相对人协商合意的方式行使行政裁量权的制度。"[1]

但如果我们认为只要有自由裁量权的地方，就有行政机关与行政相对人之间"讨价还价"的余地，因此可以采用执法和解的方式，可能会发生"行政执法和解泛化"的问题。从各国和地区的情况看，行政和解主要适用于金融监管、反垄断[2]、反倾销[3]、环境保护[4]、税务[5]等领域。从德国、美国和我国台湾地区的法律规定和行政实践看，行政和解主要集中在某些行政或规制领域，特别是在德国和我国台湾地区，行政执法和解仅在非常有限的领域适用。对中国而言，行政执法和解不应当亦不可能适用于所有行政裁

---

[1] 周佑勇：《行政裁量治理研究——一种功能主义的立场》，法律出版社2008年版，第248页。

[2] 例如，《日本禁止私人垄断及确保公正交易法》被认为是世界上最严厉的反垄断法，但在执法实践中，日本公平交易委员会很少对涉案公司采取控告、禁令等正式措施，而常常采用包括和解在内的劝告、磋商、媒体曝光等非正式方式。

[3] GATT/WTO反倾销协议中规定的价格承诺，是允许使用的贸易救济措施，作为对反倾销税的一种替代措施。

[4] 例如，日本于1964年制定了《日本横滨方式之公害防止协定》，美国国家环境保护局也制定了专门的和解规则和程序，在涉及众多利益相关人的环境保护案件中，和解被认为是一种非常有效的争议解决方式。

[5] 传统税法理论基于税收法定原则及税法的强行法性质，否认征、纳双方达成的税收和解协议。但在德国税务实践中，税务法院在1984年的一个判决中认为，对难以调查清楚的事实关系达成合意，有助于提高课税的有效性、促进程序以及实现法的公平，故为法所允许。陈光宇："税收和解制度浅议"，载《税务研究》2007年第9期。

量的情况。接下来我们要面临的问题就是，行政执法和解的适用范围何在？

确定行政执法和解适用范围，可以依循两个步骤来思考。一是哪些行政事务领域可以适用行政执法和解？哪些规制领域，是所有规制领域还是经济性规制、社会性规制中的某些领域可以适用行政执法和解？为防止行政执法和解的泛化，我们建议先在经济性规制的某些领域，例如证券、银行等金融监管领域和社会性规制的安全、健康和环境等领域[1]开始适用行政执法和解。再是确定一些条件，符合这些条件的规制领域即可以适用行政执法和解。

设定行政执法和解的适用范围时有两个不同的取向，一种是鼓励行政机关尽量以和解代替行政行为；一种是鼓励行政机关谨慎行事，实行"有限度的以契约代替处分"。当前我们采取"有限度的以契约代替处分"的立场或许更符合中国的实际情况。行政执法和解应当适用于在行政执法过程中，当事实、法律观点不明确且这种不确定状态不能查明或者非经重大支出不能查明等情况。

结合证券领域的实际情况，应当将范围限定于以下两类案件：一是市场机构涉嫌内幕交易、操纵市场、虚假陈述的案件；二是证券公司、基金公司、期货公司涉嫌欺诈消费者、误导投资者的案件。之所以选择这两类案件，是因为这几类证券违法行为多呈现高智能、涉众广、跨区域等特点，取证难度大、查办案件耗时长。

---

[1] 根据调整对象不同，可以将规制分为经济性规制和社会性规制。经济性规制是指"在存在着自然垄断和信息偏存（不对称）问题的部门，以防止无效率的资源配置的发生和确保需要者的公平利用为主要目的，政府通过被认可和许可的各种手段，对企业的进入、退出、价格、服务的质量以及投资、财务、会计等方面的活动所进行的规制"。参见〔日〕植草益著，朱绍文等译：《微观规制经济学》，中国发展出版社1992年版，第256页。经济性规制的重点领域是电力、天然气、电信、交通、航空等具有自然垄断特征和信息不对称问题的产业及农业、银行业等特殊产业，表现为对产业的进入与退出，价格与工资等进行限制与约束。而社会性规制处理的主要是外部不经济和非价值物问题，"是以保障劳动者和消费者的安全、健康、卫生以及保护环境和防止灾害为目的，对物品和服务的质量以及伴随着提供他们而产生的各种活动制定一定标准，并禁止、限制特定行为的规制"。社会性规制主要包括安全性规制、健康规制和环境规制等。

2. 证券行政执法和解的条件

其一，行政机关对于行政处罚所依据的事实或者法律关系不能确定，或非经重大支出不能查明。第一种情况下，行政机关经过调查仍然不能确定相对人行为的违法性，这是指违法事实不明确，且这种不明确的状态在客观上难以排除，即行政机关收集的证据难以形成可以证明行政相对人行为违法性的证据链、违法性判断模糊等情况。第二种情况下，行政机关若想查明事实，将要耗资巨大，损耗较多的行政执法资源。

其二，行政机关对相对人的涉嫌违法行为已经依职权开展调查。此处尚待进一步讨论的问题是行政机关对相对人行为的调查，应当进行到何种程度为"已经依职权开展调查"，是按照行政机关调查的时间长短计算，还是按照投入的人力物力等行政资源来计算，应有一个较为客观的标准。例如，台湾地区"行政院金融监督管理委员会缔结行政和解契约处理原则"第 3 条规定："本会进行行政和解契约之协商程序前，就行政处分所依据之事实或法律关系，应先依职权调查，且调查期间不得少于三十日。"可见，行政机关进行调查的时间长短是一个较为客观且易把握的标准。可以考虑规定，"中国证监会已经正式立案并开展调查，且调查期间不得少于三个月。"

其三，行政执法和解的目的是有效达成行政目的。理论上而言，行政机关做出任何行政行为均被假设是为了实现公共利益，不同的行政机关或者规制主体根据单行法律的规定，旨在达成不同的行政目的。在此问题上还有一点值得注意，即中国证监会应当在具体个案中去分析和衡量，传统的行政处罚与行政执法和解，哪种方式更有利于行政目的的达成。正如《行政和解试点实施办法》第 6 条第（二）项所规定的："采取行政执法和解方式执法有利于实现监管目的，减少争议，稳定和明确市场预期，恢复市场秩序，保护投资者权益。"

其四，通过双方当事人的让步，可以达成共识。所谓"和解"，本质上即要求双方当事人互相妥协退让，如果只有一方让步，很难成立和解。但行政法上的和解与民法上的和解略有不同，体现在民法上的和解让步属于当事人主观上的退让，无须客观评价；但行政上和解除了当事人主观上有退让妥协外，基于行政机关对公共利益的追求，必须合理客观评价。当然，至于哪一方让步更大，并不影响和解的成立。事实上，双方让步的重心主要在行政机关一方。正如《行政和解试点实施办法》第6条第（三）项所规定的，"行政相对人愿意采取有效措施补偿因其涉嫌违法行为受到损失的投资者"，这是行政和解的必备条件之一。

事实上，就算规定了行政机关适用和解的范围和条件，在具体个案中，是否采用和解的方式处理案件，还得依赖行政机关对多种因素的考虑，包括公共利益的维护，行政机关与相对人互相让步的合法性与适当性等。

（三）证券行政执法和解的考量因素

虽然我国开始了证券行政执法和解的试点，不可忽视的是，为确保法律的一致性和可预期性，证券监管机关也必须"对症下药"，考量每一项违法行为和每一个违法者的特殊性，选择合适的救济手段，在此基础上行使自由裁量权。若要符合上述要求，和解制度本身必须确保具有一致性和可预测性，达到立法和公平正义原则所追求的威慑效果。

有学者对美国 SEC 内幕交易行政和解案例进行了研究，指出了内幕交易案件和解的考量因素，包括[1]：其一，行政执法的目标。内幕交易不仅损害了涉案证券其他同期交易者的利益，从整体上看，会对市场产生广泛的负面影响。如何在发现及解决内幕交易案件过程中起到对违法者的威慑作用，是 SEC 的核心目标。减少内幕交易的发生有助于建立一个诚实公平的证券市场，借此保护公共利益。各执行程序在选择所适用的救济方式时，大都以能否起到威慑作用为重要参考依据。其二，和解程序中的事实考量。内幕交易案件中，

---

[1] [美] 威廉·R. 麦克卢卡斯、约翰·H. 沃尔什、丽莎·L. 方丹著，肖宇、郭琼艳译："SEC 内幕交易行政和解案例研究"，载《证券法苑》（第18卷），法律出版社2016年版，第496~510页。

若想 SEC 接受和解方案，其中的各项措施带来的威慑作用不得低于相对人应遵守的禁止性规定。因此，在 SEC 谈判过程中，处罚措施是否适当是值得反复斟酌的问题。SEC 在决定采用何种救济手段时，亦会考虑不同的减轻或加重情节，包括：(1) 相对人行为的恶劣程度，违法行为后果的严重性。关于相对人行为的恶劣程度，下列因素有时会被考量：违法行为的次数；交易与内部信息的相关性；行为的欺诈性和对调查的规避。(2) 相对人的职业。相对人的职业是在和解协议谈判过程中应考虑的因素，它决定了相对人应承担的责任，也表明了威慑作用存在的必要性。公司董事、高管和传统内幕交易人应适用更高的监管标准，如有违反，SEC 在和解协议中会提出更严苛的要求。(3) 相对人在调查中的配合程度或其他特殊的减轻情节。SEC 要考虑相对人是否有妨碍公正或作伪证的行为，相对人证词的可信度。(4) 获利金额。相对人通过内幕交易获得的违法所得或所避免的损失是一个可量化的因素，在和解协议谈判中应将其考虑在内。

以上虽然是美国针对内幕交易案件适用行政和解的主要考量因素，但对于其他类型的证券违法案件的行政和解而言同样具有参考价值。我国证券监管机关在考量适用行政执法和解时，也应当对上述因素进行适当考量，兼顾实现证券监管的执法的整体目标和个案中的公平正义。

（四）证券行政执法和解中的利益保护

建立证券行政执法和解制度，的确存在一些风险，集中体现于如何在行政执法和解过程中防止行政机关与相对人进行利益交换导致公共利益的损害，以及对利害关系人利益的损害。

1. 公共利益的保护

虽然在执法资源有限的情况下，行政机关在个案中所进行的妥协和让步，并不能与牺牲公共利益画等号。但行政执法和解过程中的公共利益保护问题是非常重要的，将直接影响到这一制度实施的效果。主要包括以下两种情况：

其一，行政和解双方如何实现对公共利益的保障？行政执法和解虽然是行政主体与涉嫌违法的行政相对人之间所达成的，但和解的目的并非为了行政主体或者相对人的个体利益。因此，行政执法和解必须在公共利益容许的情况下进行。行政执法和解中公共利益的保障，行政机关应担负主要的责任，即应当进行"合目的性审查"，尽到谨慎权衡的义务以保障实现和解的公共利益目的。在具体程序设计上应当有相应的制度体现这一公共利益的目的，行政执法和解协议内容需经行政机关内部的严格程序方能达成。例如，台湾地区"行政院金融监督管理委员会""行政院金融监督管理委员会缔结行政和解契约处理原则"第6条规定："本会就行政和解契约之要约或承诺，应经委员会议决议通过后，授权由委员或各承办单位提出。"美国 SEC 如果能够与调查对象达成妥协，执法部门将和解协议以书面备忘录的形式提交 SEC 五人委员会，后者通过非公开的会议进行审查。[1]因此，我国在设计行政执法和解制度时应当建立严格的行政执法和解协议内部审查和批准程序。

其二，如何防止行政机关借行政和解规避调查义务，过度利用行政和解程序。虽然规定行政执法和解应当在"行政机关对于行政处罚所依据的事实或者法律关系，经依职权调查仍然不能确定，或非经重大支出不能查明"的情形下进行，但在某一具体案件中，行政机关是应当继续进行一项调查还是应当与行政相对人进行和解，事实上属于行政机关裁量范围之内。如果行政机关过早放弃对相对人违法行为的调查，过于依赖和解程序，或许会在一定程度上纵容行政相对人的违法行为，从而降低行政执法的威慑力度。原则上而言，行政机关不应过早放弃对相对人违法行为的调查。可见，此处的关键是和解时机的选择问题。

2. 利害关系人利益的保护

行政执法和解不能通过牺牲第三方利益来换取行政目的的实现，

---

[1] 郭雳："美国证券监管执法中的调查与和解制度"，载杨紫烜主编：《经济法研究》（第5卷），北京大学出版社2007年版，第375页。

应当尽量避免行政执法和解过程中可能存在的道德风险。行政执法和解中利害关系人的利益保护问题相对较为复杂。根据与行政执法和解所针对的违法行为的关联程度，可以将利害关系人主要分为以下两种情况：第一，已经遭受违法行为损害的利害关系人，例如在证券公司涉嫌欺诈销售、误导投资者的案件中，已经遭受损害的投资者；[1]第二，因行政和解的成立而可能遭受损害的利害关系人。例如，台湾地区"行政院金融监督管理委员会""行政院金融监督管理委员会缔结行政和解契约处理原则"和"行政院公平交易委员会""行政院公平交易委员会缔结行政和解契约处理原则"均要求进行行政和解契约之协商程序前，应衡酌利害关系人因和解契约之成立，而可能遭受之损害。

和解是针对行政相对人涉嫌证券违法行为，而证券违法行为所侵害的对象既可能是证券市场秩序，还可能包括具体的证券市场参与者，比如证券投资者、其他证券中介机构等。因此，就该涉嫌证券违法行为所达成的和解协议完全可能涉及上述第三方利害关系人的利益。第三方利害关系人如何参与到和解程序中来是证券行政执法和解机制中必须顾及的问题。因此，一些国家和地区在和解谈判过程中安排了征询与听证程序，这也是第三方利害关系人参与到和解中的一项重要制度。[2]应当建立行政执法和解中的"第三方参与制度"，包括在和解过程中听取利害关系人的意见制度和听证制度，以及利害关系人的书面同意制度。

其一，和解过程中听取利害关系人的意见制度和听证制度。例如，台湾地区"行政院金融监督管理委员会缔结行政和解契约处理原则"第7条规定："本会于行政和解契约协商过程中，应就所欲和

---

[1] 如果行政相对人涉嫌违法，行政主体与其达成执法和解契约，情况较为简单。但若是行政相对人的涉嫌违法行为给第三人已经造成损害，第三人提起民事诉讼要求民事赔偿的情况就相对复杂。因此，和解协议与民事赔偿的关系问题也是值得我们注意和研究的。

[2] 参见李东方："论证券行政执法和解制度——兼评中国证监会《行政和解试点实施办法》"，载《中国政法大学学报》2015年第3期。

解之内容征询利害关系人之意见或举行听证,或对于相对人与各利害关系人之民事和解、调处或协议程序给予合理指导与建议。""行政院公平交易委员会缔结行政和解契约处理原则"中也有类似的规定。美国SEC《执法规范》中多处规定了利害关系人参与行政听证的情形[1]。例如,如何在和解过程中保护投资者的利益,是一个值得探讨的问题。《行政和解试点实施办法》第27条规定中国证监会在就行政和解金的数额与行政相对人协商时,可以采取适当方式,就投资者损失情况听取投资者的意见。但并没有就投资者的参与权如何得以实现作出更为具体明确的规定。比如,如何告知受害人?受害人以何种方式参加到和解程序中?由谁来代表投资者参与行政和解协商程序?这些问题都有待进一步探讨。[2]

其二,利害关系人的书面同意制度。如行政和解协议的履行将损害第三人的权利时,和解协议须必经该第三人书面同意。台湾地区"行政院公平交易委员会缔结行政和解契约处理原则"规定"如和解契约的履行将损害第三人的权利时,和解契约须经该第三人书面同意,始生效力"。美国SEC《执法规范》中也规定了利害关系人提交声明的制度。SEC《执法规范》第202.5(c)中规定,利害关系人提交的声明应转交恰当的部门主任或地区主任,并抄送开展调查的证券交易委员会工作人员,并明确注明与之相关的具体调查。如果证券交易委员会工作人员建议启动执法程序,利害关系人的所有声明均应与工作人员备忘录共同转交证券交易委员会。

(五)证券行政执法和解的实施程序

建立证券行政执法和解制度,的确存在一些风险,集中体现于如何在证券行政执法和解过程中防止行政机关与相对人进行利益交换导致公共利益的损害,以及对利害关系人利益的损害。在设计行政

---

〔1〕 例如,SEC《执法规范》第202.4(a)中规定,证券交易委员会应在公开听证(如恰当)上听取所有利害关系人的意见。

〔2〕 参见罗慧明:"证券行政和解中投资者行使参与权与知情权的困境与出路——程序性规范的研究视角",载《证券法苑》2015年第2期。

执法和解制度之际，应当注意设计某些程序，对各方利益进行保护。

1. 完善防范道德风险的程序规定

可以预见，证券行政和解制度一旦确立，首先将面临道德风险的考验。社会公众难免会担心中国证监会作为监管主体被监管对象所俘获。如果不能很好地避免这一问题，证券行政和解制度恐怕很难发挥实际作用。因此，对中国证监会与相对人之间的协商和解过程以及和解协议的内容予以监督是非常必要的。建议增加和解程序的透明度，将和解活动置于公众的监督之下。

在具体的程序设计方面，应当至少包括以下制度：

一是回避制度。实施和解的工作人员有下列情形之一的，应当回避：是行政相对人的近亲属；与案件有利害关系；与行政相对人或案件有其他关系，可能影响案件的公正处理。正如《行政和解试点实施办法》第24条规定："行政和解协商实行回避制度。实施行政和解的工作人员有下列情形之一的，应当回避：（一）是行政相对人的配偶、父母、子女等近亲属；（二）与案件有利害关系；（三）与行政相对人或者案件有其他关系，可能影响案件的公正处理。"

二是信息公开制度。从证券监管机关的角度看，和解是其作出的一种证券行政执法决策，是证券行政执法案件的一种结案方式。因此，按照行政处罚公开的一般原则，和解公开也理所当然。但各国和地区在公开的具体规则上却有所不同。例如，台湾地区上述"处理原则"第12条规定，"金管会"于行政和解契约缔结后，除依法令应公开者外，应予保密。此条在"处理原则"修订前规定为"有保密之必要外，应公开行政和解契约内容"。根据台湾地区"行政院金融监督管理委员会"的修订说明，做出这种修订的目的在于增加行政相对人缔结行政和解契约的意愿。[1]根据我国《行政和解试点实施办法》第28条规定："中国证监会应当依照规定公开行政

---

〔1〕 参见陈共炎主编：《证券投资者保护系列课题研究报告4》，中国财政经济出版社2008年版，第195~196页。

和解协议的主要内容。达成行政和解协议的行政相对人为上市公司、非上市公众公司及其董事、监事、高级管理人员、控股股东、实际控制人的,应当按照中国证监会及证券交易场所的相关规定履行信息披露义务。"但需要注意的是,涉及行政相对人在行政和解过程中作出的自认、承诺,国家秘密,行政相对人商业秘密和个人隐私情形及法律、行政法规或者中国证监会另有规定的除外。行政和解的行政相对人为上市公司及其董事、监事、高级管理人员、控股股东、实际控制人的,其在行政和解过程中作出的自认、承诺等情况可以不进行披露。

三是和解咨询制度。建议中国证监会建立和解咨询制度,成立和解咨询委员会,咨询委员来自证券交易所、期货交易所、证券登记结算机构。可以在行政和解协商过程中就专业问题向咨询委员会咨询,这样可以增加和解协议的专业性和可信度。

2. 行政和解程序终止的情形

根据《行政和解试点实施办法》第 30 条规定:"有下列情形之一的,中国证监会应当终止行政和解程序:(一)中国证监会在受理行政相对人的行政和解申请后,达成行政和解协议前,经调查发现新的事实、证据,认为案件不再符合行政和解受理条件的;(二)未能在本办法第二十三条规定的期限内达成行政和解协议的;(三)行政和解协议达成后,行政相对人不履行行政和解协议的;(四)中国证监会在受理行政相对人的行政和解申请后,行政和解协议执行完毕前,发现行政相对人存在所提供的行政和解材料有虚假记载或者重大遗漏等情形的;(五)中国证监会基于审慎监管原则认为有必要终止行政和解程序的。有前款规定情形的,和解实施部门应当向行政相对人出具行政和解程序终止通知,并抄送案件调查部门、案件审理部门、行政和解金管理机构。已中止调查、审理的案件,案件调查部门、案件审理部门应当及时恢复调查、审理程序。"

3. 行政和解协议的强制执行

《行政和解试点实施办法》并没有规定行政和解协议的强制执行

问题。行政和解协议生效后，如果行政相对人拒不履行协议，应当如何处理，是一个应当认真考虑的问题。因为行政和解协议不同于行政行为，并非当然享有"执行力"，所以理论上而言行政和解协议的效力不如行政行为。所以，德国和台湾地区行政程序法上均明确规定，行政契约双方当事人可以约定相对人自愿接受强制执行。通过这样的条款，行政相对人与行政机关约定自愿接受"强制执行"，来赋予行政和解契约类似行政行为的执行力。如果没有这样的条款，行政相对人拒绝履行协议时，行政机关只能选择提起诉讼或者解除协议，重新启动调查程序，作出行政行为。这样就与建立行政和解制度的初衷相违背了。

第五章 《德国有价证券交易法行政罚款指南》及其借鉴[1]

2013年11月,根据德国《有价证券交易法》,德国联邦金融监管局(以下简称BaFin)发布了《德国有价证券交易法行政罚款指南》(以下简称《指南》),专门适用于自然人或法人违反特别公开义务、表决权通知义务以及财务报告义务这三类较为常见的违法行为。这一指南事实上就是有关证券行政处罚的裁量基准。裁量基准是一种确定如何行使裁量权的行政规则,它通过对裁量权行使的范围、种类和幅度加以具体化的解释,以确保裁量权行使的统一性和平等性。在国外,行政裁量基准已成为行政机关对裁量权实行自我拘束的一种常见的行政法现象。

一、《德国有价证券交易法行政罚款指南》[2]——对违反《有价证券交易法》规定的行为在行政程序中课以罚款的指南(联邦金融监管局,2013年11月)

---

[1] 本章部分内容刊载于《证券法苑》(第14卷),法律出版社2015年版,第440~457页。

[2] 本指南根据BaFin官方网站上的英文版本译出,WpHG Administrative Fine Guidelines, http://www.bafin.de/SharedDocs/Veroeffentlichungen/EN/Meldung/2013/meldung_131129_wphg-bussgeldleitlinien_en.html.

第五章 《德国有价证券交易法行政罚款指南》及其借鉴

第一部分 衡量行政罚款时的注意事项

（一）介绍

联邦金融监管局（以下简称 BaFin）证券监管部门针对行政违法行为课以罚款发布指南（《有价证券交易法行政罚款指南》，以下简称《指南》）。指南主要基于十多年来 BaFin 在证券法领域进行行政处罚所积累的经验。

根据《有价证券交易法》第 40 条的规定，BaFin 负责发现和处罚该法所规定的违法行为。其任务是发现违反《有价证券交易法》的行为并且课以适当且合比例的处罚，以惩罚行政违法行为。在此过程中，BaFin 应确保行政罚款对于实施违法行为的人（有关人员）和第三方具有威慑作用。

1. 《指南》的概念与目的

《指南》以 BaFin 的追诉裁量权为依据（参见《违反秩序法》第 47 条（1）第 1 句，《有价证券交易法》第 39 条（4））并且作为衡量行政罚款的指南。《指南》为《违反秩序法》第 17 条[1]规定的行为提供更加详细的规定，该条规定了对行政罚款的衡量，同时考虑《刑法》所发展出来的衡量标准。

《指南》的目的是确定对于某些普遍的、经常发生的违反《有价证券交易法》的行政违法行为的行政罚款金额。在此情况下，《指南》假设违法行为的情况都不是特殊的（普通案件）。但是，只有在特殊情况以及需要高度威慑的情况下可以不遵守《指南》所规定的衡量标准。

---

〔1〕 译者注：《违反秩序法》第 17 条是关于行政罚款数额的规定。该条规定：（1）罚款数额最低为 5 欧元，除非法律另有规定，罚款数额不得超过 1000 欧元；（2）如果法律对故意和过失行为都规定了罚款，但对罚款额度没有区别，则对于过失行为，最高只可处以所规定的罚款数额的一半；（3）衡量罚款数额的依据为违反秩序行为的严重程度和应受谴责程度。行为人的经济状况也应当予以考虑；但是，对于轻微违反秩序行为，一般不考虑经济状况。（4）罚款数额应当超过行为人从违反秩序行为中获得的经济利益。如果法定罚款数额低于这种利益，则可以超过法定罚款数额。

《指南》鼓励平等对待原则，这也是行政机关必须遵守的原则。《指南》确保同等行政违法行为得到同等的对待，同时对特殊的违法行为与违法者给予特殊的对待。

最后，《指南》鼓励 BaFin 向当事人和社会公众公开处理决定。

2. 《指南》的适用范围

《指南》适用于处于管理职位的负责人违反了《有价证券交易法》规定的义务且应当被课以行政罚款的案件中，根据《有价证券交易法》第 39 条（4）的规定对自然人和法人课予行政罚款（根据《违反秩序法》第 30 条的规定对企业课予行政罚款）的情况。

《指南》适用于违反《有价证券交易法》下列条款的行为：

第 15 条（1）第 1 句的规定[1]；第 21 条（1）第 1 句的规定[2]；第 25 条（1）第 1 句的规定[3]；第 25a 条第 1 句的规定[4]；

---

[1] 译者注：第 15 条是关于通知、公布并在企业登记簿登载内幕信息的规定。第 15 条（1）第 1 句规定：金融工具的境内发行人必须立即公布直接涉及其本身的内幕信息。

[2] 译者注：第 21 条是关于申报义务人的通知义务。第 21 条（1）第 1 句规定：凡是有人通过收购、转让或以其他方式，达到、超过或低于（申报义务人）来源国是德意志联邦共和国的发行人的表决权的 3%、5%、10%、15%、20%、25%、30%、50% 或 75%，他必须毫不迟延地将这一情况同时通知给发行人和联邦金融监管局，并且应当在遵守本法第 22 条第 1 款和第 2 款规定的条件下最迟于 4 个交易日内完成通知。

[3] 译者注：第 25 条是关于有价证券持有者的通知义务的规定。第 25 条（1）第 1 句规定：如果一个人直接或间接持有了金融工具，而这种金融工具赋予该持有者一种权利，使得该持有人在具有法律约束力的协议框架内，单方面从来源国是德意志联邦共和国的某发行人那里取得与表决权相关且经发行的股票，而且这个收购量使其表决权份额达到、超过或低于本法第 21 条第 1 款第 1 句指定的临界值，又符合本法第 21 条第 1 款第 1 句规定的 3% 的例外值，那么他必须毫不迟延地把这些信息通知该发行人，同时必须通知联邦金融监管局。

[4] 译者注：第 25a 条是关于持有其它金融工具或其它工具时的通知义务的规定。第 25a 条第 1 句规定：如果一个人直接或间接持有了本法第 25 条规定之外的金融工具或其它工具，而这些工具基于其本身的结构赋予其持有者或第三人一种权利，使得他们能够取得来源国是德国的发行人已经发行的且有表决权的股票，则该持有人在其对发行人的表决权份额达到、超过或低于本法第 21 条第 1 款第 1 句所规定的临界值，但 3% 的临界值除外（也就是说达到、超过或低于 3% 的临界值时无须通知——译者注），有义务依据本法第 21 条第 1 款第 1 句的规定毫不迟延地将此信息通知该发行人，且必须同时通知联邦金融监管局。

第五章 《德国有价证券交易法行政罚款指南》及其借鉴

第26条（1）第1句的规定[1]；第26a条第1句的规定[2]；第37v条（1）的规定[3]；第37w条（1）的规定[4]；第37x条（1）的规定[5]。

《指南》既适用于合并处罚的程序，也适用于单独的行政处罚程序（参见《违反秩序法》第30条（4）的规定）。

（二）行政罚款的特定评估（《违反秩序法》第17条）

根据《有价证券交易法》第39条（4）关于行政罚款的规定，每个违法行为必须根据《违反秩序法》第17条的规定来评估。

BaFin将结合个案的具体情况，运用三步法来确定具体个案中行政罚款的金额：第一步，根据与违法行为有关的评估标准计算罚款的基准额；第二步，为反映当事人的特定违法行为，使用与违法行为尤其是违法者有关的额外评价标准对基准额进行调整；第三步，

---

[1] 译者注：第26条是关于发行者的信息公布义务及在企业登记簿中的信息存档的规定。第26条（1）第1句规定：境内发行人必须按照本法第21条第1款第1句、第1a款和第25条第1款第1句，以及欧盟其他成员国或《欧洲经济区协定》其他缔约国的相应规定，在得到通知后最迟3个交易日内毫不迟延地公布信息，但是，不能在公布信息之前就把这些资料传送到《商法典》第8b条规定的企业登记簿中加以存储。

[2] 译者注：第26a条是关于表决权总数的公布义务及在企业登记簿的存档的规定。第26a条第1句规定：为了达到表决权数量的增加和减少，境内发行人必须在每个日历月末，按照第26条第1款第1句及第3款第1项法令拟定的方式公布表决权总量，同时，该发行人必须根据本法第26条第2款及第3款第（二）项法令规定，将公布文件呈报联邦金融监管局。

[3] 译者注：第37v条是关于年度财务报告的规定。第37v条（1）规定：作为境内发行人的公司，在每个决算年度结束时必须完成年度财务报告，该财务报告最迟应在每个决算年度结束四个月后向公众提供，如果它根据商法上的规定不负有发布第2款所述账目资料的义务。

[4] 译者注：第37w条是关于半年度财务报告的规定。第37w条（1）规定：作为境内发行人，发行根据本章第2款第1句规定的股票或债务凭证的的企业，必须在每个决算年度的前6个月完成一份半年度财务报告，该半年度财务报告应当毫不迟延地向公众提供，最晚不于于报告期限结束两个月内，除非获交易的有价证券所涉及的债务凭证符合本法第2条第1款第1句第（二）项的要求，或该凭证根据第2条第1款第1句第（一）项或第（二）项所述内容至少可以使有价证券购买权成立。

[5] 译者注：第37x条是关于交易管理层的中期报告的规定。第37x条（1）规定：作为股票境内发行人的企业，必须在决算年度每一个半年开始后10周和结束前6周内，公开一份交易管理层的中期报告。

考虑当事人的经济状况或财务能力。BaFin 进行行政罚款时，也可保留权利扣除当事人从违法行为中获得的经济利益（参见《违反秩序法》17 条（4））。

基准额必须反映行政违法行为应受谴责的程度（参见《违反秩序法》第 17 条（3）第 1 句）。特别是，基准额的调整（增加或者减少）必须反映违法当事人所面临的指控（参见《违反秩序法》第 17 条（3）第 1 句）。BaFin 也将违法当事人的经济能力列入考虑因素，其经济能力也会导致罚款数额的调整（参见《违反秩序法》第 17 条（3）第 2 句）。

1. 第一步——计算基准额

基准额体现对违法行为严重性的评估。违法行为的严重性应当根据可能发生的案件，而不是实践中经常发生的案件来衡量。

基准额通过结合与违法行为有关的下列两个评估标准来计算：（1）发行人的规模；（2）违法行为情节的轻重。一方面，这些标准考虑发行人在资本市场中的重要性（其市场地位）；另一方面，也考虑应受处罚的行政违法行为的特殊情形。个案中的基准额列在下文表格中，从主观故意的情形开始列举（犯罪意图）。

如果行政违法行为是由于疏忽大意或过失造成的（后者是指违反《有价证券交易法》第 37v 条第 1 句，第 37w 条第 1 句，第 37x 条第 1 句与第 39 条（3）第 12 点相结合的违法行为），根据《违反秩序法》第 17 条（2）的规定，罚款的最高额等于故意实施违法行为时罚款金额的一半。不履行《违反秩序法》第 130 条规定的监管义务也可能会减少罚款基准额（参见《违反秩序法》第 130 条（3）第 2 句和第 17 条（2）的规定）。

（1）发行人的类型

根据发行人在资本市场上的地位将其分为四种规模。最关键的界定标准是实施违法行为时发行人的市值，但也允许此原则有例外和偏差。此外，市值是基于标准股票指数来测算的。

表1

发行人规模	发行人A	发行人B	发行人C	发行人D
市值	超过40亿欧元	5亿欧元至40亿欧元之间	1000万欧元至5亿欧元之间	1000万欧元以下

（2）违法行为的类型

行为违法性的严重程度根据个案具体情况来判断。为此，行为的违法性被划分为严重、一般和轻微三种情况。只有在与金融报告义务有关的情况下会存在例外情形（《有价证券交易法》第37vff.条）。

下文中会给出可罚的行政违法行为发生的常见、典型情况的例子。尤其包括违法的类型、对资本市场造成的影响以及持续时间的长短。通常，如果存在复杂情况，便应当综合各方面情况对行政罚款进行整体衡量。

2. 第二步——调整基准额

在第二步中，应当考虑违法行为当事人的加重和减轻的情节，特别是包括了与违法当事人相关的情形。例如，当事人在实施违法行为之前的表现以及实施违法行为之后，在BaFin调查期间的表现。这对于处罚（行政罚款的金额）具有加重或者减轻的影响。在衡量基准额时已经考虑过的因素在此调整环节则不再考虑（《德国刑法典》第46条（3）中规定禁止双重评价）。

如果有减轻和/或加重的情节，处罚的金额会在基准额之上减少或者增加。这一步将最终确定罚款的金额（除了某些情况下还需要继续评价行为人的财务能力）。下文是非穷尽的评价标准，在附录中会有更加详细的解释。

（1）减轻的标准

以下情形适用减轻的标准：坦白；配合BaFin的调查；承诺或采取改善措施；冗长的程序。

（2）加重的标准

以下情形适用加重的标准：多次违法；特别威慑（例如拒不悔

改)。

3. 第三步——考量经济能力

最后一步,行政罚款的金额可能会根据当事人经济能力(会在适当情况下予以评估)而有所调整。某些特殊情况下,行政罚款可以分期付或者在截止日期前一次付清(《违反秩序法》第 18 条)。

第二部分 基准额

基准额适用于自然人和法人。自然人作为义务,例如与表决权有关的义务直接承担者可能会受到影响。此外,还包括自然人的行为会导致法人遭受处罚的情况。例如,根据《违反秩序法》第 30 条(1)第 1 点被授权独立代表其法人的公司主管团体成员,以及根据《违反秩序法》第 30 条(1)第 5 点代表公司进行管理的人。比如,这个人有可能是合规总监或者负责公司内部财务或者审计的人。

基准额适用于单独的行政违法行为。

(一)违反《有价证券交易法》第 15 条(1)第 1 句规定的特别公布义务的基准额

表 2

故意 行政罚款最高额 100 万欧元 [《有价证券交易法》第 39 条(4),39 条(2) no. 5a]					
违法行为的情节 \ 发行人类别	发行人 A	发行人 B	发行人 C	发行人 D
情节严重	75 万欧元	60 万欧元	38 万欧元	20 万欧元
情节一般	50 万欧元	40 万欧元	25 万欧元	15 万欧元
情节轻微	25 万欧元	20 万欧元	13 万欧元	8 万欧元

表 3

疏忽大意 行政罚款最高额 50 万欧元［《有价证券交易法》第 39 条（4），39 条（2）no. 5a，《违反秩序法》第 17 条（2）］				
违法行为的情节＼发行人类别	发行人 A	发行人 B	发行人 C	发行人 D
情节严重	37.5 万欧元	30 万欧元	19 万欧元	10 万欧元
情节一般	25 万欧元	20 万欧元	12.5 万欧元	7.5 万欧元
情节轻微	12.5 万欧元	10 万欧元	6.5 万欧元	4 万欧元

违法的特殊情形：

拖延履行义务的时间长短；拟特别公布的内幕信息的错误程度；拟特别公布的内幕信息不完整的程度；对资本市场的影响（例如股票市场成交额、自由流通量、实际股价）；特别通知的主体（例如人事变更、关键的收益数据、破产）；行政强制的必要性。

（二）不履行《有价证券交易法》第 21 条、第 25 条和 25a 条规定的提交表决权通知义务的基准额

此类基准额专门适用于负有通知义务的人（自然人或法人）未能在《有价证券交易法》第 21 条（1）第 1 句、第 25 条（1）第 1 句、第 25a 条（1）第 1 句（并与《有价证券交易法》第 39 条（2）第 2 点 e）或 f）结合）规定的时间期限内向发行人或者 BaFin 提交表决权通知的行政违法行为（常见案例）。这也包括以下情形：负有通知义务的人最初在 4 个交易日的最长期限内提交了表决权通知，但由于其不得不纠正通知中的错误，导致符合《有价证券交易法》规定的表决权通知被延迟提交。

罚款的基准额考虑了通常情况下两种行政罚款的合并适用的情形，一种情况下是未履行通知发行人的义务，一种情况下是未履行通知 BaFin 的义务（《违反秩序法》第 20 条）。

表4

故意
行政罚款最高额100万欧元[《有价证券交易法》第39条（4），第39条（2）第2点e）和f）]

违法行为的情节 \ 发行人类别	发行人A	发行人B	发行人C	发行人D
情节严重	55万欧元	30万欧元	15万欧元	7.5万欧元
情节一般	35万欧元	20万欧元	10万欧元	5万欧元
情节轻微	18万欧元	10万欧元	5万欧元	2.5万欧元

表5

疏忽大意
行政罚款最高额50万欧元[《有价证券交易法》第39条（4），第39条（2）第2点e）和f），《违反秩序法》第17条（2）]

违法行为的情节 \ 发行人类别	发行人A	发行人B	发行人C	发行人D
情节严重	27.5万欧元	15万欧元	7.5万欧元	3.75万欧元
情节一般	17.5万欧元	10万欧元	5万欧元	2.5万欧元
情节轻微	9万欧元	5万欧元	2.5万欧元	1.25万欧元

违法行为的特定情形：

拖延履行义务的时间长短；需被纠正的通知的错误程度以及错误的表决权通知信息造成的影响（包括与跨过临界值时的日期有关的错误、通知义务主体名称的信息错误、有关表决权的分配与持有比例的错误）；表决权持有比例变化的程度（包括如果大股东出卖其全部股权，表决权持有比例提高，受影响的表决权临界值数目，与《证券收购与接管法》相关）；导致超出临界值的事件（包括资本化措施的结果）；与集体有关的问题；违法行为对资本市场的影响（包括自由流通量、大股东);行政强制的必要性。

(三)未履行《有价证券交易法》第 26(1)条第 1 句规定的公布义务的基准额

表 6

故意 行政罚款最高额 20 万欧元 [《有价证券交易法》第 39 条(4),第 39 条(2)第 5 点 c)]				
违法行 为的情节 ＼ 发行人类别	发行人 A	发行人 B	发行人 C	发行人 D
情节严重	15 万欧元	13.5 万欧元	9 万欧元	5.25 万欧元
情节一般	10 万欧元	9 万欧元	6 万欧元	3.5 万欧元
情节轻微	5 万欧元	4.5 万欧元	3 万欧元	1.75 万欧元

表 7

疏忽大意 行政罚款最高额 10 万欧元 [《有价证券交易法》第 39 条(4),第 39 条(2)第 5 点 c),《违反秩序法》第 17 条(2)]				
违法行 为的情节 ＼ 发行人类别	发行人 A	发行人 B	发行人 C	发行人 D
情节严重	7.5 万欧元	6.75 万欧元	4.5 万欧元	2.625 万欧元
情节一般	5 万欧元	4.5 万欧元	3 万欧元	1.75 万欧元
情节轻微	2.5 万欧元	2.25 万欧元	1.5 万欧元	0.875 万欧元

违法的特定情形:

拖延履行义务的时间长短;需被纠正的通知的错误程度以及错误的表决权通知信息内容造成的影响(包括与跨过临界值时的日期有关的错误、通知义务主体的信息错误、有关表决权的分配与持有比例的错误);即将发布的表决权通知中表决权变更的程度;受影响的表决权临界值数目（包括大股东如果出售全部股权以提高所持有表决权的比例的情况）；违法行为对资本市场产生的影响；行政强制的必要性。

（四）不履行《有价证券交易法》第26a条第1句规定的公布义务的基准额

表 8

故意
行政罚款最高额20万欧元[《有价证券交易法》第39条（4），第39条（2）第5点c）]

违法行为的情节 \ 发行人类别	发行人 A	发行人 B	发行人 C	发行人 D
情节严重	15万欧元	13.5万欧元	9万欧元	5.25万欧元
情节一般	10万欧元	9万欧元	6万欧元	3.5万欧元
情节轻微	5万欧元	4.5万欧元	3万欧元	1.75万欧元

表 9

疏忽大意
行政罚款最高额10万欧元[《有价证券交易法》第39条（4），第39条（2）第5点c），《违反秩序法》第17条（2）]

违法行为的情节 \ 发行人类别	发行人 A	发行人 B	发行人 C	发行人 D
情节严重	7.5万欧元	6.75万欧元	4.5万欧元	2.625万欧元
情节一般	5万欧元	4.5万欧元	3万欧元	1.75万欧元
情节轻微	2.5万欧元	2.25万欧元	1.5万欧元	0.875万欧元

违法行为的特定情形：

第五章 《德国有价证券交易法行政罚款指南》及其借鉴

拖延履行义务的时间长短；需被纠正的通知的错误程度以及错误对于必需的法定资料所产生的影响（这些材料包括表决权的总数，截至"某月月末"这一信息，以及发行人）；错误的补充信息的发布（包括股票权益发生变化的错误时间）；违法行为对资本市场的影响；行政强制的必要性。

（五）未根据《有价证券交易法》第37v（1）条第1句、第37w（1）第1句、第37x（1）第1句的规定提交或者未在规定期限内提交财务报告情况下行政罚款的基准额

1. 根据《有价证券交易法》第37v（1）条第1句和第37w（1）第1句的规定提供年度或者半年度财务报告

表10

故意 行政罚款最高额20万欧元［《有价证券交易法》第39条（4），第39条（3）第12点］				
发行人类别 违法行为的情节	发行人A	发行人B	发行人C	发行人D
情节严重	16万欧元	13万欧元	11万欧元	9万欧元
情节一般	12万欧元	10万欧元	8.5万欧元	7万欧元
情节轻微	8万欧元	7万欧元	6万欧元	5万欧元

表11

过失 行政罚款最高额10万欧元［《有价证券交易法》第39条（4），第39条（3）第12点，《违反秩序法》第17条（2）］				
发行人类别 违法行为的情节	发行人A	发行人B	发行人C	发行人D
情节严重	8万欧元	6.5万欧元	5.5万欧元	4.5万欧元

续表

违法行为的情节 \ 发行人类别	发行人A	发行人B	发行人C	发行人D
情节一般	6万欧元	5万欧元	4.25万欧元	3.5万欧元
情节轻微	4万欧元	3.5万欧元	3万欧元	2.5万欧元

2. 根据《有价证券交易法》第37x（1）条第1句提交中期管理报告

表12

故意
行政罚款最高额20万欧元［《有价证券交易法》第39条（4），第39条（3）第12点］

违法行为的情节 \ 发行人类别	发行人A	发行人B	发行人C	发行人D
情节严重	10.5万欧元	9万欧元	7万欧元	5万欧元
情节一般	8万欧元	7万欧元	5.5万欧元	4万欧元
情节轻微	5.5万欧元	5万欧元	4万欧元	3万欧元

表13

过失
行政罚款最高额10万欧元［《有价证券交易法》第39条（4），第39条（3）第12点，《违反秩序法》第17条（2）］

违法行为的情节 \ 发行人类别	发行人A	发行人B	发行人C	发行人D
情节严重	5.25万欧元	4.5万欧元	3.5万欧元	2.5万欧元
情节一般	4万欧元	3.5万欧元	2.75万欧元	2万欧元
情节轻微	2.75万欧元	2.5万欧元	2万欧元	1.5万欧元

与上述1和2有关的违法行为特定情形：

第五章 《德国有价证券交易法行政罚款指南》及其借鉴

拖延履行义务的时间长短；违法行为对资本市场的影响（包括在紧急情况下未能提交财务报告，隐瞒关键数据、自由流通量以及与任何违约或破产的威胁的联系）；行政强制的必要性。

（六）未能根据《有价证券交易法》第37v（1）条第2句和第3句，第37w（1）第2句和第3句，第37x（1）条第2句和第3句的规定履行发布如何获取财务报告文件声明义务情况下行政罚款的基准额

1. 未履行《有价证券交易法》第37v（1）条第2句，第37w（1）第2句，第37x（1）条第2句所规定的发布如何获取年度财务报告、半年度财务报告以及中期管理报告声明的义务的基准额

表 14

故意 行政罚款最高额20万欧元 [《有价证券交易法》第39条（4），第39条（2）第5点g）至i）部分]				
违法行为的情节＼发行人类别	发行人 A	发行人 B	发行人 C	发行人 D
	6万欧元	5万欧元	4万欧元	3万欧元

表 15

疏忽大意 行政罚款最高额10万欧元 [《有价证券交易法》第39条（4），第39条（2）第5点g）至i）部分，《违反秩序法》第17条（2）]				
违法行为的情节＼发行人类别	发行人 A	发行人 B	发行人 C	发行人 D
	3万欧元	2.5万欧元	2万欧元	1.5万欧元

2. 未履行《有价证券交易法》第37v（1）条第3句，第37w（1）第3句，第37x（1）条第3句规定的告知BaFin发布公告的义务、将公告提交企业登记簿存档的义务时行政罚款的基准额

表 16

故意
行政罚款最高额20万欧元[《有价证券交易法》第39条（4），第39条（2）第2点n）至p）部分，第39（2）条第6点]

违法行为的情节＼发行人类别	发行人A	发行人B	发行人C	发行人D
	3万欧元	2.5万欧元	2万欧元	1.5万欧元

表 17

疏忽大意
行政罚款最高额10万欧元[《有价证券交易法》第39条（4），第39条（2）第2点n）至p）部分，第39（2）条第6点，《违反秩序法》第17条（2）]

违法行为的情节＼发行人类别	发行人A	发行人B	发行人C	发行人D
	1.5万欧元	1.25万欧元	1万欧元	0.75万欧元

（七）未履行《有价证券交易法》第37v（1）条第4句，第37w（1）条第4句，第37x（1）条第4句规定的将财务报告提交企业登记簿的义务时行政罚款的基准额

表 18

故意
行政罚款最高额5万欧元[《有价证券交易法》第39条（4），第39条（2）第24点]

违法行为的情节＼发行人类别	发行人A	发行人B	发行人C	发行人D
	2.5万欧元	2万欧元	1.5万欧元	1万欧元

第五章 《德国有价证券交易法行政罚款指南》及其借鉴

表 19

疏忽大意 行政罚款最高额 2.5 万欧元 [《有价证券交易法》第 39 条（4），第 39 条（2）第 24 点，《违反秩序法》第 17 条（2）]			
发行人类别 / 违法行为的情节 → 发行人 A	发行人 B	发行人 C	发行人 D
1.25 万欧元	1 万欧元	0.75 万欧元	0.5 万欧元

附录

上文列举的调整标准并未穷尽，仅仅列举了最常见的标准。在个案中可能需要额外的调整标准。

（一）减轻标准

1. 坦白

这是指当事人坦白所实施的违法行为和犯罪意图（即违法行为的客观因素和主观因素）。必须考虑到坦白的程度。这里的坦白指的是当事人自愿的自我归罪。如果没有当事人的主动配合 BaFin 将不可能注意到违法行为的存在，当事人与 BaFin 联系并告知其自己已违法。这种情况下才算得上自愿的自我归罪。

2. 配合 BaFin 的调查

与坦白不同，这是指陈述与违法行为有关的事实，其必须与指控有关。当事人帮助解释并重现事情的经过。

3. 承诺或采取改善措施

承诺进行改善是指当事人作出承诺采取措施以预防将来进一步的违法行为。承诺必须是可信的。更重要的是，采取特别的措施已进行改善必须应列入考虑范围。这些措施必须是很详细的、具有实体内容。且必须向 BaFin 提交相关证明材料。

4. 冗长的程序

考虑到程序的持续时间，我们必须考虑两个要素：一是违法行为实施终了与行政罚款决定作出之间的时间；二是当局知晓违法行为与行政罚款决定作出之间的官方程序需要的时间。

时间的拖延不是由当事人造成的，也不是程序复杂的结果。

(二) 加重标准

1. 多次违法行为

尽管当事人违反资本市场法律规定的违法行为已经被最终课以行政罚款或者由法院做出最终判决，但是当事人的再次相关违法行为（就违法时间和问题而言相关）也会受到处罚。在某些情况下，如果违法当事人在至少知道行政调查程序已经启动的情况下再次实施违法行为，那么在违法行为被定性后，决定对其处以罚款时则可提高罚款数额。

此条文适用于当事人无视适用于某一特殊领域的强制性义务和禁止性规定的情形，例如《有价证券交易法》中的所有条文。若课以行政罚款 5 年内再违法，时间就要被考虑在内。而这一期限从第一次违法行为被处罚之日起算。

2. 特别的威慑

在其他情形下，如果当事人出于对法律的不尊重，明确表明将来会继续故意无视法律规定（拒不悔改），并且拒绝将来履行遵守资本市场规则的义务，罚款的数额会有所增加。当事人认为没有必要遵守法律。考虑到当事人的违法行为和人品，可以合理推测较低的罚款数额不足以对其产生威慑作用。但在听证会中保持沉默或者对指控提出异议不能认定为拒不悔改。

二、《指南》对我国证券行政处罚的借鉴意义

(一)《指南》的特点

此《指南》通过为证券行政罚款的范围和幅度设定可量化的标准，以期实现对证券行政处罚权的控制和规范，防止处罚权的滥用。这种制定行政裁量基准的做法对促进我国证券行政处罚权的合法行使、提高行政处罚效率具有较强的借鉴意义。

第五章　《德国有价证券交易法行政罚款指南》及其借鉴

《指南》一方面吸取了十多年来 BaFin 在证券法领域进行行政处罚所积累的经验，另一方面吸取了对违反证券法律处以行政罚款的司法经验。《指南》与联邦法院的判例法所确定的原则相一致，特别是禁止对一个违法行为重复进行处罚的原则。

《指南》运用三步法来确定具体个案中行政罚款的金额。第一步，根据违法行为计算罚款的基准额，基准额结合股票发行人的规模和违法行为情节的轻重来确定。在《指南》中，基准额通过若干表格来展示，清晰明确。第二步，为反映当事人的特定违法行为，使用与违法行为尤其是违法者有关的额外评价标准对基准额进行调整，包括减轻和加重的标准。第三步，考虑当事人的经济状况或财务能力。

BaFin 通过发布《指南》，明确如何处罚违反《有价证券交易法》的行为以及运用何种标准确定罚款金额，为其提供了更多的法律确定性。《指南》还有利于提高处罚效率并且确保在确定罚款金额时遵守比例原则。《指南》既反映证券立法的细节，同时也有助于在确定行政罚款金额方面创造一个公平竞争的环境。

此外，还需要注意的是，《有价证券交易法》中规定了内幕交易、市场操纵、违反特别公开义务、违反表决权通知义务、违反财务报告义务等违法行为，但《指南》仅专门适用于自然人或法人违反特别公开义务、表决权通知义务以及财务报告义务这三类较为常见的违法行为。

（二）行政裁量基准

根据德国行政法学理论的通说，"法律规范是一种包含条件的命令。一旦具体案件事实符合法律规范的事实要件，就应当产生法律事先规定的法律后果。""行政机关处理同一事实要件时可以选择不同的处理方式，构成裁量。法律没有为同一事实要件只设定一种法律后果，而是授权行政机关自行确定法律后果，例如设定两个或两个以上的选择,或者赋予其特定的处理幅度。"[1]此"两个或两个以上的选择""特定的处理幅度"即所谓的"行政裁量权基准"或"行政裁量基准",可以理解为行政裁量基准是关于裁量权行使的一系列具体的、可操作的约束性规则,是行政机关在法律授权的范围内,依据立法意图与行政目标,结合执法经验,针对行政裁量可能涉及的事实情节,将行政裁量范围予以细化,并设立相对固定且具体的选择标准。裁量基准,是指行政机关在法律规定的裁量空间内,依据立法者意图以及比例原则等的要求并结合执法经验的总结,按照裁量涉及的各种不同事实情节,将法律规范预先规定的裁量范围加以细化,并设以相对固定的具体判断标准。[2]简言之,行政裁量基准就是行政机关依职权对法定裁量权具体化的控制规则。

在我国,随着国务院《全面推进依法行政实施纲要》的颁布,各级行政机关为了贯彻"取信于民、执政为民"的理念,亦纷纷推出各种裁量基准,以谋求行政裁量的正当化和理性化。例如,浙江金华市公安局率先推出的《行政处罚自由裁量基准制度》,自2003年开始试点行政处罚自由裁量基准制度。可以说,裁量基准制度的兴起,已经成为我国行政改革与政府再造的一个重要符号,并被视为公共行政领域的科学化、民主化、公正化的重要制度创新。[3]"行政裁量基准"一词在《国务院关于加强法治政府建设的意见》(国发〔2010〕33号)第16点中首次确立,即"建立行政裁量权基准制度,科学合理细化、量化行政裁量权,完善适用规则,严格规范裁量权行使,避免执法的随意性"。我国《全面推进依法治国若干重大问题的决定》中也明确指出"建立健全行政裁量权基准制度,细化、量化行政裁量标准,规范裁量范围、种类、幅度"。

---

[1] [德]哈特穆特·毛雷尔著,高家伟译:《行政法学总论》,法律出版社2000年版,第122~124页。

[2] 周佑勇:"裁量基准的正当性问题研究",载《中国法学》2007年第6期。

[3] 周佑勇:"裁量基准的正当性问题研究",载《中国法学》2007年第6期。

(三) 制定我国证券行政处罚裁量基准的必要性

美国行政法学者施瓦茨说，行政裁量是行政权的核心。行政法如果不是控制行政裁量权的法，那它就什么也不是。[1]伴随着福利社会与行政国家的日益凸显，行政裁量作为行政法的"精髓"，已成为现代法治行政的"核心问题"。行政裁量是行政权行使的必需，是行政机关行使行政职能，协调法治与政治的关系，保障实质正义实现的一种手段和工具。

法律之所以授予行政机关行使自由裁量权，我国著名行政法学家王名扬先生将其概括为以下六个方面的原因[2]：第一，现代社会变迁迅速，立法机关很难预见未来的发展变化，只能授权行政机关根据各种可能出现的情况作出决定；第二，现代社会极为复杂，行政机关必须根据具体情况作出具体决定，法律不能严格规定强求一致；第三，现代行政技术性高，立法机关缺乏能力制定专业性的法律，只能规定需要完成的任务或目的，由行政机关采取适当的执行方式；第四，现代行政范围大，立法机关无力制定行政活动所需要的全部法律，不得不扩大行政机关的决定权力；第五，现代行政开拓众多的新活动领域，无经验可以参考，行政机关必须作出试探性的决定，积累经验，不能受法律严格限制；第六，制定一部法律往往涉及不同的价值判断，涉及各种利益集团的博弈。从理论上说，价值判断应由立法机关决定，然而由于议员来自不同的党派，代表不同的利益集团，议员的观点和所代表的利益互相冲突，国会有时不能协调各种利益和综合各种观点，得出一个能为多数人接受的共同认识，为了解决这个层面的矛盾，国会可能授权行政机关，根据公共利益或实际需要，行政自由裁量而采取必要的或适当的措施。

既然如此，为什么还要对行政裁量加以规制（规范和控制）呢？对行政裁量权加以规制的理由大致有三：其一，因为裁量权授权的

---

[1] [美]伯纳德·施瓦茨著，徐炳译：《行政法》，群众出版社1986版，第566页。
[2] 王名扬：《美国行政法》，中国法制出版社1995年版，第546~547页。

目的与裁量权行使的目的并非总是一致。行政裁量是一种手段和工具，法律赋予行政执法者这种手段和工具是为了更好地实现公共利益和更好地保护相对人利益。但行政裁量这种手段和工具乃是一把双刃剑，其运用既可以为善，执法者可运用裁量权实现法定的行政目标，追求实质正义。同样，这种手段和工具的运用也可以为恶，执法者同样可利用法律赋予其裁量空间为自己滥权、偏私服务。在有裁量空间的场合，执法者如欲以此谋私，可以通过裁量对同样情况做不同对待，对不同情况做同样对待。执法者如这样行使裁量权，就会既破坏形式正义，更无从保障实质正义。其二，因为裁量权授权所基于的前提与裁量权行使者的实际情形并非总是一致。法律授予行政执法者裁量权所基于的前提是执法者有广博的专业知识、专门经验和专门技能，能正确行使裁量权，但在实践中，执法者的素质并非全都如此，某些执法者可能存在品质缺陷或存在知识局限，某些执法者还可能既存在品质缺陷，又存在知识局限，在他们那里，法律赋予的裁量权完全可能被滥用或不正确行使，他们可能故意考虑不相关因素，不考虑相关因素，或者面对裁量权不知怎样正确行使而放弃行使或胡乱行使。其三，因为裁量权授权所基于执法信息条件与裁量权行使时执法者实际可能掌握的信息并非总是一致。法律赋予行政机关和行政执法人员裁量权，是基于他们了解、掌握或能够了解、掌握相应行政管理事项的政治、经济、文化背景，了解、掌握或能够了解、掌握相对人本人及其家庭的各种相关信息，但是，在实际行政管理过程中，行政机关和行政执法人员并不一定了解、掌握各种相关信息，而且在他们信息不明的情况下，也不一定会积极、主动去获取信息。这样，他们进行的裁量就可能既背离形式正义，也背离实质正义。

规范和控制行政裁量权常见的方式有立法控制、司法控制和行政机关通过行政程序、比例原则等机制进行的自我控制。通过裁量基准规制行政裁量权的行使，是近年来逐渐受到行政机关青睐的一种方式。任何裁量权的行使都必须有一定的判断标准，否则就会导

第五章 《德国有价证券交易法行政罚款指南》及其借鉴

致裁量权的滥用或不当。当立法者没有提供这种判断的标准或提供的判断标准不完备时,就需要由行政机关在行使裁量权的过程中来加以设定或补充。这种由行政机关在裁量权行使过程中设定的判断标准,就是所谓的"裁量基准"。[1]

世界各国的证券法律结合自身的具体情况,对资本市场上的违法行为规定了不同的行政处罚,我们也很难机械地照搬其他国家的行政处罚范围、种类和幅度等。但我国制定证券行政处罚裁量基准确有必要性,包括以下几个方面:

一是防止证券行政处罚权的滥用。制定行政处罚裁量基准最直接的目的就是约束行政自由裁量权,以防止其滥用。我国《证券法》及有关的法律法规和规章中针对证券行政违法行为规定了大量的行政处罚。证券行政处罚非常鲜明的特点包括处罚对象广、处罚幅度大、罚款金额高等。数据显示,近年来被查出的证券市场违法行为的主要类型为信息披露类违法、机构违规经营或交易、内幕交易、市场操纵和非法证券经营活动等。其中,信息披露类案件占全部案件的50%。[2]以信息披露违法行为为例,《证券法》第193条明确规定:"发行人、上市公司或者其他信息披露义务人未按照规定披露信息,或者所披露的信息有虚假记载、误导性陈述或者重大遗漏的,责令改正,给予警告,并处以三十万元以上六十万元以下的罚款。对直接负责的主管人员和其他直接责任人员给予警告,并处以三万元以上三十万元以下的罚款。发行人、上市公司或者其他信息披露义务人未按照规定报送有关报告,或者报送的报告有虚假记载、误导性陈述或者重大遗漏的,责令改正,给予警告,并处以三十万元以上六十万元以下的罚款。对直接负责的主管人员和其他直接责任人员给予警告,并处以三万元以上三十万元以下的罚款。"从本条规

---

[1] 周佑勇:"裁量基准的制度定位——以行政自制为视角",载《法学家》2011年第4期。

[2] 陈彬:"中国证监会2010年度证券行政处罚分析报告",载《证券市场导报》2011年第9期。

定来看，处罚的幅度较大、罚款金额也较大。如果不对证券监管部门的自由裁量权进行规范，将可能会产生滥用。也正因为这一原因，德国《指南》中非常明确地规定了各种情况下具体的罚款金额。

二是实现证券行政处罚的公平。行政处罚的公平要求同等情况同等对待，不同情况区别对待，国家不得恣意地实施差别待遇。公平也称为平等原则，平等原则必须超越形式意义上的平等，它不能仅要求机械的、形式的、不容有差别待遇的平等；而应从动态的、实质的观点，本于"正义"理念，视事物之本质，而可有合理的差别。亦即裁量权行使不能仅因事实上某些不同，即必为不同的处理，而是在'事实不同'与处理不同之间有某种内在的联系。应该说，平等裁量是裁量权的至高境界。德国《指南》的目的之一就是要实现同等情况的同等对待。此外，《指南》还明确要求确定罚款金额时遵守比例原则。

三是实现证券行政处罚的高效。我国证券行政处罚实行"查审分离体制"，中国证监会稽查部门和地方派出机构立案的案件在调查终结后集中于处罚委员会进行审理。据证监会相关人士介绍，证监会这几年来一直在推动行政处罚机制改革，并积极落实改革方案。通过改革，建立了案件查处工作整个执法链条分工协作、各司其责，调查部门行使调查权，审理部门行使处罚权，实现了在证监会内部的分工合作，监督制衡的执法新体制。"查审分离"体制有效地规范了证监会行政执法行为，提高了行政执法的效率和质量。有报道称，对"证监法网"行动案件，根据案件特点配备合适的审理力量，同时对于案情简单、证据确凿、法律适用明确的案件，实行简易审理程序，由一名专职委员独任审理或者一名专职委员主审两名兼职委员合议，有效提高了审理效率。[1] 除了这些提高行政效率的措施之外，制定行政处罚裁量基准，将有助于处罚委员会更快地作出处罚

---

[1] 朱宝琛："证监会严打违法行为　罚没力度大增办案高效周期大减"，载《证券日报》2016年2月19日，第A2版。

决定。

  此外，制定证券行政处罚裁量基准已经具备现实基础。事实上，中国证监会行政处罚委员会在总结实践经验的基础上已经形成了针对某些证券违法行为的量罚尺度的考量、从轻处罚的标准等，接下来需要完成的就是将这些实践经验总结整理成为行政处罚裁量基准。

第六章 证券领域行政处罚与刑罚的适用衔接[1]

一、案情介绍

陈某原系福建三农集团股份有限公司（以下简称福建三农）董事、财务总监。2005年5月，中国证券监督管理委员会福建监管局（以下简称福建证监局）对福建三农的违法违规行为进行立案调查。2006年3月，福建证监局将该案移送给福建省司法机关和中国证券监督管理委员会（以下简称中国证监会）。2006年9月25日，福建省公安厅以陈某等人涉嫌挪用资金罪、不按规定披露信息罪，向福建省检察院移送审查起诉。2006年12月1日，该案移交福州市鼓楼区检察院审查起诉。2007年11月2日，福州市鼓楼区检察院审查认定陈某非法挪用福建三农巨额资金供个人使用、向股东和社会公众提供虚假且隐瞒重要事实的财务会计报告，向福州市鼓楼区法院提起公诉。

在该案件审理过程中，2007年12月28日，中国证监会审理查明，福建三农存在未按照规定及时披露信息、定期报告披露存在重大遗漏及2001年至2003年财务会计报告虚假记载等问题，且陈某是上述行为的责任人员。据此中国证监会作出证监罚字〔2007〕36号处罚决定，依据原《证券法》第177条和《行政处罚法》第27条的规定，对直接负责的主管人员时任董事兼财务总监陈某给予警告，

---

〔1〕 本章内容部分刊载于《行政法学研究》2011年第4期。

并处以 10 万元罚款。同时作出证监禁入〔2007〕14 号市场禁入决定，认定陈某为市场禁入者，10 年内不得担任上市公司和从事证券业务机构的高级管理人员。

陈某不服证监罚字〔2007〕36 号处罚决定和证监禁入〔2007〕14 号市场禁入决定，向中国证监会申请行政复议。中国证监会分别作出〔2008〕6 号、〔2008〕7 号行政复议决定。其中，〔2008〕7 号行政复议决定维持证监罚字〔2007〕36 号行政处罚决定书对申请人的处罚。

2008 年 8 月 14 日，陈某对作出的〔2008〕6 号、〔2008〕7 号行政复议决定不服，向国务院申请最终裁决。

陈某在行政复议申请书中认为，被申请人中国证监会的行政处罚决定存在问题。其中之一是"刑事处罚优先于行政处罚，申请人现被关押于福建省看守所，处于法院审判阶段，对同一行为既要行政处罚又要刑事处罚，将造成同一行为多次处罚的现象"。针对这一问题，中国证监会〔2008〕7 号行政复议决定则认为，被申请人行政执法权限符合法律规定。申请人称对同一行为既要进行行政处罚，又要刑事处罚，将造成同一行为多次处罚的现象。但由于行政处罚与刑事处罚是两种不同的处罚措施，对福建三农违反原《证券法》的行政违法行为，被申请人有权追究相关责任人的法律责任。因此，申请人的主张不能成立。

本案争议的焦点问题是中国证监会对陈某作出的行政处罚是否合法？即在陈某涉嫌犯罪的案件已经向司法机关移送后，中国证监会是否还有权对其进行行政处罚？是否违反"一事不再罚"原则？

二、证券领域行政处罚与刑罚的衔接现状

（一）现有规定

行政执法与刑事司法衔接是当前中国深化行政执法体制改革的重要环节。就制度的建构而言，该制度萌芽于 1957 年 9 月 30 日最高人民法院作出的《关于行政拘留日期是否应折抵刑期等问题的批

复》,该批复开启了行政执法与刑事司法衔接中处罚结果的衔接实践,明确了行政拘留应折抵相应刑期。1981年7月6日,最高人民法院又对劳动教养日期可否折抵刑期问题作出了肯定的答复。随后,1996年10月1日施行的《行政处罚法》中有5个条文涉及行政处罚和刑罚处罚的衔接与折抵问题,1997年10月1日实施的《刑法》第402条规定了行政执法人员徇私舞弊不移交刑事案件罪。由于这两部法律尤其是《行政处罚法》,仍然关注的是处罚结果上的衔接,丝毫未涉及程序上的衔接以及衔接监督的相关要求,因此,行政执法与刑事司法衔接制度正式建构的标志应是国务院于2001年7月9日公布实施的行政法规——《行政执法机关移送涉嫌犯罪案件的规定》,该规定从程序、实体及监督等多方面对行政执法与刑事司法的衔接作出了规定。为了具体落实这些内容,最高人民检察院又单独或与其他部委机关联合制定了一系列有关行政执法与刑事司法衔接的规范性文件。如2001年12月,最高人民检察院制定的《人民检察院办理行政执法机关移送涉嫌犯罪案件的规定》,2014年3月的《最高人民检察院、全国整顿和规范市场经济秩序领导小组办公室、公安部关于加强行政执法机关与公安机关、人民检察院工作联系的意见》,2006年1月的《最高人民检察院、全国整顿和规范市场经济秩序领导小组办公室、公安部、监察部关于在行政执法中及时移送涉嫌犯罪案件的意见》以及2011年2月,中共中央办公厅、国务院办公厅共同转发国务院法制办等八部门共同制定的《关于加强行政执法与刑事司法衔接工作的意见》。

2012年修订的《刑事诉讼法》增加了两条关于行政处罚与刑罚衔接的规定。第52条第2款规定:"行政机关在行政执法和查办案件过程中收集的物证、书证、视听资料、电子数据等证据材料,在刑事诉讼中可以作为证据使用。"第173条第3款规定:"人民检察院决定不起诉的案件,应当同时对侦查中查封、扣押、冻结的财物解除查封、扣押、冻结。对被不起诉人需要给予行政处罚、行政处分或者需要没收其违法所得的,人民检察院应当提出检察意见,移送有关主管机关处理。有关主管机关应当将处理结果及时通知人民检察院。"

自 2013 年 11 月党的十八届三中全会《关于全面深化改革若干重大问题的决定》将"完善行政执法与刑事司法衔接机制"作为全面深化改革的战略部署之一，2014 年 10 月党的十八届四中全会《关于全面推进依法治国若干重大问题的决定》提出要"健全行政执法与刑事司法衔接机制，完善案件移送标准和程序，建立行政执法机关、公安机关、检察机关、审判机关信息共享、案情通报、案件移送制度，坚决克服有案不移、有案难移、以罚代刑现象，实现行政处罚与刑事处罚无缝衔接"后，行政执法与刑事司法衔接这一话题引起了理论与实务界的广泛关注。2015 年 12 月，中共中央、国务院印发的《法治政府建设实施纲要（2015-2020 年）》中又再次强调了健全行政执法和刑事司法衔接机制。

（二）证券领域行政处罚与刑罚的衔接

就证券领域而言，对于行政处罚与刑罚的衔接，《证券法》仅有第 231 条规定："违反本法规定，构成犯罪的，依法追究刑事责任。"《刑法》中也有部分关于证券犯罪行为的规定。行政处罚与刑罚的衔接问题，长期困扰着证券监管机关。实践中，行政处罚与刑罚衔接主要有以下问题：

1. 法律规定层面

在法律规定层面，主要是《证券法》和《刑法》在违法犯罪规定上的衔接存在一些问题。一是，一些具有重大社会危害性的新型证券违法行为未纳入刑法调整范围，刑罚的适用具有一定的时滞性。证券领域新类型的违法行为层出不穷，但刑罚则以严格的"罪刑法定主义"为前提，在法无明文规定的情况下，很难将这些行为定性为犯罪行为并适用刑罚予以处罚。二是，《证券法》中列举的证券违法行为与《刑法》第三章第四节规定的证券犯罪行为相比，种类更多。部分违法行为系证券犯罪行为的手段行为，但仅就手段行为而言，并不构成犯罪。从下表我们将可以清晰地看出《证券法》与

《刑法》之间不对应的情况。三是，有的情况下，《刑法》中规定了犯罪行为，但《证券法》上并未规定相应的行政违法行为。

附表：《证券法》与《刑法》中有关条文的对应关系

证券法条文内容	刑法条文内容
第188条 未经法定机关核准，擅自公开或者变相公开发行证券的，责令停止发行，退还所募资金并加算银行同期存款利息，处以非法所募资金金额百分之一以上百分之五以下的罚款；对擅自公开或者变相公开发行证券设立的公司，由依法履行监督管理职责的机构或者部门会同县级以上地方人民政府予以取缔。对直接负责的主管人员和其他直接责任人员给予警告，并处以三万元以上三十万元以下的罚款。	第179条 未经国家有关主管部门批准，擅自发行股票或者公司、企业债券，数额巨大、后果严重或者有其他严重情节的，处五年以下有期徒刑或者拘役，并处或者单处非法募集资金金额百分之一以上百分之五以下罚金。 单位犯前款罪的，对单位判处罚金，并对其直接负责的主管人员和其他直接责任人员，处五年以下有期徒刑或者拘役。
第189条 发行人不符合发行条件，以欺骗手段骗取发行核准，尚未发行证券的，处以三十万元以上六十万元以下的罚款；已经发行证券的，处以非法所募资金金额百分之一以上百分之五以下的罚款。对直接负责的主管人员和其他直接责任人员处以三万元以上三十万元以下的罚款。 发行人的控股股东、实际控制人指使从事前款违法行为的，依照前款的规定处罚。	
第190条 证券公司承销或者代理买卖未经核准擅自公开发行的证券的，责令停止承销或者代理买卖，没收违法所得，并处以违法所得一倍以上五倍以下的罚款；没有违法所得或者违法所得不足三十万元的，处以三	

续表

证券法条文内容	刑法条文内容
十万元以上六十万元以下的罚款。给投资者造成损失的，应当与发行人承担连带赔偿责任。对直接负责的主管人员和其他直接责任人员给予警告，撤销任职资格或者证券从业资格，并处以三万元以上三十万元以下的罚款。	
第191条 证券公司承销证券，有下列行为之一的，责令改正，给予警告，没收违法所得，可以并处三十万元以上六十万元以下的罚款；情节严重的，暂停或者撤销相关业务许可。给其他证券承销机构或者投资者造成损失的，依法承担赔偿责任。对直接负责的主管人员和其他直接责任人员给予警告，可以并处三万元以上三十万元以下的罚款；情节严重的，撤销任职资格或者证券从业资格： （一）进行虚假的或者误导投资者的广告或者其他宣传推介活动； （二）以不正当竞争手段招揽承销业务； （三）其他违反证券承销业务规定的行为。	
第192条 保荐人出具有虚假记载、误导性陈述或者重大遗漏的保荐书，或者不履行其他法定职责的，责令改正，给予警告，没收业务收入，并处以业务收入一倍以上五倍以下的罚款；情节严重的，暂停或者撤销相关业务许可。对直接负责的主管人员和其他直接责任人员给予警告，并处以三万元以上三十万元以下的罚款；情节严重的，撤销任职资格或者证券从业资格。	

续表

证券法条文内容	刑法条文内容
第193条　发行人、上市公司或者其他信息披露义务人未按照规定披露信息，或者所披露的信息有虚假记载、误导性陈述或者重大遗漏的，责令改正，给予警告，并处以三十万元以上六十万元以下的罚款。对直接负责的主管人员和其他直接责任人员给予警告，并处以三万元以上三十万元以下的罚款。 　　发行人、上市公司或者其他信息披露义务人未按照规定报送有关报告，或者报送的报告有虚假记载、误导性陈述或者重大遗漏的，责令改正，给予警告，并处以三十万元以上六十万元以下的罚款。对直接负责的主管人员和其他直接责任人员给予警告，并处以三万元以上三十万元以下的罚款。 　　发行人、上市公司或者其他信息披露义务人的控股股东、实际控制人指使从事前两款违法行为的，依照前两款的规定处罚。	第161条　依法负有信息披露义务的公司、企业向股东和社会公众提供虚假的或者隐瞒重要事实的财务会计报告，或者对依法应当披露的其他重要信息不按照规定披露，严重损害股东或者其他人利益，或者有其他严重情节的，对其直接负责的主管人员和其他直接责任人员，处三年以下有期徒刑或者拘役，并处或者单处二万元以上二十万元以下罚金。
第194条　发行人、上市公司擅自改变公开发行证券所募集资金的用途的，责令改正，对直接负责的主管人员和其他直接责任人员给予警告，并处以三万元以上三十万元以下的罚款。 　　发行人、上市公司的控股股东、实际控制人指使从事前款违法行为的，给予警告，并处以三十万元以上六十万元以下的罚款。对直接负责的主管人员和其他直接责任人员依照前款的规定处罚。	

续表

证券法条文内容	刑法条文内容
第195条 上市公司的董事、监事、高级管理人员、持有上市公司股份百分之五以上的股东，违反本法第四十七条的规定买卖本公司股票的，给予警告，可以并处三万元以上十万元以下的罚款。	
第196条 非法开设证券交易场所的，由县级以上人民政府予以取缔，没收违法所得，并处以违法所得一倍以上五倍以下的罚款；没有违法所得或者违法所得不足十万元的，处以十万元以上五十万元以下的罚款。对直接负责的主管人员和其他直接责任人员给予警告，并处以三万元以上三十万元以下的罚款。 第197条 未经批准，擅自设立证券公司或者非法经营证券业务的，由证券监督管理机构予以取缔，没收违法所得，并处以违法所得一倍以上五倍以下的罚款；没有违法所得或者违法所得不足三十万元的，处以三十万元以上六十万元以下的罚款。对直接负责的主管人员和其他直接责任人员给予警告，并处以三万元以上三十万元以下的罚款。	第174条 未经国家有关主管部门批准，擅自设立商业银行、证券交易所、期货交易所、证券公司、期货经纪公司、保险公司或者其他金融机构的，处三年以下有期徒刑或者拘役，并处或者单处二万元以上二十万元以下罚金；情节严重的，处三年以上十年以下有期徒刑，并处五万元以上五十万元以下罚金。 伪造、变造、转让商业银行、证券交易所、期货交易所、证券公司、期货经纪公司、保险公司或者其他金融机构的经营许可证或者批准文件的，依照前款的规定处罚。 单位犯前两款罪的，对单位判处罚金，并对其直接负责的主管人员和其他直接责任人员，依照第一款的规定处罚。
第198条 违反本法规定，聘任不具有任职资格、证券从业资格的人员的，由证券监督管理机构责令改正，给予警告，可以并处十万元以上三十万元以下的罚款；对直接负责的主管人员给予警告，可以并处三万元以上十万元以下的罚款。	

续表

证券法条文内容	刑法条文内容
第199条 法律、行政法规规定禁止参与股票交易的人员，直接或者以化名、借他人名义持有、买卖股票的，责令依法处理非法持有的股票，没收违法所得，并处以买卖股票等值以下的罚款；属于国家工作人员的，还应当依法给予行政处分。	
第200条 证券交易所、证券公司、证券登记结算机构、证券服务机构的从业人员或者证券业协会的工作人员，故意提供虚假资料，隐匿、伪造、篡改或者毁损交易记录，诱骗投资者买卖证券的，撤销证券从业资格，并处以三万元以上十万元以下的罚款；属于国家工作人员的，还应当依法给予行政处分。	
第201条 为股票的发行、上市、交易出具审计报告、资产评估报告或者法律意见书等文件的证券服务机构和人员，违反本法第四十五条的规定买卖股票的，责令依法处理非法持有的股票，没收违法所得，并处以买卖股票等值以下的罚款。	
	第178条 伪造、变造国库券或者国家发行的其他有价证券，数额较大的，处三年以下有期徒刑或者拘役，并处或者单处二万元以上二十万元以下罚金；数额巨大的，处三年以上十年以下有期徒刑，并处五万元以上五十万元以下罚金；数额特别巨大的，处十年以上有期徒刑或者无期徒刑，并处五万元以上五十万元以下罚金或者没收财产。 伪造、变造股票或者公司、企业债券，数额较大的，处三年以下有期徒刑或者拘役，并处或者单处一万元

续表

证券法条文内容	刑法条文内容
	以上十万元以下罚金；数额巨大的，处三年以上十年以下有期徒刑，并处二万元以上二十万元以下罚金。单位犯前两款罪的，对单位判处罚金，并对其直接负责的主管人员和其他直接责任人员，依照前两款的规定处罚。
第202条 证券交易内幕信息的知情人或者非法获取内幕信息的人，在涉及证券的发行、交易或者其他对证券的价格有重大影响的信息公开前，买卖该证券，或者泄露该信息，或者建议他人买卖该证券的，责令依法处理非法持有的证券，没收违法所得，并处以违法所得一倍以上五倍以下的罚款；没有违法所得或者违法所得不足三万元的，处以三万元以上六十万元以下的罚款。单位从事内幕交易的，还应当对直接负责的主管人员和其他直接责任人员给予警告，并处以三万元以上三十万元以下的罚款。证券监督管理机构工作人员进行内幕交易的，从重处罚。	第180条 证券、期货交易内幕信息的知情人员或者非法获取证券、期货交易内幕信息的人员，在涉及证券的发行，证券、期货交易或者其他对证券、期货交易价格有重大影响的信息尚未公开前，买入或者卖出该证券，或者从事与该内幕信息有关的期货交易，或者泄露该信息，或者明示、暗示他人从事上述交易活动，情节严重的，处五年以下有期徒刑或者拘役，并处或者单处违法所得一倍以上五倍以下罚金；情节特别严重的，处五年以上十年以下有期徒刑，并处违法所得一倍以上五倍以下罚金。 单位犯前款罪的，对单位判处罚金，并对其直接负责的主管人员和其他直接责任人员，处五年以下有期徒刑或者拘役。 内幕信息、知情人员的范围，依照法律、行政法规的规定确定。 证券交易所、期货交易所、证券公司、期货经纪公司、基金管理公司、商业银行、保险公司等金融机构的从业人员以及有关监管部门或者行业协会的工作人员，利用因职务便利获取的内幕信息以外的其他未公开的信息，违反规定，从事与该信息相关的证券、期货交易活动，或者明示、暗示他人从事相关交易活动，情节严重的，依照第一款的规定处罚。

续表

证券法条文内容	刑法条文内容
	第181条 编造并且传播影响证券、期货交易的虚假信息,扰乱证券、期货交易市场,造成严重后果的,处五年以下有期徒刑或者拘役,并处或者单处一万元以上十万元以下罚金。 证券交易所、期货交易所、证券公司、期货经纪公司的从业人员,证券业协会、期货业协会或者证券期货监督管理部门的工作人员,故意提供虚假信息或者伪造、变造、销毁交易记录,诱骗投资者买卖证券、期货合约,造成严重后果的,处五年以下有期徒刑或者拘役,并处或者单处一万元以上十万元以下罚金;情节特别恶劣的,处五年以上十年以下有期徒刑,并处二万元以上二十万元以下罚金。 单位犯前两款罪的,对单位判处罚金,并对其直接负责的主管人员和其他直接责任人员,处五年以下有期徒刑或者拘役。
第203条 违反本法规定,操纵证券市场的,责令依法处理非法持有的证券,没收违法所得,并处以违法所得一倍以上五倍以下的罚款;没有违法所得或者违法所得不足三十万元的,处以三十万元以上三百万元以下的罚款。单位操纵证券市场的,还应当对直接负责的主管人员和其他直接责任人员给予警告,并处以十万元以上六十万元以下的罚款。 第204条 违反法律规定,在限制转让期限内买卖证券的,责令改正,给予警告,并处以买卖证券等值以下的罚款。对直接负责的主管人员	第182条 有下列情形之一,操纵证券、期货市场,情节严重的,处五年以下有期徒刑或者拘役,并处或者单处罚金;情节特别严重的,处五年以上十年以下有期徒刑,并处罚金: (一)单独或者合谋,集中资金优势、持股或者持仓优势或者利用信息优势联合或者连续买卖,操纵证券、期货交易价格或者证券、期货交易量的; (二)与他人串通,以事先约定的时间、价格和方式相互进行证券、期货交易,影响证券、期货交易价格

续表

证券法条文内容	刑法条文内容
和其他直接责任人员给予警告，并处以三万元以上三十万元以下的罚款。	或者证券、期货交易量的； （三）在自己实际控制的账户之间进行证券交易，或者以自己为交易对象，自买自卖期货合约，影响证券、期货交易价格或者证券、期货交易量的； （四）以其他方法操纵证券、期货市场的。 单位犯前款罪的，对单位判处罚金，并对其直接负责的主管人员和其他直接责任人员，依照前款的规定处罚。
第205条　证券公司违反本法规定，为客户买卖证券提供融资融券的，没收违法所得，暂停或者撤销相关业务许可，并处以非法融资融券等值以下的罚款。对直接负责的主管人员和其他直接责任人员给予警告，撤销任职资格或者证券从业资格，并处以三万元以上三十万元以下的罚款。	
第206条　违反本法第七十八条第一款、第三款的规定，扰乱证券市场的，由证券监督管理机构责令改正，没收违法所得，并处以违法所得一倍以上五倍以下的罚款；没有违法所得或者违法所得不足三万元的，处以三万元以上二十万元以下的罚款。	
第207条　违反本法第七十八条第二款的规定，在证券交易活动中作出虚假陈述或者信息误导的，责令改正，处以三万元以上二十万元以下的罚款；属于国家工作人员的，还应当依法给予行政处分。	

续表

证券法条文内容	刑法条文内容
第208条 违反本法规定，法人以他人名义设立账户或者利用他人账户买卖证券的，责令改正，没收违法所得，并处以违法所得一倍以上五倍以下的罚款；没有违法所得或者违法所得不足三万元的，处以三万元以上三十万元以下的罚款。对直接负责的主管人员和其他直接责任人员给予警告，并处以三万元以上十万元以下的罚款。 证券公司为前款规定的违法行为提供自己或者他人的证券交易账户的，除依照前款的规定处罚外，还应当撤销直接负责的主管人员和其他直接责任人员的任职资格或者证券从业资格。	
第209条 证券公司违反本法规定，假借他人名义或者以个人名义从事证券自营业务的，责令改正，没收违法所得，并处以违法所得一倍以上五倍以下的罚款；没有违法所得或者违法所得不足三十万元的，处以三十万元以上六十万元以下的罚款；情节严重的，暂停或者撤销证券自营业务许可。对直接负责的主管人员和其他直接责任人员给予警告，撤销任职资格或者证券从业资格，并处以三万元以上十万元以下的罚款。	
第210条 证券公司违背客户的委托买卖证券、办理交易事项，或者违背客户真实意思表示，办理交易以外的其他事项的，责令改正，处以一万元以上十万元以下的罚款。给客户造成损失的，依法承担赔偿责任。 第211条 证券公司、证券登记结算机构挪用客户的资金或者证券，或者未经客户的委托，擅自为客户买卖证券的，责令改正，没收违法所	第185条之一 商业银行、证券交易所、期货交易所、证券公司、期货经纪公司、保险公司或者其他金融机构，违背受托义务，擅自运用客户资金或者其他委托、信托的财产，情节严重的，对单位判处罚金，并对其直接负责的主管人员和其他直接责任人员，处三年以下有期徒刑或者拘役，并处三万元以上三十万元以下罚金；情节特别严重的，处三年以上十

续表

证券法条文内容	刑法条文内容
得,并处以违法所得一倍以上五倍以下的罚款;没有违法所得或者违法所得不足十万元的,处以十万元以上六十万元以下的罚款;情节严重的,责令关闭或者撤销相关业务许可。对直接负责的主管人员和其他直接责任人员给予警告,撤销任职资格或者证券从业资格,并处以三万元以上三十万元以下的罚款。 第212条 证券公司办理经纪业务,接受客户的全权委托买卖证券的,或者证券公司对客户买卖证券的收益或者赔偿证券买卖的损失作出承诺的,责令改正,没收违法所得,并处以五万元以上二十万元以下的罚款,可以暂停或者撤销相关业务许可。对直接负责的主管人员和其他直接责任人员给予警告,并处以三万元以上十万元以下的罚款,可以撤销任职资格或者证券从业资格。	年以下有期徒刑,并处五万元以上五十万元以下罚金。 社会保障基金管理机构、住房公积金管理机构等公众资金管理机构,以及保险公司、保险资产管理公司、证券投资基金管理公司,违反国家规定运用资金的,对其直接负责的主管人员和其他直接责任人员,依照前款的规定处罚。
第213条 收购人未按照本法规定履行上市公司收购的公告、发出收购要约等义务的,责令改正,给予警告,并处以十万元以上三十万元以下的罚款;在改正前,收购人对其收购或者通过协议、其他安排与他人共同收购的股份不得行使表决权。对直接负责的主管人员和其他直接责任人员给予警告,并处以三万元以上三十万元以下的罚款。	
第214条 收购人或者收购人的控股股东,利用上市公司收购,损害被收购公司及其股东的合法权益的,责令改正,给予警告;情节严重的,并处以十万元以上六十万元以下的罚款。给被收购公司及其股东造成损失的,依法承担赔偿责任。对直接负责	

续表

证券法条文内容	刑法条文内容
的主管人员和其他直接责任人员给予警告,并处以三万元以上三十万元以下的罚款。	
第215条 证券公司及其从业人员违反本法规定,私下接受客户委托买卖证券的,责令改正,给予警告,没收违法所得,并处以违法所得一倍以上五倍以下的罚款;没有违法所得或者违法所得不足十万元的,处以十万元以上三十万元以下的罚款。	
第216条 证券公司违反规定,未经批准经营非上市证券的交易的,责令改正,没收违法所得,并处以违法所得一倍以上五倍以下的罚款。	
第217条 证券公司成立后,无正当理由超过三个月未开始营业的,或者开业后自行停业连续三个月以上的,由公司登记机关吊销其公司营业执照。	
第218条 证券公司违反本法第一百二十九条的规定,擅自设立、收购、撤销分支机构,或者合并、分立、停业、解散、破产,或者在境外设立、收购、参股证券经营机构的,责令改正,没收违法所得,并处以违法所得一倍以上五倍以下的罚款;没有违法所得或者违法所得不足十万元的,处以十万元以上六十万元以下的罚款。对直接负责的主管人员给予警告,并处以三万元以上十万元以下的罚款。 证券公司违反本法第一百二十九条的规定,擅自变更有关事项的,责令改正,并处以十万元以上三十万元以下的罚款。对直接负责的主管人员给予警告,并处以五万元以下的罚款。	

续表

证券法条文内容	刑法条文内容
第219条 证券公司违反本法规定，超出业务许可范围经营证券业务的，责令改正，没收违法所得，并处以违法所得一倍以上五倍以下的罚款；没有违法所得或者违法所得不足三十万元的，处以三十万元以上六十万元以下罚款；情节严重的，责令关闭。对直接负责的主管人员和其他直接责任人员给予警告，撤销任职资格或者证券从业资格，并处三万元以上十万元以下的罚款。	
第220条 证券公司对其证券经纪业务、证券承销业务、证券自营业务、证券资产管理业务，不依法分开办理，混合操作的，责令改正，没收违法所得，并处以三十万元以上六十万元以下的罚款；情节严重的，撤销相关业务许可。对直接负责的主管人员和其他直接责任人员给予警告，并处以三万元以上十万元以下的罚款；情节严重的，撤销任职资格或者证券从业资格。	
第221条 提交虚假证明文件或者采取其他欺诈手段隐瞒重要事实骗取证券业务许可的，或者证券公司在证券交易中有严重违法行为，不再具备经营资格的，由证券监督管理机构撤销证券业务许可。	
第222条 证券公司或者其股东、实际控制人违反规定，拒不向证券监督管理机构报送或者提供经营管理信息和资料，或者报送、提供的经营管理信息和资料有虚假记载、误导性陈述或者重大遗漏的，责令改正，给予警告，并处以三万元以上三十万元以下的罚款，可以暂停或者撤销证	

续表

证券法条文内容	刑法条文内容
券公司相关业务许可。对直接负责的主管人员和其他直接责任人员，给予警告，并处以三万元以下的罚款，可以撤销任职资格或者证券从业资格。 　　证券公司为其股东或者股东的关联人提供融资或者担保的，责令改正，给予警告，并处以十万元以上三十万元以下的罚款。对直接负责的主管人员和其他直接责任人员，处以三万元以上十万元以下的罚款。股东有过错的，在按照要求改正前，国务院证券监督管理机构可以限制其股东权利；拒不改正的，可以责令其转让所持证券公司股权。	
第223条　证券服务机构未勤勉尽责，所制作、出具的文件有虚假记载、误导性陈述或者重大遗漏的，责令改正，没收业务收入，暂停或者撤销证券服务业务许可，并处以业务收入一倍以上五倍以下的罚款。对直接负责的主管人员和其他直接责任人员给予警告，撤销证券从业资格，并处以三万元以上十万元以下的罚款。	
第224条　违反本法规定，发行、承销公司债券的，由国务院授权的部门依照本法有关规定予以处罚。	
第225条　上市公司、证券公司、证券交易所、证券登记结算机构、证券服务机构，未按照有关规定保存有关文件和资料的，责令改正，给予警告，并处以三万元以上三十万元以下的罚款；隐匿、伪造、篡改或者毁损有关文件和资料的，给予警告，并处以三十万元以上六十万元以下的罚款。	

续表

证券法条文内容	刑法条文内容
第226条 未经国务院证券监督管理机构批准，擅自设立证券登记结算机构的，由证券监督管理机构予以取缔，没收违法所得，并处以违法所得一倍以上五倍以下的罚款。 　　投资咨询机构、财务顾问机构、资信评级机构、资产评估机构、会计师事务所未经批准，擅自从事证券服务业务的，责令改正，没收违法所得，并处以违法所得一倍以上五倍以下的罚款。 　　证券登记结算机构、证券服务机构违反本法规定或者依法制定的业务规则的，由证券监督管理机构责令改正，没收违法所得，并处以违法所得一倍以上五倍以下的罚款；没有违法所得或者违法所得不足十万元的，处以十万元以上三十万元以下的罚款；情节严重的，责令关闭或者撤销证券服务业务许可。	
第228条 证券监督管理机构的工作人员和发行审核委员会的组成人员，不履行本法规定的职责，滥用职权、玩忽职守，利用职务便利牟取不正当利益，或者泄露所知悉的有关单位和个人的商业秘密的，依法追究法律责任。	第397条 国家机关工作人员滥用职权或者玩忽职守，致使公共财产、国家和人民利益遭受重大损失的，处三年以下有期徒刑或者拘役；情节特别严重的，处三年以上七年以下有期徒刑。本法另有规定的，依照规定。 　　国家机关工作人员徇私舞弊，犯前款罪的，处五年以下有期徒刑或者拘役；情节特别严重的，处五年以上十年以下有期徒刑。本法另有规定的，依照规定。
	第197条 使用伪造、变造的国库券或者国家发行的其他有价证券，进行诈骗活动，数额较大的，处五年以下有期徒刑或者拘役，并处二万元以上二十万元以下罚金；数额巨大或者有其他严重情节的，处五年以上十年

续表

证券法条文内容	刑法条文内容
	以下有期徒刑，并处五万元以上五十万元以下罚金；数额特别巨大或者有其他特别严重情节的，处十年以上有期徒刑或者无期徒刑，并处五万元以上五十万元以下罚金或者没收财产。
	第225条 违反国家规定，有下列非法经营行为之一，扰乱市场秩序，情节严重的，处五年以下有期徒刑或者拘役，并处或者单处违法所得一倍以上五倍以下罚金；情节特别严重的，处五年以上有期徒刑，并处违法所得一倍以上五倍以下罚金或者没收财产： （一）未经许可经营法律、行政法规规定的专营、专卖物品或者其他限制买卖的物品的； （二）买卖进出口许可证、进出口原产地证明以及其他法律、行政法规规定的经营许可证或者批准文件的； （三）未经国家有关主管部门批准非法经营证券、期货、保险业务的，或者非法从事资金支付结算业务的； （四）其他严重扰乱市场秩序的非法经营行为。

2. 行政执法层面

一是，对传统的证券违法行为"以罚代刑"现象突出。可能存在的原因包括：行政处罚比刑罚更追求效率；对违法行为人处以财产、资格等行政处罚或许更能适应经济违法行为的特点，可以达到更好的处罚效果；实践中也有这样的情况，证券监管机关向公安机关移送涉嫌犯罪的案件，但公安机关不愿意接受证券监管机关案件，导致证券监管机关只能进行行政处罚。

二是，在案件已经移交司法机关之后，在刑事司法活动进行过程中，行政机关又对涉嫌违法犯罪的行为进行行政处罚等，本章开篇所提到的陈某案即属这种情况。

3. 衔接程序层面

实践中，证券行政处罚与刑罚的衔接程序存在许多问题，证明标准不同、衔接程序不畅等方面的原因导致行政处罚与刑罚的衔接程序存在很多困难，实践中公安机关在接受监管部门移送的案件时存在畏难情绪，不愿意接受处理证券监管部门移交的案件。司法机关在审理行政案件过程中发现可能涉嫌犯罪时亦无从着手。虽然2006年证监会和公安部联合发布了《关于在打击证券期货犯罪中加强执法协作的通知》，并对两个部门的协作做了规定，但实践中在衔接程序上仍有许多问题，较为突出的问题包括：

其一，移送和接受主体问题。[1]目前，在中国证监会内部能够将案件移出的主体有稽查局、行政处罚委员会以及派出机构。由于派出机构内部也有稽查部门和处罚部门的分工，当派出机构面对相关的违法行为可能涉嫌犯罪时，就会面临是移送本部门的稽查局还是直接移送司法机关的问题。从接收的角度看，公安部于2013年12月成立了证券犯罪侦查局，同时成立了6个直属分局。如果一起案件涉及多种犯罪的行为时，就会面临着证监监管机关应当将案件移送给哪一个具体部门的问题，是移送给证券犯罪侦查局及其分局，还是移送地方司法机关？

其二，管辖问题。根据2005年2月28日发布的《关于公安部证券犯罪侦查局直属分局办理证券期货领域刑事案件适用刑事诉讼程序若干问题的通知》中的规定，欺诈发行股票债券案件、上市公司提供虚假财会报告案件、内幕交易泄露内幕信息案件、操纵证券期货交易价格案件以及公安部交办的其他经济犯罪案件等5类案件

---

[1] 参见证券行政处罚与刑事制裁衔接问题研究课题组："证券行政处罚与刑事制裁衔接的问题及解决思路"，载《证券法苑》（第8卷），法律出版社2013年版，第173~174页。

由公安部证券犯罪侦查局直属分局直接立案侦查,其他案件则由有管辖权的地方公安机关管辖。从该通知的规定来看,目前证券期货领域的犯罪行为的立案管辖采取的也是一种不完全的属地管辖原则,管辖权的确定要根据案件的性质类型来决定。从证券违法行为与犯罪行为的立案管辖的规定来看,无论是行政违法行为的立案管辖,还是涉嫌犯罪行为的立案管辖,都和普通的行政违法行为和涉嫌犯罪行为的立案管辖不尽相同,而且即使都属于不完全的属地管辖,其中的"地"的标准也不是完全相同,这必然导致行政执法与刑事司法在立案衔接中的困境。[1]

其三,具体操作程序上,存在许多做法上的不同。例如,在案件移送审查阶段,监管部门作出移送函将案件移送司法机关后,从严格意义上讲,应当对违法行为人出具不予立案决定书(行政),以终结行政调查程序。实践中,监管部门的行政调查程序有基于投诉举报启动的,也有依职权主动启动的。但监管部门在有的案件中并未出具不予立案决定。再如,当公安机关对接受移送的案件进行审查后,认为案件不符合刑事立案条件的,会将案件反向移送至监管部门,这一反向移送程序实践中也有不同的操作程序。

三、法理分析

(一) 行政处罚与刑罚处罚的区分

在涉嫌犯罪的案件已经向司法机关移送后,行政机关是否还有权进行行政处罚,是否违反"一事不再罚"原则?回答此问题,首先须对行政处罚与刑罚进行法理区分。

行政处罚与刑罚是两种性质互异的法律制裁方法。在大陆法系国家,行政罚是国家对于人民违反行政法上义务的行政制裁手段。行政罚是作为行政不法的法律后果而存在的。广义的行政罚包括行

---

[1] 练育强:"行政执法与刑事司法衔接困境与出路",载《政治与法律》2015年第11期。

政刑罚、行政秩序罚、行政执行罚及行政纪律罚。狭义的行政罚即行政秩序罚，系以违反行政法上义务所受之处罚。[1]在我国，行政处罚都是在狭义上使用的，认为行政处罚是行政机关依法对实施了违反行政法律规范的违法行为的行政相对人进行的法律制裁。刑罚处罚，在大陆法系国家又称为刑事罚，指对犯罪行为，作为法律上的效果加给行为者的制裁。刑罚处罚是对刑事不法的制裁。

因而，正确区分行政不法与刑事不法就成为界定行政处罚与刑罚处罚关系的关键。行政不法与刑事不法是否有本质的区别，学说不一。主要有以下三种观点：一是质的区别说，认为行政不法与刑事不法之间具有质的区别。其中德国刑法学家 J. Goldschmidt 提出的行政刑法理论认为，司法与行政有着根本的区别，为达到司法目的而采取的强制手段，称为司法刑法；为达到行政目的而采取的强制手段，称为行政刑法。违反司法刑法的行为即为刑事不法，违反行政刑法的行为则为行政不法。二是量的区别说，认为行政不法行为只是一种比较犯罪行为而言，具有较轻的损害性与危险性的不法行为，或是在行为方式上欠缺如犯罪行为的高度可责性的不法行为，行政犯或违警犯在事实上即是一种"轻微罪行"。质言之，行政不法与刑事不法之间只有量的区别，因而称为量的差异理论。三是质量的区别说，认为行政不法与刑事不法两者不但在行为的量上，而且在行为的质上均有所不同。刑事不法行为在质上显然具有较深的社会伦理的非难性，而且在量上具有较高的损害性与社会危险性；相对地，行政不法行为在质上具有较低的伦理可责性，或者不具有社会伦理的非难内容，而且它在量上并不具有重大的损害性与社会危险性。[2]

近来有更多的见解认为，行政不法与刑事不法并无本质上的区别，即使有区别，也只是量的区别。因此，量的区别说渐已取得通

---

〔1〕 李惠宗：《行政罚法之理论与案例》，元照出版公司2007年版，第1~7页。
〔2〕 参见林山田：《经济犯罪与经济刑法》，三民书局1981年第3版，第110~121页，转引自陈兴良："论行政处罚与刑罚处罚的关系"，载《中国法学》1992年第4期。

说地位。因为国家对于一国之内各种行为的价值判断，已具有垄断地位，透过民主程序的决定，何种行为仅以行政处罚约束即可，何等行为须以刑罚处罚，尽由立法者裁量，故所谓行政不法与刑事不法的区别，只是立法政策的考量，与行为本质无必然关联。[1]

（二）行政处罚与刑罚的适用衔接——实体角度的分析

从实体的角度分析，考量行政处罚与刑罚的适用衔接，包括行政处罚与刑罚合并适用以及刑罚吸收行政处罚两种情形。

1. 已有观点

行政处罚与刑罚处罚是针对不同的行为而分别采取的两种不同的制裁措施，一般情况下不会发生关联。只是在行政犯罪领域，违反行政法规定的行为，当其社会危害性达到一定的严重程度，立法者往往将其规定为犯罪，予以一定的刑罚处罚。税务、走私、金融、海关及治安处罚等领域均存在这一现象。例如，《税收征管法》第65条规定："纳税人欠缴应纳税款，采取转移或者隐匿财产的手段，妨碍税务机关追缴欠缴的税款的，由税务机关追缴欠缴的税款、滞纳金，并处欠缴税款百分之五十以上五倍以下的罚款；构成犯罪的，依法追究刑事责任。"因此，实践中会出现行政处罚与刑罚处罚能否合并适用的问题。

关于行政处罚与刑事制裁的衔接适用，理论上存在着三种观点：第一种观点认为可以合并适用。主要理由，一是行政犯罪是构成犯罪的行政不法，具有行政违法与刑事违法的双重违法性。行政犯罪所具有的这种双重违法性，决定了它应受双重处罚，即既要受刑罚处罚，又要受行政处罚。二是我国立法实践已经承认行政处罚与刑罚处罚的合并适用。[2] 第二种观点理论上称"代替主义"，认为只能在行政处罚和刑罚处罚中选择一种，而不能并施。认为对违法行为的制裁，只能在行政处罚和刑罚中选择一种。理由是，行政处罚

---

[1] 吴庚：《行政法之理论与实用》，三民书局2003年版，第463页。
[2] 参见陈兴良："论行政处罚与刑罚处罚的关系"，载《中国法学》1992年第4期。

与刑罚都是公法上的责任,在法的限制与促进机能上,二者是类似的,在排除恶害与改善教育的机能方面,以及在一般预防与个别预防的机能上,两者也是互为交错的。因此,按违法与责任相适应之原则,行政处罚与刑罚竞合时,只能选择一种。至于是选择刑罚,还是选择行政处罚,又有两种看法:一是根据适用法律责任的"重者吸收轻者"的原则,选择刑罚,二是根据从轻原则或利于行为者的原则,选择行政处罚。第三种观点,附条件并科,也称"免除代替",认为行政处罚与刑罚可以并科,但任何一个执行后,认为没有必要再执行另外一个时,可以免除执行。这是介于前两种观点之间的一种观点。[1]对此,有研究指出:"处理行政处罚与刑罚的竞合问题,既要维护社会的整体利益,又要维护个人的合法权益,既要注意行政处罚与刑罚的共同点,有可以代替的一面,又要注意二者在目的、种类和适用范围等方面的不同,有可以并列适用的一面。"[2]有研究指出:"当同一违法行为既违反行政法规,又触犯刑律而发生行政处罚与刑罚处罚的竞合时,应该予以合并适用。但是由于实际情况复杂,有时会出现某些不能合并或者无需合并适用的情况,因此,行政处罚与刑罚处罚的合并适用只是个一般原则,在具体合并适用时应视不同情况采用不同的方法予以衔接。"[3]对于合并适用的条件,有研究指出:"合并适用包括四个条件:一是主体行为的唯一性;二是违法构成的双重性;三是处罚种类的异质性;四是追究程序的双轨性。"[4]

在行政处罚与刑事制裁衔接适用时所涉及的原则有"一事不再理原则"和"刑事优先原则"。"一事不再理原则",是指针对同一

---

[1] 汪永清:"行政处罚与刑罚的适用范围和竞合问题",载《政治与法律》1993年第2期。

[2] 汪永清:"行政处罚与刑罚的适用范围和竞合问题",载《政治与法律》1993年第2期。

[3] 周佑勇、刘艳红:"试论行政处罚与刑罚处罚的立法衔接",载《法律科学·西北政法学院学报》1996年第3期。

[4] 叶群声:"行政处罚与刑罚的适用衔接",载《江西社会科学》2004年第3期。

违法行为，不应给予两次以上的处罚。该原则源自古罗马，在罗马共和国时期，法院实行一审终审，因而实行一事不再理的原则，是指对于已发生法律效力的案件，除法律另有规定外，不得再行起诉和处理。这个原则普遍适用于民事案件的审判，同时也适用于刑事案件。在2006年四部门规范性文件的修改过程中，也有一种意见认为"一事不能两罚，对涉嫌犯罪的案件经行政处罚后不应再移送司法机关处理"。[1]对此，相关的研究意见较为一致，就是行政处罚与刑事制裁的衔接并不违反"一事不再理"原则。

"刑事优先"原则是指，针对同一不法行为，需要同时予以行政处罚与刑事处罚时，应当优先追究其刑事责任。因此，行政执法机关在处理行政违法案件时，发现相关行为已涉嫌构成违法犯罪时，应当及时将案件移送司法机关立案追究。对于该原则，大多数的研究成果都予以了认可。[2]

2. 行政处罚与刑罚合并适用

行政处罚与刑事制裁的衔接适用上，笔者同意第一种观点，即行政处罚和刑罚可以合并适用，主要原因有三点：其一，行政处罚与刑罚处罚合并适用，并不违反"一事不再理"原则。一事不再理源自古罗马法。在罗马共和国时期，法院实行一审终审制，因而实行一事不再理的原则。一事不再理与英美国家的"防止重复定罪和刑罚的危险原则"相类似，这一原则又被译为一事不再理，它指禁止使一个人因其同一罪行在第一次审判之后，再次处于被定罪和处罚的危险之中，亦即在同一罪被起诉和审判之后，不得因同一罪行对其再次进行起诉和审判。由此可见，所谓一事不再理是指对同一犯罪不得重复定罪并予以刑罚处罚。因此，一事不再理中所说的两次处分，一般是指性质相同的两次处分。如因同一罪行而判两次刑，

---

〔1〕 元明："行政执法与刑事执法相衔接工作机制总结"，载《国家检察官学院学报》2006年第2期。

〔2〕 练育强："行政处罚与刑事制裁衔接研究之检视"，载《政治与法律》2013年第12期。

并都付诸执行。而同时给予罪犯以刑罚处罚和行政处罚，则是两种性质不同的处罚，它们完全是独立存在的，并不发生两者择一的问题，更不存在违反一事不再理原则的情况。宪法和法律禁止重复评价，但它们并没有禁止不同性质的法律责任评价，因此，并罚是有合法空间的，在刑法学界也是受到支持的。[1]行政法与刑法的目的不同，决定了它们达成目的的方式也有所不同，对于一个违反行政法义务的行为仅仅由行政机关给予行政处罚，未必符合刑法的目的。为此，法院对已经受到行政处罚的行为再施以刑罚，并不违背刑法目的，反之亦然。其二，我国立法实践已经承认了行政处罚与刑罚的合并适用。《行政处罚法》第7条第2款规定："违法行为构成犯罪，应当依法追究刑事责任，不得以行政处罚代替刑事处罚。"第28条规定："违法行为构成犯罪，人民法院判处拘役或者有期徒刑时，行政机关已经给予当事人行政拘留的，应当依法折抵相应刑期。违法行为构成犯罪，人民法院判处罚金时，行政机关已经给予当事人罚款的，应当折抵相应罚金。"根据上述两条规定，我们可以推断出《行政处罚法》也是承认行政处罚与刑罚的合并适用。其三，现行法律规定中的处罚种类无法相互替代。有的情况下行为主体一般只受行政处罚，如法人；而有的处罚形式则只能是行政处罚，如吊销许可证或执照等能力罚。例如，《产品质量法》第50条规定："在产品中掺杂、掺假，以假充真，以次充好，或者以不合格产品冒充合格产品的，责令停止生产、销售，没收违法生产、销售的产品，并处违法生产、销售产品货值金额百分之五十以上三倍以下的罚款；有违法所得的，并处没收违法所得；情节严重的，吊销营业执照；构成犯罪的，依法追究刑事责任。"

需要注意的有两点：一是，行政处罚与刑罚处罚应当合并适用与实际上是否合并适用是不同的。由于实际情况较为复杂，有时会

---

[1] 参见陈兴良："论行政处罚与刑事处罚的关系"，载《中国法学》1992年第4期。张明楷主编：《行政刑法概论》，中国政法大学出版社1991年版，第176页。

出现某些不能合并或者无需合并适用的情况。行政处罚与刑罚的合并适用只是一般原则,在具体合并适用时应视不同情况而决定。二是,行政处罚与刑罚合并适用一般是发生在不同种类的处罚之间,例如罚款与有期徒刑、行政拘留与罚金等。

3. 刑罚吸收行政处罚

吸收是在处罚的法效果相同的情况下,以刑罚吸收行政处罚的方式对违反行政法义务的行为课予刑罚而不再单独进行行政处罚,已经受过的行政处罚在刑罚中予以折抵。如行政处罚中的罚款、行政拘留,分别与刑罚中的罚金与拘役、有期徒刑之间具有相同的法效果,两者之间具有吸收的可行性。

吸收处罚有两种情形:(1)行政处罚先行,后为刑罚所折抵。如《行政处罚法》第28条规定:"违法行为构成犯罪,人民法院判处拘役或者有期徒刑时,行政机关已经给予当事人行政拘留的,应当依法折抵相应刑期。违法行为构成犯罪,人民法院判处罚金时,行政机关已经给予当事人罚款的,应当折抵相应罚金。"这种情形可能发生在行政机关作出行政处罚之后又发现了当事人新的违法事实,认为当事人的行为已经涉嫌犯罪时移送司法机关追究刑事责任。法院作出有罪判决时,必须将行政机关已经给予被告人的行政处罚折抵为刑罚。(2)刑罚先行,行政机关不再作出行政处罚。即违反行政法义务的行为因涉嫌犯罪,在法院最终给予的刑罚中吸收了行政处罚,行政机关在刑事程序终结之后不再给予行政处罚。如《药品管理法》第73条规定:"生产、销售假药的,没收违法生产、销售的药品和违法所得,并处违法生产、销售药品货值金额二倍以上五倍以下的罚款;有药品批准证明文件的予以撤销,并责令停产、停业整顿;情节严重的,吊销《药品生产许可证》《药品经营许可证》或者《医疗机构制剂许可证》;构成犯罪的,依法追究刑事责任。"如果有人生产、销售假药,足以严重危害人体健康的,构成犯罪,法院依照《刑法》第141条规定处以罚金或者没收财产的刑罚,那么应当视为这两种刑罚已经吸收了《药品管理法》第73条规定中的罚款、没收违法所得，在刑事程序结束之后，行政机关不再对其处以罚款或者没收违法所得的行政处罚。[1]当然，由于刑罚不能吸收"吊销营业执照"之类的行政处罚，仍然需要与刑罚处罚合并适用。

（三）行政处罚与刑罚的衔接程序——程序角度的分析

从程序的角度，考查行政处罚与刑罚的适用衔接，包括两种情况：

1. 行政机关向司法机关移送案件的程序

行政机关向司法机关移送案件，即在行政程序中查实的违反行政法义务的行为，如行政机关认为涉嫌构成犯罪的，应当依法移送至有管辖权的司法机关追究刑事责任。依照案件处于不同的阶段，又可以分为以下两种情形：

其一，行政程序过程中的移送。这是指在行政程序进行过程中，行政机关基于调查所获得的证据初步判定当事人的行为已涉嫌构成犯罪时，依法终结行政程序并将案件移送司法机关。《行政处罚法》中分别有两个条款，《行政处罚法》第22条规定："违法行为构成犯罪的，行政机关必须将案件移送司法机关，依法追究刑事责任。"这是"刑事先理"原则的基本要求，它要求一旦违反行政法义务的行为涉嫌构成犯罪，行政机关必须终止正在进行的行政程序，将此案移送至司法机关。另外，《行政处罚法》第38条规定："调查终结，行政机关负责人应当对调查结果进行审查，根据不同情况，分别作出如下决定：……（4）违法行为已构成犯罪的，移送司法机关。"这种情况是行政机关终结行政处罚程序的方式之一。

其二，行政程序已终结的移送。有时，在行政处罚程序中，行

---

[1]《刑法》第141条规定："生产、销售假药的，处三年以下有期徒刑或者拘役，并处罚金；对人体健康造成严重危害或者有其他严重情节的，处三年以上十年以下有期徒刑，并处罚金；致人死亡或者有其他特别严重情节的，处十年以上有期徒刑、无期徒刑或者死刑，并处罚金或者没收财产。本条所称假药，是指依照《中华人民共和国药品管理法》的规定属于假药和按假药处理的药品、非药品。"

政机关基于调查所获得的证据并不能认定当事人的行为已经涉嫌构成犯罪，即依法作出行政处罚决定，终结了行政处罚程序。但即使在行政处罚决定作出之后，行政机关发现了新的证据认为当事人的行为已经涉嫌构成犯罪时，也应当依法移送司法机关处理。

2. 司法机关向行政机关移送的程序

司法机关向行政机关移送的程序是指司法机关在刑事诉讼程序中认为行为人不构成犯罪或者不应追究刑事责任等情况下，将案件移送行政机关进行行政处罚的程序。《刑法》第37条规定："对于犯罪情节轻微不需要判处刑罚的，可以免予刑事处罚，但是可以根据案件的不同情况，予以训诫或者责令具结悔过、赔礼道歉、赔偿损失，或者由主管部门予以行政处罚或者行政处分。"《刑法》中这一行政处罚与刑罚的衔接条款，统领所有已进入刑事诉讼程序的案件与行政处罚如何衔接的问题。具体而言，包括如下三种情形：

其一，公安机关移送。《行政执法机关移送涉嫌犯罪案件的规定》第13条规定："公安机关对发现的违法行为，经审查，没有犯罪事实，或者立案侦查后认为犯罪事实显著轻微，不需要追究刑事责任，但依法应当追究行政责任的，应当及时将案件移送同级行政执法机关，有关行政执法机关应当依法作出处理。"《关于在行政执法中及时移送涉嫌犯罪案件的意见》中规定："公安机关对发现的违法行为，经审查，没有犯罪事实，或者立案侦查后认为犯罪情节显著轻微，不需要追究刑事责任，但依法应当追究行政责任的，应当及时将案件移送行政执法机关，有关行政执法机关应当依法作出处理，并将处理结果书面告知公安机关和人民检察院。"

其二，检察机关移送。它适用于不起诉但需要给予行政处罚的案件。在刑事诉讼程序中，检察机关作出不起诉的决定是刑事诉讼程序终结的法定原因之一。但是，如果检察机关认为需要给当事人行政处罚的，应当移送到有管辖权的行政机关处理。《刑事诉讼法》第173条第3款作了明确规定："人民检察院决定不起诉的案件，应当同时对侦查中查封、扣押、冻结的财物解除查封、扣押、冻结。

对被不起诉人需要给予行政处罚、行政处分或者需要没收其违法所得的，人民检察院应当提出检察意见，移送有关主管机关处理。有关主管机关应当将处理结果及时通知人民检察院。"

其三，法院移送。经法院审理后认为当事人的行为构成犯罪但不需要判处刑罚的，宣告无罪的或者构成犯罪已判刑罚、但依法应给予行政处罚的。《刑法》第37条规定："对于犯罪情节轻微不需要判处刑罚的，可以免予刑事处罚，但是可以根据案件的不同情况，予以训诫或者责令具结悔过、赔礼道歉、赔偿损失，或者由主管部门予以行政处罚或者行政处分。"本情形的程序衔接方式是，法院在结案后将案卷副本移送到有管辖权的行政机关，由行政机关依照法院提供的证据材料，依照行政处罚程序作出行政处罚。

四、《中国行政审判指导案例》第 14 号案例的裁判要旨

最高人民法院行政审判庭通过其出版的《中国行政审判指导案例》第 1 卷第 14 号案例"枣庄永帮橡胶有限公司诉山东省枣庄市国家税务局税务行政处罚案"（以下简称 14 号案例）对行政执法机关将案件移送司法机关追究刑事责任后能否再对行政相对人作出行政处罚予以了明确指导。

该案案情如下：

2004 年 8 月 20 日，山东省枣庄市国家税务局（被告、被上诉人，以下简称市国税局）向枣庄永帮橡胶有限公司（原告、上诉人，以下简称橡胶公司）发出《调取账簿资料通知书》《税务检查通知书》，调取橡胶公司 2002 年 1 月 1 日至 2003 年 12 月 31 日期间内的账簿、凭证及其他纳税资料，对橡胶公司该期间内涉税情况进行检查。同年 9 月 14 日，市国税局将案件移送公安机关立案侦查。9 月 22 日，被告将账册退还，同时公安机关调走账册。2004 年 10 月 28 日，市国税局在将案件移送公安机关后，又以橡胶公司涉嫌偷税立案。2005 年 7 月 18 日，市国税局作出《税务处理决定》，责令原告补缴税款 5 203 425.33 元；7 月 22 日，市国税局又作出《税务处罚

决定》，认定橡胶公司行为已构成偷税，依照《中华人民共和国税收征收管理法》（下文简称《税收征收管理法》）第63条第1款之规定，决定处罚款5 203 425.33元。橡胶公司对处罚不服，申请山东省国家税务局复议，山东省国家税务局经复议维持该处罚决定。

2004年9月15日，枣庄市公安局针对橡胶公司总经理宗克永因涉嫌虚开增值税专用发票罪予以刑事拘留，10月22日逮捕。12月31日橡胶公司法定代表人孙龙被逮捕。2005年10月19日山东省人民检察院济南铁路运输分院决定对孙龙不起诉。2006年1月4日，济南铁路运输中级法院作出刑事判决，以虚开增值税专用发票罪，判处橡胶公司罚金150万元，判处公司总经理有期徒刑十年。

针对市国税局的《税务处罚决定》，橡胶公司不服，申请山东省国税局复议，在山东省国家税务局维持该处罚决定后，提起行政诉讼。

诉讼争议的焦点是：涉嫌犯罪的违法行为在移送公安机关追究刑事责任后，在司法机关对该违法犯罪行为作出最后处理之前，行政执法机关能否作出行政处罚决定？

一审法院审理后认定市国税局在将案件移送公安机关后又对橡胶公司作出行政处罚，属于程序违法、适用法律错误。依照原《中华人民共和国行政诉讼法》第54条第（二）项第2目、第3目的规定，判决撤销被告市国税局于2005年7月22日作出的枣国税罚字[2005]第002号《税务行政处罚决定书》。2009年4月10日，二审法院作出判决，维持原判。理由如下：根据《中华人民共和国行政处罚法》第7条第2款、第28条和国务院《行政执法机关移送涉嫌犯罪案件的规定》第3条、第5条、第8条及第11条的规定，行政执法机关在依法查处违法行为构成中，发现违法事实涉嫌构成犯罪，依法需要追究刑事责任的，必须依照规定向公安机关移送；税务机关在发现涉嫌犯罪并移送公安机关进行刑事侦查后，不再针对同一违法行为作出行为罚和申诫罚以外的行政处罚；行政执法机关将案件移送公安机关立案侦查后，又以当事人涉嫌偷税立案，并作出罚款的行政处罚决定,属于行政程序违法,缺乏法律依据,依法应予撤销。

五、对本案的分析

14号案例对本案具有一定的参考价值。[1]我们将从实体角度和程序角度对本案进行分析:

第一,从实体角度分析。本案要解决的首要问题是中国证监会是否可以对陈某进行行政处罚?本案中,福建三农存在未按照规定及时披露信息、未定期报告披露存在重大遗漏及2001年至2003年财务会计报告虚假记载等问题,陈某作为福建三农集团的董事、财务总监,是上述行为的责任人员。原《证券法》第177条规定:"依照本法规定,经核准上市交易的证券,其发行人未按照有关规定披露信息,或者所披露的信息有虚假记载、误导性陈述或者重大遗漏的,由证券监督管理机构责令改正,对发行人处以三十万元以上六十万元以下的罚款。对直接负责的主管人员和其他直接责任人员给予警告,并处以三万元以上三十万元以下的罚款。构成犯罪的,依法追究刑事责任。前款发行人未按期公告其上市文件或者报送有关报告的,由证券监督管理机构责令改正,对发行人处以五万元以上十万元以下的罚款。"《刑法》第161条规定:"依法负有信息披露义务的公司、企业向股东和社会公众提供虚假的或者隐瞒重要事实的财务会计报告,或者对依法应当披露的其他重要信息不按照规定披露,严重损害股东或者其他人利益,或者有其他严重情节的,对

---

[1] 练育强副教授在"行刑衔接中的行政执法边界研究"一文中对14号案例进行了批判:根据该案判决理由,法院认定行政机关作出的行政处罚决定违法必须同时符合行为要件、时间要件以及处罚种类要件。但是在三要件的构成上,14号案例与其他规范性文件的规定存在着一定的冲突。三要件最重要的功能在于明确提出了刑事优先原则,但只是有限刑事优先,而不是绝对刑事优先。该案在案情事实中认定的行政机关的移送方式与已有的规定以及执法实践有着差异,带来了一定困惑,包括:针对涉嫌犯罪的违法行为,行政机关采取何种步骤移送;移送后行政执法应处于何种状态;移送后行政强制措施、强制执行能否实施;行政处罚与刑事处罚如何折抵。练育强:"行刑衔接中的行政执法边界研究",载《中国法学》2016年第2期。

其直接负责的主管人员和其他直接责任人员,处三年以下有期徒刑或者拘役,并处或者单处二万元以上二十万元以下罚金。"《行政处罚法》第 28 条规定:"违法行为构成犯罪,人民法院判处拘役或者有期徒刑时,行政机关已经给予当事人行政拘留的,应当依法折抵相应刑期。违法行为构成犯罪,人民法院判处罚金时,行政机关已经给予当事人罚款的,应当折抵相应罚金。"由于罚金和罚款具有相同的性质,二者可以吸收。而对于拘役和有期徒刑,由于原《证券法》第 177 条中未规定行政拘留,因此可以与行政处罚合并适用。

第二,从程序的角度分析。本案要解决的问题是在陈某涉嫌犯罪的案件已经向司法机关移送后,中国证监会是否有权对其进行行政处罚?根据前文分析,当某一违法犯罪行为处于刑事诉讼程序中,则不可启动行政处罚程序。只有司法机关认为在不构成犯罪或者不追究刑事责任等情况下,才将案件移送行政机关进行行政处罚。本案中,2007 年 11 月 2 日,检察机关向法院提起公诉。在案件审理过程中,2007 年 12 月 28 日,中国证监会作出行政处罚决定是不合法的。

综上,本案中,中国证监会在刑事诉讼程序过程中对陈某作出行政处罚决定是不合法的。

第七章 证券交易所自律管理行为及其行政可诉性

根据我国《证券法》的规定，证券交易所是为证券集中交易提供场所和设施，组织和监管证券交易，实行自律管理的法人。证券交易所除了为证券集中交易提供场所和设施外，还承担着对证券交易进行监管的责任。自沪深证券交易所建立以来，以交易所为被告的诉讼案件时有发生。如何看待交易所的法律地位？交易所能否作行政诉讼被告？交易所的自律管理行为是否为行政行为？或者交易所的哪些行为属于行政行为？这些问题长期困扰着证券交易所，也长期困扰着法院，的确值得我们进行深入思考。需要说明的是，本章的分析主要以上海证券交易所为样本展开。

一、"郑宇案"提出的问题

近年来，我国证券交易所市场监管行为所引发的诉讼纠纷，特别是针对交易所自律管理行为而提起的诉讼，日益增加。这些诉讼，既包括民事侵权诉讼，也包括行政诉讼。由于涉及交易所自律管理的案件具有一定的特殊性，最高人民法院于2005年专门出台了《关于对与证券交易所监管职能相关的诉讼案件管辖与受理问题的规定》（以下简称《规定》）。但《规定》主要解决了以证券交易所为被告的诉讼案件的管辖问题，并未区分何种情况下相对人应当提起民事诉讼，何种情况下应当提起行政诉讼。

(一) 早期的行政诉讼案件

第一，"327 国债期货"尾市交易无效侵权案。[1] 1997 年，原告胡欣华以上海证券交易所（上交所）为被告，向上海虹口区人民法院提起民事诉讼，称其 1995 年 2 月 23 日依法进行"327 国债期货"交易，成交次日上交所公告宣布"327 国债"3 月 23 日尾市交易无效，造成其损失，故要求上交所赔偿其损失。上海虹口区法院一审认定，上交所宣布该日"327 国债期货"交易尾市成交无效之行为，属于行政行为，其主体不属于一般民事主体，原告以民事侵权赔偿起诉不属于法院民事诉讼受理范围，故裁定不予受理。

第二，上海水仙电器股份有限公司终止上市案。原告朱某等数名上海水仙电器股份有限公司股东，向上海浦东新区人民法院提起行政诉讼，申请法院撤销上交所 2000 年 4 月 20 日作出的不给予 PT 水仙宽限期的决定，并赔偿相应的经济损失。上海市浦东新区法院认为，"目前证券市场不成熟，相关法律制度尚未完善"，故对股东就上交所作出的不给予股票暂停上市的上市公司宽限期决定不服提起的行政诉讼，人民法院暂不受理。本案涉及的问题是上交所作出的不给予 PT 水仙宽限期的决定是否属于行政行为。

第三，上交所核准武钢认沽权证创设纠纷案。[2] 2005 年 11 月，原告陈某以上交所为被告，向上海市第一中级人民法院提起行政诉讼，称上交所违反自己颁布的《关于证券公司创设武钢权证有关事项的通知》，提前核准证券公司创设"武钢认沽权证"并上市交易，违反了有关规定，造成权证数量猛增，致使其此前购入的"武钢认沽权证"无法按照预计的时间卖出，要求法院确认上交所核准创设"武钢认沽权证"的具体行政行为无效、赔偿原告经济损失 6 万元。上海一中院认为上交所与原告之间没有直接利害关系，原告的起诉缺乏相应依据，故裁定不予受理。原告向上海市高院提出上诉，二

---

[1] 参见上海市第二中级人民法院（1997）沪二中经受终字第 2 号民事裁定书。
[2] 参见上海市第一中级人民法院（2005）沪一中受初字第 19 号行政裁定书。

审维持原判。

第四,姜某诉上交所终止生态农业上市侵权案。[1]原告系上交所上市公司湖北江湖生态农业股份有限公司的股东,其于2003年8月向上海市浦东新区法院提起行政诉讼,诉称该公司于2002年5月13日被上交所暂停上市,同年12月上交所作出该公司股票自2003年1月7日起恢复交易的决定,2003年5月23日上交所又以该公司2002年度审计报告被出具拒绝表示意见等理由,决定终止其股票上市。原告认为,上交所通过违法手段将公司股票原持有人的风险向新的股票持有人转嫁后,再终止该股票上市,侵害其合法权益,要求确认存在侵权和误导行为、赔偿其损失人民币1元。上海浦东新区法院认为,目前证券市场不成熟,相关法律制度尚未完善,故裁定不予受理。

(二)"郑宇诉上交所行政诉讼案"

原告郑宇是一名个人投资者,因在中国南车连续涨停期间多次提前下单,均未能成功买入该只股票。2015年1月18日,原告向上交所申请公开上述期间"券商接受报价,申报买入中国南车的顺序及数量"的政府信息,以了解未成交的原因。2015年1月22日,上交所电话答复此类交易信息不予公开。郑宇便向中国证监会申请行政复议,并在上海和北京两地法院,分别针对上交所和证监会提起了行政诉讼。

就上交所是否属于适格被告,原被告双方主张及法院裁判如下:

原告认为,被告属于《政府信息公开条例》调整的对象,原告申请公开的是被告依据《证券法》的授权,在管理过程中获取的政府信息。

被告认为,上交所并非行政机关,亦非法律、法规授权组织,故非行政主体。被告确实承担管理和发布市场信息的职能,但该项职能并非行政管理职能,有关市场信息不属于政府信息。

---

[1] 参见上海市浦东新区人民法院(2003)浦受初字第20号行政裁定书。

一审法院上海市第一中级法院认为,根据有关法律规定,证券交易所作为授权组织,有权按照法律、法规、规章的规定对证券市场的违法行为予以处罚,故证券交易所具有相应的行政管理职能,属于行政案件的适格被告。

原被告双方对一审判决均不服,向上海市高级人民法院提起上诉。上海市高级人民法院认为,根据《证券法》和《证券交易所管理办法》的规定,证券交易所的职能除安排证券上市和组织证券交易外,还对证券交易活动、会员及证券发行人进行直接监管,这种监管具有公共属性,因此,证券交易所履行监管职能作出的相关处理决定属依法律、法规及规章的规定,或者根据政府监管机构的依法授权而作出的行政行为,具有行政诉讼的可诉性,证券交易所也就可以成为行政诉讼的适格被告。因此,判决驳回上诉,维持原判。

郑宇向最高人民法院申请再审。最高人民法院认为,证券交易所属于法律、法规和规章授权的组织,有权按照法律、法规和规章的规定,实施包括对证券市场的违法行为予以处罚等监管行为,因此具有相应的行政管理职能,属于行政案件的适格被告。

"郑宇案"是第一起上交所作为被告且进入实体审理阶段的行政诉讼,经历了上海法院的一审、二审,最后由最高法院作出再审裁定。

(三)法院态度的转变

分析上述案件可以很明显地看出,在较早的一段时期内,交易所因权证创设等曾涉及一些诉讼,质疑交易所业务规则的合理性、质疑交易所同意创设权证的正当性,同样针对的是交易所自律管理活动。包括最高法院在内的法院系统,均将相关案件纳入民事诉讼进行审理,并确立了"司法有限介入""善意监管免责"等审判理念。

但2015年"郑宇案"争议的焦点是证券交易所是否属于行政诉讼的适格被告。法院则倾向于认为,证券交易所有权按照法律、法规和规章的规定,实施包括对证券市场的违法行为予以处罚等监管行为，因此具有相应的行政管理职能。

总体来看，在一线监管职责不断强化的背景下，交易所行政诉讼呈扩大化趋势。究其原因，大致有两个层面：一方面，与新《行政诉讼法》和立案登记制有一定的关系。《行政诉讼法》修改之后，公民、法人或者其他组织认为行政机关和行政机关工作人员的行政行为侵犯其合法权益的，有权向人民法院提起诉讼。《行政诉讼法》修改的一大亮点就是拓宽了行政诉讼的受案范围。2015年4月，最高人民法院印发了《关于人民法院推行立案登记制改革的意见》。改革人民法院案件受理制度，变立案审查制为立案登记制。随着《行政诉讼法》修改和立案登记制的实施，行政诉讼的受案范围扩大，只要涉及公共职责行使，法院倾向于予以受理。另一方面，在自律管理法定化的背景下，交易所的自律管理多数在法律、法规和规章层面有所确认，容易被理解为依据法律授权而实施，从而纳入行政诉讼的审查范围。

可以预见的是，在新《行政诉讼法》实施和法院推行立案登记制的背景之下，以证券交易所为被告的行政诉讼案件数量还将在一定程度上增加。

事实上，对于交易所的自律管理行为不服提起诉讼，从上交所已有的诉讼案件情况看，原告对于提起行政诉讼还是民事诉讼，具有很大的随意选择性，而法院对此并未深究。我们所观察到的法院态度的转变其实只是一个表象，隐藏在背后的问题是如何看待交易所的法律地位？交易所能否作行政诉讼被告？交易所的自律管理行为是否为行政行为？或者交易所的哪些行为属于行政行为？法院是否应当尊重交易所的行政行为？交易所的交易规则具有什么法律效力？

二、我国证券交易所的自律管理

（一）证券交易所的功能与属性

《证券法》第102条第1款规定："证券交易所是为证券集中交

易提供场所和设施,组织和监督证券交易,实行自律管理的法人。"

证券交易所在证券市场中处于何种地位?一个经常被引用的回答是:"交易所和购物中心或者跳蚤市场的经济职能没有什么实质差别,它们都是将买卖双方聚集在一起而减少彼此发现对方的搜寻成本。"[1]但事实并非如此简单,证券交易所为证券集中交易提供场所和设施,组织和监督证券交易,还要实行自律管理。

根据《证券交易所管理办法》第11条的规定,证券交易所的职能包括:(一)提供证券交易的场所和设施;(二)制定证券交易所的业务规则;(三)接受上市申请、安排证券上市;(四)组织、监督证券交易;(五)对会员进行监管;(六)对上市公司进行监管;(七)设立证券登记结算机构;(八)管理和公布市场信息;(九)证监会许可的其他职能。

根据内容的不同,证券交易所的职能至少包括以下三个方面:

其一,市场服务职能。市场服务职能包括运营和组织证券集中交易,为证券集中交易提供场所和设施,为上市公司、证券公司、投资者等市场主体提供交易及相关服务。具体而言包括:一是上市服务。包括接纳股票、债券、基金等证券在交易所上市、公开挂牌交易。二是交易服务。提供场所和设施,将资金的需求者和供给者、证券交易的买方和卖方集中起来进行交易。三是信息服务。通过交易所自己出资设立的证券信息公司单独或者委托他人加工汇集证券交易中形成的信息,成为信息产品。

其二,市场监管职能。交易所在提供市场服务的同时,履行一定的自律管理职能。主要包括:一是制定自律性业务规则。交易所依法制定证券上市、交易及会员管理等方面的业务规则,规范市场运行。二是对会员进行监管。证券交易所实行会员制,证券公司是交易所的会员,投资者进行证券交易须由交易所的会员证券公司代

---

[1] Daniel R. Fischel, "Organized Exchanges and the Regulation of Dual Class Common Stock"(有组织的交易所和双重普通股的规制), 54 U. *CHI. L. REV.*(芝加哥法律评论), 121 n.9 (1987), 119.

理。交易所按照章程对会员资格和交易权限进行监管。三是对上市企业进行监管。根据法律和交易所业务规则的规定,交易所审核企业上市申请,决定企业上市,决定企业暂停、终止上市;依据法律规定和上市协议的约定,对上市公司信息披露、内部治理等环节的违规行为进行调查,并视情况给予处罚。四是对证券交易进行监管。上交所根据交易规则,对证券交易进行实时监控,发现异常交易及潜在的市场违规行为,及时采取措施;执行交易规则,对违反规则的市场参与主体实施纪律处分。

其三,市场培育发展与改革创新职能。我国的证券交易所是在计划经济转向市场经济过程中,由政府强力推动建立起来的。除了为证券交易提供市场服务、对证券交易市场进行监管外,证券交易所还承担着发展资本市场以及推动我国资本市场改革创新的职能。《中共中央关于制定国民经济和社会发展第十三个五年规划的建议》中明确要求积极培育公开透明、健康发展的资本市场,推进股票和债券发行交易制度改革。对于培育公开透明、健康发展的资本市场,证券交易所具有不可忽视的作用。同时,我国资本市场属于新兴的市场,尚待改革创新,交易所也可以发挥一定的作用。

(二)证券交易所的自律管理

自律管理是证券交易所的核心功能,亦是其本质属性。但证券交易所的自律管理由于关乎资本市场的稳定和投资者利益的保护,因此具有很强的公共性。此外,交易所的自律管理在诸多方面也不同于政府证券监管部门的行政监管。

1. 交易所自律管理的特点

交易所的自律管理具有专业性、即时性、新颖性、缓冲性以及公共性等特点,这些特点恰好是自律管理相对于政府监管而言的优势所在。

其一,专业性。证券交易所为证券交易提供场所和设施,由证券公司等市场参与者参与和实施自律管理,作为"一线监管",直接面对市场主体,在此过程中积累了相当丰富的市场经验。相对于政府证券监管部门及其工作人员而言，证券交易所及其工作人员更为熟悉市场环境、贴近市场，知道如何采取合适的措施。

其二，即时性。证券交易所是上市证券集中交易的场所，最容易即时发现问题，能够对整个交易活动进行全面的即时监控。首先，交易所能够快速根据市场变化，主动调整、修改规则，无须像制定法律法规那样经历严格而漫长的行政程序。其次，交易所可以更快地作出决定、实施自律管理措施。例如，通过即时监控，证券交易所能够在最短时间内发现和处理上市公司、投资者等存在的问题，从而在最大程度上防范风险并降低不法行为对市场的危害程度。

其三，新颖性。资本市场在保持稳定的同时，往往会鼓励创新。金融创新虽是市场发展的不竭动力，但金融创新同时内含着系统性风险。从各国证券监管的实践来看，规制机构的确难以跟上金融创新的发展。资本市场上的新产品（包括各类金融衍生品）层出不穷，但首先接触到这些新产品的，并非政府监管机构，而是证券交易所（虽然很多时候是在场外交易的）。这就要求交易所能够应对新出现的产品，能够应对新出现的各种情况，并积极采取相应的措施。

其四，缓冲性。从各国证券市场监管体制的经验来看，完全由政府监管机构完成对证券市场的监管这种专业技术性非常强的工作，政府往往力不从心。由于不能真正了解市场的特点及需要，政府在政策制定和实施监管的过程中经常会挂一漏万，甚至会因为行政手段的强行干预而影响到市场的正常运转。而证券交易所的自律管理是由对市场最为了解、最具专业技术性的人员来进行，在增加市场监管有效性的同时，还可以缓解政府与监管对象之间的矛盾。

其五，公共性。交易所在提供证券集中交易的场所和设施过程中，协调并满足证券发行人、证券公司及投资者等不同市场主体的利益，实现既自利又互利；交易所的运营以及所组织的证券交易，与社会经济发展、社会公众有着直接与密切的关系。证券交易所关系到证券市场的秩序，关系到投资者权益的保护，关系到系统性风险的控制。因此，交易所本身也承载着公共利益，具有很强的公共性。[1]

2. 自律管理与行政监管的区别

证券交易所的自律管理与政府证券监管机构所实施的行政监管相比较而言，存在着以下明显区别：

其一，权力来源不同。证券交易所的自律管理权，主要来源于会员的协商一致，具体体现为交易所章程的规定；自律管理权也可以来源于上市公司与证券交易所签订的上市协议的约定。而政府证券监管机构的行政监管权来自法律法规规章的授予。

其二，逻辑不同。"证券商签订契约，组建交易所，实行自律管理，是一种集体行动。这种集体行动背后的逻辑，是一种利益上的驱动。"[2]但利益的获取必须有可靠的市场秩序作保障，共同的利益促成公共的自律动机。同时，从历史的角度看，利益是交易所实施自律管理、交易所成员接受自律管理的主要动机。但政府证券监管机构的监管却不同于交易所的自律管理，它是国家为了整个社会经济秩序的稳定以及投资者的利益保护而运用公权力进行的监管。

其三，履行方式不同。证券监管机构对证券市场的监管，是依法行政的组成部分。因此，证券监管机构应当依法行使证券监管权。特别是应当严格遵守有关法律法规、规章中对于监管程序的规定。而对于自律管理，交易所主要遵循自律规则的要求。

（三）我国证券交易所的管理行为

对于证券交易所管理行为的性质，理论上存在三种观点。第一种观点认为，由于证券交易所是自律机构而非行政机关，因此被监管者提起的诉讼在性质上应为民事诉讼。[3]第二种观点认为，上交所不是一个民法意义上的"法人"，更不是一个会员制社团，而是政府创设、政府管理之下的一个承担证券市场组织、营运职能的公权

---

[1] 参见徐明、卢文道编著：《判例与原理：证券交易所自律管理司法介入比较研究》，北京大学出版社2010年版，第17页。

[2] 卢文道：《证券交易所自律管理论》，北京大学出版社2008年版，第19页。

[3] 刘俊海：《现代证券法》，法律出版社2011年版，第305页。

力机构。[1]第三种观点认为，证券交易所的监管行为包括自律监管和行政监管。可见，我国交易所监管行为的性质可以是法律授权监管行为、行政授权监管行为和自律监管行为。[2]

根据《证券交易所管理办法》第3条的规定，证券交易所是指依本办法规定条件设立的，不以营利为目的，为证券的集中和有组织的交易提供场所、设施，履行国家有关法律、法规、规章、政策规定的职责，实行自律性管理的法人。按照证券交易所监管行为的对象，可以分为会员管理、上市管理和证券交易管理三类。我们将分别对这三类监管行为进行讨论。

1. 会员管理

对会员进行管理，是证券交易所自律管理中固有的部分。既然证券公司愿意加入证券交易所，承认证券交易所的章程，就应自觉自愿接受交易所的管理。

根据《上海证券交易所章程》（以下简称《章程》）第3条的规定，上海证券交易所是实行自律性管理的会员制法人。第8条规定，具备相应条件的证券公司，在向上海证券交易所提出申请并提供相应的申报文件，经理事会批准后，可以成为交易所的会员。

2007年上海证券交易所发布了《上海证券交易所会员管理规则》（以下简称《会员管理规则》）。根据《会员管理规则》，交易所对会员的管理，包括：

其一，资格管理。申请成为证券交易所会员，首先必须符合证券交易所设定的资格标准。对会员资格的详细设定，属于证券交易所意思自治的范畴。具备交易所《章程》规定条件的证券公司可申请成为交易所的会员。根据《章程》第7条的规定，申请成为证券交易所的会员，须具备一定的条件，包括：经中国证监会依法批准设立、具有法人地位的证券公司；具有良好信誉和经营业绩；组织

---

[1] 方流芳："证券交易所的法律地位——反思'与国际惯例接轨'"，载《政法论坛》2007年第1期。

[2] 周友苏主编：《新证券法论》，法律出版社2007年版，第457~458页。

机构和业务人员符合中国证监会和本所规定的条件,符合本所对技术风险防范提出的各项要求;承认本所章程和业务规则,按规定交纳会员费、席位费及其他费用;交易所要求的其他条件。交易所应当限制交易席位的数量,并对会员取得的交易席位实施严格管理。根据《章程》第11条,会员因下列事由之一,其会员资格将被终止:(1)由会员提出申请,并经本所理事会批准;(2)取得会员资格后三个月内未办妥入市手续或未开设本所业务;(3)会员法人实体解散、被撤销或依法宣告破产;(4)不符合本章程规定的会员条件;(5)不能继续履行正常的交易及交收义务;(6)其他违反国家法律、法规的行为。会员的资格也有可能因其实施了违规行为而被证券交易所取消。

其二,行为管理。交易所对会员的行为管理,通常包括与财务状况有关的行为以及与交易有关的行为两部分。交易所管理会员的财务状况,体现在两个方面:一是,督促会员建立有效的内部风险控制体系;二是,设计财务状况指标,督促会员稳健经营。对会员交易有关的行为,《证券交易所管理办法》第50条规定,证券交易所可以根据证券交易所章程和业务规则对会员的违规行为进行制裁。上交所依据《上海证券交易所章程》及其他业务规则,制定了《上海证券交易所会员自律准则》(以下简称《准则》)。《准则》对会员的行为提出了多项明确的原则性要求。《上海证券交易所纪律处分和监管措施实施办法》对证券交易所针对会员采取的纪律处分和监管措施作出了非常详细的规定。

2. 上市公司管理

接受企业上市申请、安排证券上市是证券交易所的重要职能之一。上市公司通过与证券交易所签订上市协议,获得证券交易所同意证券上市,交易所为证券上市提供交易设施和服务便利。上市公司同意积极配合交易所行使监管职责,并接受交易所依规定对其违规行为作出的相应处分或惩戒。上交所为规范股票、可转换为股票的公司债券和其他衍生品种的上市行为,以及上市公司和相关信息披露义务人的信息披露行为，维护证券市场秩序，保护投资者的合法权益，制定了《上海证券交易所股票上市规则》。证券交易所对上市公司的管理包括：

一是，上市管理。根据《证券法》第 48 条，申请证券上市交易，应当向证券交易所提出申请，由证券交易所依法审核同意，并由双方签订上市协议。在上海证券交易所上市的股票及其衍生品种，由交易所进行审核。根据《上海证券交易所证券上市审核实施细则》的规定，下列事项，由上海证券交易所进行审核：股票、企业债券、公司债券、证券投资基金份额的首次上市；股票、企业债券、公司债券、可转换公司债券的暂停上市与恢复上市；股票、企业债券、公司债券、可转换公司债券、证券投资基金份额的终止上市，但因债券到期而终止上市的除外；其他证券上市、暂停上市、恢复上市及终止上市。根据《证券法》第 62 条的规定，对证券交易所作出的不予上市、暂停上市、终止上市决定不服的，可以向证券交易所设立的复核机构申请复核。《证券法》第 72 条规定，证券交易所决定暂停或者终止证券上市交易的，应当及时公告，并报国务院证券监督管理机构备案。

二是，信息披露管理。规范上市公司信息披露行为，提高证券市场信息披露质量，是资本市场稳定发展的前提。上市公司信息披露的公正、透明、及时、准确和完整，对保护投资者权益至关重要。对上市公司及相关信息披露义务人的信息披露进行监督，是证券交易所的一项重要职责。《证券法》第 115 条第 2 款规定，证券交易所应当对上市公司及相关信息披露义务人披露信息进行监督，督促其依法及时、准确地披露信息。《上海证券交易所股票上市规则》中专章规定了上市公司的信息披露。《证券交易所管理办法》第 62 条规定，证券交易所对上市公司未按规定履行信息披露义务的行为，可以按照上市协议的规定予以处理，并可以就其违反法规的行为提出处罚意见，报证监会予以处罚。

3. 证券交易管理

对证券交易进行监管，保证证券交易的公平、秩序和效率，是证券交易所的核心职责。根据《证券法》和《证券交易所管理办法》等有关规定，我国证券交易所对证券交易的管理包括：

第一，公开证券交易信息。包括公开即时行情、证券指数和非即时信息等。例如，《证券法》第113条规定，证券交易所应当为组织公平的集中交易提供保障，公布证券交易即时行情，并按交易日制作证券市场行情表，予以公布。

第二，实时监控证券交易。《证券法》第115条规定要求证券交易所对证券交易实行实时监控，并按照国务院证券监督管理机构的要求，对异常的交易情况提出报告。证券交易所应当对上市公司及相关信息披露义务人披露信息进行监督，督促其依法及时、准确地披露信息。证券交易所根据需要，可以对出现重大异常交易情况的证券账户限制交易，并报国务院证券监督管理机构备案。

第三，技术性停牌和临时停市。《证券法》第114条规定，因突发性事件而影响证券交易的正常进行时，证券交易所可以采取技术性停牌的措施；因不可抗力的突发性事件或者为维护证券交易的正常秩序，证券交易所可以决定临时停市。证券交易所采取技术性停牌或者决定临时停市，必须及时报告国务院证券监督管理机构。

第四，对违规交易行为的查处。证券交易所应当保证其业务规则得到切实执行，对违反业务规则的行为要及时处理。对国家有关法律、法规、规章和政策中规定的有关证券交易的违法、违规行为，证券交易所负有发现、制止和上报的责任，并有权在职责范围内予以查处。

三、域外经验的借鉴

关于证券交易所及其所实施监管行为的性质，以及对证券交易所行为不服应当如何进行救济，美国、德国以及我国台湾地区的法律规定和司法实践已经进行了一些尝试，可以为我国证券交易所自律管理行为的司法救济提供一些经验。

(一) 美国[1]

1. 交易所是否属于行政主体的立场演变

(1) 将交易所看成行政主体时期。

在1970年前后,美国相关法院大多认为交易所实施的行政管理属于政府行为,交易所应当被认定为行政主体。

Harwell v. Growth Program, Inc. 案涉及全美证券商协会(NASD)的自律管理行为,对随后有关交易所主体性质的案件有重要的示范作用,一般被作为法院认定交易所行政主体地位的最早判例。该案中,NASD以第三人的身份参加诉讼,因为它与被告一起对作为被告职员的原告的违规行为进行处理。1970年,美国德克萨斯州西区地方法院对该案作出判决。

法院判决时,关注的是NASD在证券交易法中的地位及其与美国证券交易委员会的关系。法院指出,国会授权建立了NASD,因而它属于政府创办的管理机构,目的在于防止不正当和不公平的交易;国会赋予证券交易委员会广泛的权力,监督NASD的任何活动,包括规则的制定与执行。这意味着,NASD作为国会授权自律管理组织,在证券监督管理机构的监管下,成为一个准政府代理机构,并且有义务以上述身份推进和执行公正公平的市场规则。法院还强调,自律管理组织只有在与证券交易委员会协商并经过其明示批准后,才有权发布其规则。这类协商和批准,使证券交易委员会积极参与了自律管理组织规则解释的制定过程,所以规则的制定应该被认为是有效行使政府的合法授权。

基于上述立场和理由,法院认为NASD作为自律管理组织,其行为应当被归因于政府行为,判决其行为受宪法第五修正案的保护。

在随后的Intercontinental Industries Inc. v. American Stock Exchange

---

[1] 美国部分的介绍,主要参考卢文道:《证券交易所自律管理论》,北京大学出版社2008年版,第132~157页。

案（以下简称 Intercontinental 案）[1]中，第五巡回法院基于 1934 年《证券交易法》关于交易所的相关规定（交易所经证券交易委员会登记确立才能成立、规则要经证券交易委员会审批才能生效），并考察证券交易委员会的作用之后，认为尽管被告有权作出退市决定，且一般情况下，该行为属于交易所的私人行为，但基于交易所自律管理行为受证券交易委员会的实质性制约，以及被告在作出退市决定时受证券交易委员会的影响，其已"成为政府代理机构"。基于此，法院驳回了交易所极力主张的"我不是政府机构，因而对我没有宪法上的正当程序的要求"的观点，认定交易所实施退市决定的行为，已经属于宪法第五修正案正当程序规则的约束范围。

Intercontinental 案判决带来很大影响，其生效后的几个月，在 Crimmins v. American Stock Exchange[2]案中，审理此案的纽约南区法院的法官 Mac Mahon 在判决中进一步写下了一段后来被奉为经典的理由：证券交易所作为纯粹的自律组织的日子一去不复返，当政府将执行联邦证券法的权力授予交易所后，其原来的私人俱乐部的性质，便发生了根本性变化，当交易所按照《证券交易法》的授权对会员进行监管时，其监管就不再属于自律行为，而是政府行为。法院依据 Intercontinental 案确立的理由，支持了原告的主张，认为交易所的纪律处分措施，"只有在程序公正的情况下才可以被执行"。在后来的 Villian v. New York Stock Exchange 案中，原告要求法院裁决纽交所允许其在纪律处分听证中，委派律师，并允许其获得相关的材料。法院基于 Intercontinental 案，认为交易所的纪律处分属于政府行为，受宪法正当程序的约束。

---

[1] 该案原告系一家上市公司，被告美国证券交易所因其散布了关于公司自身的虚假信息，按照证券交易委员会要求，对其作出退市处理。原告起诉认为，被告作出决定时，没有向其提供正当程序的保护，要求法院裁决禁止被告执行退市决定。

[2] Crimmins 作为美国证券交易所会员，要求美国纽约州南部地区法院禁止交易所召开听证会，对其进行纪律处分。原告主张，在纪律处分听证会上，被告拒绝其委托律师参加，因而违反宪法第五修正案正当程序规则的要求。

（2）法院立场的转向。

但是，20世纪70年代以来，随着美国政府行为理论的变革，法院对交易所主体性质的立场，发生了根本性转变。转折性案件为1975年的 United State v. Solomon 案，其被认为终结了法院将自律管理组织的行为归因于政府行为的终首起判例。

该案并非直接针对交易所，但涉及纽交所向美国证券交易委员会提供其经由自律管理，获取的有关其会员的信息和证据的行为之性质。

该案中，纽交所向其一个会员公司的高管 Solomon，了解该公司财务异常和欺诈有关的信息，并要求其接受调查、提供信息。Solomon 提供了会员公司违反证券交易法及交易所财务准则方面的事实，并陈述自己卷入其中。这些信息传到证券交易委员会那里，证券交易委员会对 Solomon 提出了民事制裁诉讼，其中利用了其接受纽交所调查时提供的证据和信息。在案件审理中，原告认为其向纽交所提供信息，属于强制作证，若其不向纽交所提供信息，接受询问，将遭受处罚，从而违反了宪法第五修正案的禁止自证其罪原则。而且证券交易委员会参与了这个行为，并从中获益。基于此，Solomon 对证券交易委员会给他的定罪提出质疑。

与早期判例相反的是，本案中，法院反对被告主张的纽交所"在监督实施证券交易法的某些部分时，事实上是政府的手臂"之观点。理由一方面是，纽交所对 Solomon 的问询调查，不构成强迫。另一方面，也是更为重要的，纽交所不是证券交易委员会的代理人，而是为了自己的利益和职责，对 Solomon 进行询问，而且，纽交所对 Solomon 的问询调查，也不构成强迫。

自 Solomon 案以后，美国其他法院也得出类似的结论，认为不应将自律管理组织的行为归因于政府，"此后没有任何案例把证券交易所自律管理中执行联邦法律以及交易所业务规则的行为，归因于政府行为"。

2. 内部救济用尽原则

在美国，交易所享有广泛的自律管理权力，而会员是交易所最主要的监管对象。监管中，交易所对会员可以采取公开谴责、罚款、限制业务和取消会籍等纪律处分措施。这些措施，对会员的权利和利益构成了直接的限制，甚至带来根本性影响，因而经常遭受会员的挑战。向法院提起诉讼，要求司法审查，是最主要的挑战方式。实践中，出现了大量类似的案例。

就会员不服交易所监管和纪律处分而提起的诉讼，早期美国各地法院并不拒绝受理。1934年《证券交易法》，就交易所自律管理行为与司法审查之间的关系，没有作明确规定。实践中，法院仍倾向于直接介入被管理对象对交易所提出的诉讼。

但是，这一状况随着1975年《证券法修正案》的出台，而发生了根本性改变。对会员不服交易所纪律处分而提出的诉讼，法院在判例中逐渐确立了"内部救济用尽"原则，要求原告在起诉交易时，必须用尽证券法规定的可以利用的权利救济措施。1975年修正后的《证券交易法》第19节（d）~（f）规定，证券交易委员会有权复议交易所的纪律处分决定，目的在于督促交易所恰当行使自律管理权。依据规定，复议程序适用于交易所的各类会员或者与会员有关联的人员，如会员的雇员，交易所对上市公司及其关联人员采取的监管措施，不适用复议程序要求；复议所指向的决定，应当是交易所作出的终局纪律处分裁决。

内部救济用尽原则包括两层含义。其一，会员不服交易所的纪律处分决定，必须首先在交易所内部提出申诉，不经此程序，不得直接向证券交易委员会申请复议。其二，会员向法院起诉前，诉争事项必须已获得证券交易委员会的行政复议，对复议结果不服的，可起诉证券交易委员会，交易所作为案件第三人参诉。但是，对于就交易所的纪律处分等行为，提出经济损害赔偿之类的主张，无须遵守内部救济用尽原则，而可以直接向法院提起诉讼。

3. 民事责任绝对豁免原则

交易所自律管理中,必须执行法律或者自己的规则,制止、矫正并惩处市场违法违规行为,在这一过程中,交易所很容易成为被起诉的对象。在美国几个主要交易所自律管理发展史上,出现了大量会员、上市企业乃至投资者,以交易所的自律管理行为造成利益损害为由,要求承担损害赔偿之诉讼。

在长期的司法实践中,美国的法院基于交易所履行公共职责的属性,逐渐将之视为准政府机构,并将原本适用于政府机构的"民事责任绝对豁免原则"(Absolute Immunity from Cilvil Liability),适用于交易所的自律管理。依该原则,交易所在善意执行法律或者自己的规则,履行自律管理的公共职能中,即便给被管理者造成了利益损害,交易所及其管理人员无须承担契约或侵权之类的民事责任,主要是民事赔偿责任。这一原则,缓解了交易所的诉讼压力,使其在自律管理中,不至于因畏惧承担赔偿责任而裹足不前。

4. 默示民事诉权严格限制原则

在美国,默示民事诉权(Implied Private Right of Action),是当事人寻求权利救济的一项重要制度。在交易所自律管理发展史上,相关市场主体,特别是投资者,能否依据默示民事诉权,追究交易所不履行或不当履行监管职责之类的民事责任,始终是一个争论的焦点。

总体而言,法院在此问题上的立场,经历了由热情支持到严格限制的转变。如今,投资者等市场主体借助默示民事诉权,追究交易所民事责任之门,基本被关上了。探求美国法院在此问题上立场转变的脉络,为我们理解交易所自律管理的司法政策,提供了另外一个视角。

一般认为,在1946年 Kardon v. National Gypsum Co. 一案中,美国法院首次在证券法领域创设了默示民事诉权。在此后相当长的时间内,法院在确认该诉权时,都从是否与法律保护投资者利益之立法目标相一致的角度,阐述必要性和合理性。整体而言,法院对默示民事诉权采取了十分宽松的立场。

而 1975 年最高法院裁决的 Cort v. ash 案,改变了法院相对宽松的立场,标志着法院对交易所与投资者之间的诉讼案件所实行的司法政策转为严格限制。最高法院认为,在无法律明确规定时,赋予当事人默示民事诉权,应当考虑四项要素:(1)原告是否属于法律条款意欲保护的一类利益众多主体中的一员;(2)外显的立法意图,是否以明确或默许的方式,承认了这一诉权;(3)确立这样的权利,与法律背后的立法宗旨是否一致;(4)该诉权在传统上是否属于各州法律的管辖范围。在考虑上述四要素后,法院认为禁止向政治竞选捐款,仅仅是刑事责任条款,没有确立其他主体民事诉权之意图。

(二)德国

1. 德国的行政主体理论

在德国,行政主体是指在行政法上享有权利,承担义务,具有统治权并可设置机关以便行使,籍此实现行政任务的组织体。[1]首先,行政主体是具有权利能力与法律人格的组织体。权利能力与法律人格的概念大致相当,[2]是指能够成为法律规范的调整对象从而作为权利、义务主体的资格或地位。根据法人人格来自于私法或公法,法人分为公法人与私法人。[3]公法人[4]在德国是指根据公法

---

[1] 转引自吴庚:《行政法的理论与实用》,三民书局 1999 年版,第 151 页。

[2] (外部)权利能力与法律人格并非完全等同,因法律人格是权利义务的主体,权利能力是指能够作为权利义务主体资格的可能性。但学者在使用时一般并不加以严格的区分。

[3] 公法人的概念与私法人概念的区别不仅体现在其设定依据之不同,更重要的区别在于私法人主要着眼于从财产的角度加以限定,即要有自己的独立财产,并以其承担财产上的责任。而公法人固然有此方面的意蕴,但其在公法上的功能则不限于此,即公法人意味着该组织是统治权的主体能够以自己的名义承担公权利与公义务。

[4] 同是作为从权利能力角度对公法领域中部分组织的概括,行政主体与公法人二者的内涵与外延大体相当,但有如下几点重要差异:(1)公法人具有完全的权利能力,而行政主体则并不要求其具有完全的权利能力,具有部分权利能力的公法组织亦可为行政主体。(2)行政主体着眼的是统治权作用形式中的行政权,所以作为公法人的国家只有强调其具有行政权才可称为行政主体,否则只能称为公法人。(3)私人(自然人与法人)在某些特殊情况下也有可能成为行政主体即所谓被授权人。

创设的具有完全权利能力的组织体，包括国家（联邦与州）、地方自治组织及其他具有法人地位的公法团体、公法财团与公营造物等。其次，行政主体为统治权主体。行政法学中的行政主体概念所要探讨者为行政的本源，即"行政所由出的主体"。最后，行政主体概念的重心在于行政权。行政主体概念外延与公法人的概念大体一致。国家活动不仅限于权力活动，由于服务行政的发展，国家还实施非权力行政。德国行政主体的类型见下图：

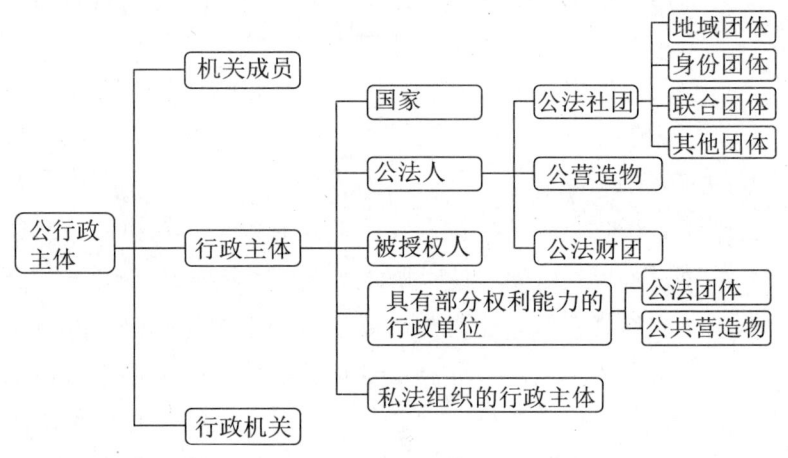

2. 德国证券交易所的法律地位

（1）证交所是具有部分权利能力的公营造物。

《德意志联邦共和国交易所法》（以下简称《交易所法》）第2条对"交易所"的概念首次以法律明确定义："交易所是具有部分权利能力的公共机构，它根据本法的规定管理和监管多边交易系统，多数有买卖意向的成员在此系统内依照既有规定买卖获准交易的权利和商品，这些系统通过签订关于这些交易产品买卖合同的方式，来集合他们的买卖意向，或者促成他们集合该意向。"

将交易所定位为公共机构（也有人将此翻译为"公营造物""公法设施"），与德国证券交易法学界长期以来的多数见解相符。《交易所法》第4条第1项规定，设立交易所必须得到交易所监督机关的书面许可，根据同条第 3 项列举的不应许可事由，许可与否主要取决于申请者是否具备"可信赖性"以及必要专业知识能力，这与营业法上营业许可之核心要件并无二致。

公营造物，是指为持续履行特定的公共目的，所成立的一个结合人与物的组织体，是具有法律上的主体性和权利能力的非社团组织。公营造物在独立性上有差异，有的有权利能力，是公法人，是独立的行政主体；有的则没有权利能力，[1]虽然在组织上相对独立，但是法律上属于其他行政主体的组成部分；有的则具有部分权利能力。公营造物是行政分权的产物，与自治原则无关。公营造物的特点：①非社团的组织体。[2]②服务性的机构。[3]③主要目的在于提供特殊的服务，为特定目的而存在。[4]④公营造物强调的是其与使用者间的关系，包括公法关系和私法关系。[5]

根据《交易所法》第 2 条的规定，证券交易所就属于"有部分权利能力的公营造物"。凡属法律规范的调整对象，从而能够成为权利义务主体的人，即具有权利能力。所谓部分权利能力，是指某一个组织只在特定权利领域内或者只就特定的法律规范享有权利能力，

---

[1] 德国的公营造物还有完全不具有权利能力者，其乃是基于特别需要或者技术上的原因，在组织上独立于行政机关之外成为一个特别的单位，但是在法律上不具有独立性，是设立之行政主体的一部分。比如地方县市设立的学校、医院、博物馆及公共墓地等。此类公营造物在法律上不能以自己的名义作为权利义务的主体。在我国台湾地区，由于法律上取得公法人地位相当困难，所以公营造物一般为无权利能力，比如邮局、港口、公立学校、博物馆、图书馆、公立医院及公立殡仪馆等。

[2] 营造物与公共社团的区别在于，营造物与使用者存在着利用关系。使用者不具有参与执行营造物任务的权利，仅为其组织目的下的客体而已，反之，公法社团则是一种成员关系，作为众多成员组成的组织体公法社团的形成与运作，成员均具有实际的参与权。

[3] 不能取代正式作成决策并发号施令的科层制行政机关，其与作为其母体的行政机关间存在既独立又分工、既合作又对抗的关系。

[4] 所提供的服务包罗甚广，涉及科研、科技协助、教育、民生服务与经济等，并包括军队、看守所、感化院及监狱等机构。

[5] 公共营造物的公共性是从组织上而言的，作为公法机构，其内部结构及其与设置主体间的关系应依公法判断，但从行为法上，虽其任务的执行大多采用公法的手段，但亦常常运用私法方式提供服务，此时应遵循私法的规则。

而不享有一般的权利能力。这种组织只能在法律为其设定的部分权利领域内自主活动,不是一个具有完全权利能力的法人,而是具有部分权利能力的主体。[1]

在公营造物与使用者之间的关系问题上,起初二者之间构成特别权力关系,适用司法豁免,近来特别权力关系理论遭到抛弃。营造物产生于19世纪自由法治国时期,当时所成立的营造物如监狱、学校等,其利用关系多半带有强制性的高权色彩。当时设立公营造物的目的主要是为避免法律保留原则的拘束,使得行政机关能够在高度自由下完成行政任务。这些营造物可以制定规则来规范使用者,并且对使用者还拥有一定的惩戒权,司法机关对其内部争讼没有管辖权,故而传统上将其纳入特别权力关系的范畴。随着国家任务的不断扩充,国家承担了大量的服务行政任务,对于其中具有特殊性与技术性的任务国家亦采用公营造物的组织形式来执行这些任务,其中最明显的是在国营企业的范围内,如邮政、银行、铁路、公路与水电事业等。二战以后,随着德国民主理念、人权观念的张扬,传统行政法学中的特别权力关系理论因其保守性在整体上遭到越来越多的批评,但由于这一领域在客观性质上所具有的特殊性,保留一定的特殊规则还是有必要的。因此德国学术界与司法实务分别发展出区分基础关系与经营关系的理论(乌勒)及重要性理论(联邦宪法法院),以限制特别权力关系的适用范围。在概念上则有提出特别权利关系、特别地位关系等多种主张以取代特别权力关系的提法。但对公营造物的利用关系,近来学者则愈益主张其不再属于特别权力关系的运用范围,因其容易牺牲所有人的基本权利,所有人作为公民仍应具有独立权利,而非一旦使用营造物即成为营造物内部管理的客体。

---

[1] [德]哈特穆特·毛雷尔著,高家伟译:《行政法学总论》,法律出版社2000年版,第499页。

(2) 证交所的"交易监控单位"义务。

除了国家机关的监督,《交易所法》(第 7 条)延续 1994 年《次级金融发行市场法案》(Second Financial Promotion Act)通过后课予交易所设置的"交易监控单位"的义务,共同执行交易所监督。"交易监控单位"的地位介于外部国家监督与自治行政之间,执行监控时一方面受交易所监督机关指挥、一方面具有一定的自主决定空间,主要权限为收集数据、进行必要的调查(《交易所法》第 7 条)。在德国法制上,与"交易所监督"在概念上应予以区别的是"证券交易监督"。同样地,自《次级金融发行市场法案》通过后,证券交易活动渐渐不是以交易所自治自律的方式进行监督。在过去自治行政的传统下,国家仅控制交易所之行为是否合法,此后则由监督机关执行广泛的证券交易监督,其以确保金融市场之透明性与公平正义、同时保障投资人权益为目标,监督事项主要是内线交易、市场操控以及重大信息之揭露。

(3) 交易所运营主体——兼具公、私法性质的营利事业法人。

交易所作为行使公权力、执行行政任务的"公营造物",与市场参与者间法律关系为公法性质。[1]在证交所进行交易的证券商与交易所的关系,也因为公营造物这项组织定位选择,并非(如公法社团法人)会员与法人的关系。因此,仅具有部分权利能力之交易所除法律赋予之权限外,在私法上无法从事法律行为,而必须由一权利主体作为其权利义务的归属主体,此即《交易所法》第 5 条规范的"交易所营运主体"。交易所营运主体通常以营利事业法人(公司)形态出现,并由其向交易所监督机关提出设立交易所之申请。学理上认为,该申请之许可也含有将交易所营运之公共任务授与营运主体的意义,亦即"公权力授与"。被授与者因此拥有权限执行前述维持交易所适法营运之公权力,亦负有以相当的人员、物质、财

---

〔1〕 例如"交易所业务执行处"许可人员或公司于交易所进行交易之决定(交易所法第 19 条第 1 项)构成行政处分。

产资源设置交易所之义务。

3. 诉讼

在德国，公私法的划分是行政主体概念确立的一个重要基础。与政治国家与市民社会的分离相适应，公私法的划分在近现代大陆法系法学中有着重要的地位。公法的理念在于控制公权力，而私法的精神在于保障私人权利。关于公法和私法区分标准的学说有：利益说[1]、隶属说[2]与主体说[3]等。但没有任何一种学说可以完全解决公法和私法区分上的困难，甚至认为关于区分标准的学说的实践意义不大，[4]但是公法和私法的区分本身作为对法律体系的最基本的分类，在实践中极为重要并且具有基础性地位。从诉讼管辖上来说，私法纠纷由普通法院管辖，适用民事诉讼法，公法上的纠纷通常由行政法院管辖，适用行政诉讼法。从实体法上说，私法上的决定以私法自治和所有人自由为两大支柱，私法上行为的动机问题不受法律的约束，私权主体无须说明其理由为正当，只有权利滥用情形下才属例外。

公营造物与利用者之间的关系取决于公营造物的身份和地位。如果公营造物以公务实施者的身份出现，那么，与利用者之间的关

---

[1] 利益说难以解释私法中的服务于公共利益的，比如竞争法、保护交易安全的制度、不动产登记制度、劳动法以及租赁制度中的一些规定，而公法也会牵涉私人利益，比如社会保障立法和关于个人起诉权的规定。

[2] 隶属说的问题在于，私法中比如亲权关系涉及的是父母和子女之间的隶属（服从）关系，私法上的社团与社员之间的关系也有隶属性质，而公法上也存在平等关系，比如互不隶属的地方政府之间的协议。

[3] 主体说之下，公权主体是否以公权主体的身份参加法律关系，并非绝对没有疑问，比如国家为学生提供助学贷款，到底是签订私法意义上的借款合同，还是国家为了达成行政任务的公法行为。

[4] 因为，一个法律规范到底属于公法还是私法通常没有什么争议（只有少数案件会出现某个法律规范属于公法还是私法的疑问），困难是一个具体的案件到底应当适用哪个法律规范，可能存在疑义。绝大多数案件所可以直接适用的法律如果是公法，争议当然属于公法性质。难题主要在于，对于一个具体案件没有可供直接适用的法律规范，或者公法规范和私法规范都可以适用，而二者有冲突。此时的考虑因素，区分的各种理论的作用不大，而需要考虑更多的关联点，尤其是行政活动的目的。

系属公法上的关系,即行政法律关系。

(1) 公营造物实施公务时与其利用者之间法律关系的分类。①根据利用关系是否出于公务法人的强制,可将其分为任意利用[1]与强制利用[2]。②根据公营造物与利用者之间关系的内容,又可以将其分为一般权利关系[3]与特别权利关系[4]。

(2) 特别权力关系。特别权力关系中当事人关系的不平等特别严重,与一般的权力关系有程度上的不同。①义务的不确定性。[5] ②特别权力主体可以以内部规则的方式限制他方基本权利。对这种限制相对人有忍受的义务,缺乏法律救济途径。

(3) 重要性理论——对特别权力关系的批判与保留、改造与发展。在德国,理论界提出了区分特别权力关系的设想:一种是把特别权力关系分为基础关系[6]与管理关系[7];还有一种是把特别权

---

[1] 前者是指"其利用与否,在于利用人之自由意思",如公法契约就是这种情况。

[2] 后者是指"行政主体为使营造物发挥其效用计,有时依法律,科私人以利用之义务。而私人有特定之情事时,即须利用其营造物,否则行政主体得以处罚或行政上之强制方法而强制之。"如将患传染病之人,送至传染病医院或隔离病房。在义务教育中,强制家长将学生送至小学等均属强制利用。

[3] 指由公法直接规定公法上的一般义务,公民在履行此等义务,如服从法律的义务、服兵役的义务、金钱给付等义务时与国家行政机关或公务法人之间形成的关系为一般权利关系。

[4] 公民与国家或公务法人之间因特别的义务而形成的权力服从关系。如因义务教育法律规定入学,成为公立学校学生。依照传染病防治法律而强迫进入公立医院成为病人。或因自愿,公民担任公务员,进入公立学校读书,自愿使用公立图书馆、到公立医院接受治疗、参观博物馆或因法院判决入狱服刑成为犯人,这些关系均属特别权力关系。

[5] 公务法人对其成员和利用者享有特别的支配权力,只要是为了达到行为目的,允许特别权力人(公务法人)为对方设定各种义务。如公立学校对学生所作的纪律规定,医院限制病人的行动自由,机关指派公务员担任任何性质的职务。

[6] 对涉及基础关系的决定,即公务员、军人与学生的身份资格的取得、丧失及降级等决定,可以视为可诉行政行为。

[7] 对于管理关系,如特别权力人对军人、公务员、学生的服装、仪表规定及作息时间规定,宿舍规则,属于行政规则,不视为行政处分,不能提起诉讼,也不必遵循严格的法律保留原则。

力关系区分为重要性关系[1]与非重要性关系。重要性理论是对特别权力关系理论的重大发展，一方面，它承认了行政机关及公务法人与其成员或利用者之间的关系仍有别于普通的行政法律关系，不能完全适用法律保留原则。仍有必要赋予特别权力人（公营造物、机关）一定的管理与命令权力，这是维持公务法人正常运作的基础。另一方面，它摒弃了特别权力关系排除司法救济的传统观念，承认在特别权力关系中，只要涉及人民基本权利的重要事项，均应由立法规定，也均可寻求法律救济。[2]

《德意志联邦共和国交易所法》第2条第（4）项规定，在行政诉讼程序中，交易所可以以自己的名义起诉与被诉。

（三）我国台湾地区

根据我国台湾地区"证券交易法"（以下简称"证交法"）第3条规定，证券交易的主管机关为"行政院金融监督管理委员会"。然而在实务运作上，因受限于主管机关人力、物力之不足，有若干任务便由证券交易所实际执行。根据"证交法"的规定和台湾证券交易所章程的规定，证券交易所在组织上是公司制，证券交易所与参与市场者签订"供给使用有价证券交易集中交易市场契约"。同时，并可依其章则作成各项处理决定，有些处理决定与具有强制力的行政行为相类似。关于台湾证券交易所的法律地位以及交易所监管行为的救济途径，理论界长期存在争议，司法实务中也有不同的见解。

1. 我国台湾地区的证券交易所

我国台湾地区"证交法"第11条规定：本法所称证券交易所，谓依本法之规定，设置场所及设备，以供给有价证券集中交易市场

---

[1] 即只要涉及人民基本权利的重要事项，不论是干涉行政还是服务行政，必须由立法者以立法的方式而不能让行政权自行决定。因此，即使在管理关系中，如果涉及人权的重要事项，必须由法律规定。

[2] 当然，从抽象意义上解释这一理论并不困难，问题在于如何界定特别权力关系中行为的重要性？例如，监狱利用内部规则限制服刑人员的通讯自由是否属于重要事项？学校开除学生或劝其退学与学校决定学生留级或评分错误哪类更重要？对公务员记大过处分是否属于重要事项？凡此种种问题，皆需明白清楚的司法解释或立法予以界定。

为目的之法人。台湾地区证券交易所（以下简称证交所）于1962年2月9日正式开业。

"证交法"第五章对于证交所的组织形态设有会员制与公司制两种，并沿用至今，但我国台湾地区在发展证券市场初期，是确定先以公司制作为证交所组织形态的选择。证交所中的最高决策机构为股东大会，下设有董事会。公司制证券交易所之董事、监察人至少应有三分之一，由主管机关指派非股东之有关专家任之。

我国台湾地区证交所不仅能够提供证券买卖所需要的场所及设备，经由法律授权或契约之约定，证交所藉由订定或修正上市标准，影响公司治理的内涵，并且对于证券商、上市公司及其他市场参与机构，均拥有广泛之管理权，因而直接影响其日常营运。依我国台湾地区现行"证交法"规定，证交所的主要权限如下：

（1）审查公司的上市、停止上市及终止下市之权限。上市公司依契约规定，应遵守证交所订定的各项规则及办法，例如："证交法"第141条规定，证券交易所应与上市有价证券之公司订立有价证券上市契约，其内容不得抵触上市契约准则之规定，并应申报主管机关核准。"证交法"第142条规定，发行人发行之有价证券，非于其上市契约经前条之核准，不得于证券交易所之有价证券集中交易市场为买卖。因此，实质上，依契约内容上市公司需要遵守契约并且接受证交所的监督管理。此外，"证交法"第156条、第157条规定，证交所得依法令或上市契约的规定，命令停止上市有价证券全部或一部买卖；"证交法"第144条亦规定，证交所报请主管机关核准者，并得终止有价证券上市。

（2）审查证券经纪商及自营商资格之权限。"证交法"第129条规定，在公司制证券交易所交易之证券经纪商或证券自营商，应由交易所与其订立"台湾证券交易所股份有限公司供给使用有价证券集中市场契约"（以下简称使用市场契约），并检同相关资料，申报主管机关核备。因此，证券商依契约内容等规定，亦应遵守证交所的各项章则及办法，同样地亦受证交所之监督管理。

（3）订定市场规范，以管理、惩处证券商、上市公司之权限。依"证交法"第138条第1项规定，证券交易所除分别订立各项准则外，应在其业务规则或营业细则中，将以下各款事项详细订立在内：①有价证券之上市。②有价证券集中交易市场之使用。③证券经纪商或证券自营商之买卖受托。④市场集会之开闭与停止。⑤买卖种类。⑥证券自营商或证券经纪商间进行买卖有价证券之程序，及买卖契约成立之方法。⑦买卖单位。⑧价格升降单位及幅度。⑨结算及交割日期与方法。⑩买卖有价证券之委托数量、价格、撮合成交情形等交易资讯之即时揭露。⑪其他有关买卖之事项。因此，可于证交所之业务规则或营业细则中订定市场规范，来作为管理相关业者之标准，若有违反其规定，证交所可施以处罚。

2. 有关证券交易所法律地位的理论争议

证交所于证券市场之管理，主要以证交所与证券商"签订使用契约"的方式，再辅以管理规则之制定，进行管理证券集中市场之秩序。[1]关于证券交易所的法律地位，学说上有不同见解：

观点一：证券交易所为营利私法人。"台湾证券交易所股份有限公司章程"第2条明文规定："本公司遵照证券法及公司法规定组织之，并分别呈请主管机关许可及登记"。可见，证交所系依"证交法"及"公司法"两种私法规范所设立。又依"证交法"第124条规定，公司制证券交易所之组织，以股份有限公司为限。因此，证交所当属私法人中之社团法人。又依"公司法"第1条规定，"本法所称公司，谓以营利为目的，依照本法组织、登记、成立之社团法人"，既然证交所属于股份有限公司，则当以营利为目的，而其对参与集中交易市场人之监督、管理行为，属双方当事人合意所订定之私法契约行为，与公法行政无涉。[2]

---

[1] 赖英照："证券交易法修正草案之评析（下）"，载《法官协会杂志》2000年第1期。

[2] 张宏铭："台湾证券交易所监理行为之探讨"，台北大学法律学系2008年硕士学位论文。

观点二：委托行使公权力之团体。随着民众对于公部门的期望与要求日趋复杂、扩大，公部门的服务渐显不足，该不足之处便须借以私部门的多样性来加以补足。[1]于是我国台湾地区便继受德国的公权力委托制度。所谓公权力委托，是指行政机关委托私人或私人团体执行任务，其中包括管辖权之移转，受托人以自己的名义对外执行，并且受托人于受托范围内取得行政机关之地位。证交所虽为私法人，然在有法规授权依据时，主管机关可以将公权力的一部分委托给证交所来行使。因此，证交所应是受托行使公权力之团体。[2]证交所系属由法律在特定范围内授予行使公权力，在证券集中市场处理授权事项范围内之事务时，依"行政程序法"第2条第三项视为行政机关。[3]

观点三：国营事业。此概念与公营事业一词类似，系指政府所拥有财产权或拥有主要经营权的企业，其既然称为企业，那么系在经济领域下运作，与属于社会力之非政府部门的组织（不论其为社团法人性质或财团法人，而且不论其系纯粹民间经营或局部由政府捐资成立），而有所不同。依据我国台湾地区"国营事业管理法"第3条第1项第3款及"公营事业移转民营条例"第3条第1款之规定，公营事业系指三种：第一，各级政府独资或合营者；第二，政府与人民合资经营者，且政府资本超过50%；第三，政府与前二款公营事业或前二款公营事业投资于其他事业，其投资之资本合计超过该投资事业资本50%者。从证交所的股份情况看来，政府资本并未超过50%，但根据"证交法"第126条第2款规定，公司制证券交易所之董事、检查人至少应有三分之一，由主管机关指派非股东之有关专家任之，说明政府实际上对证交所掌握有重要的人事权，

---

[1] 张文郁："行政委托（公权力之委托行使）"，载《台湾本土法学》第41期。

[2] 陈诺桦："论证券交易所对证券商管制行为之性质"，载《学员法学研究报告》第48期。

[3] 林金荣：" '最高行政法院'九十年度裁字第796号裁定评释——证交所于证券集中市场管理行为之研究"，载《台湾本土法学》2002年第6期。

另外主管机关对证交所还享有对其业务及财务上的监督管理权,及对其订立之各项章则享有核查权及变更权。综合而言,证交所外观上虽属一般股份有限公司的形态,本质上却应属于国营事业。

观点四:证交所之行为应包含多种样态,若干行为属单纯私法行为,若干行为则类似于公权力行为。至于哪些行为属于公权力行为,也有不同的主张。有观点认为,证交所收取相对人应缴纳金额的行为以及证交所其他规范之行为,属于单纯私法行为;证交所对资格进行认定的行为,对市场使用相对人的处分行为,应当属于行政处分。主要的理由是,证交所若干行为虽非行政处分之外观。却富有强大之拘束力,如同行政机关所为之高权公权力行为,这些行为使其受处分之相对人无拒绝的余地,不可一味将其视为单纯私法行为。[1]另有观点认为,证交所的管理与处罚有实质上的公权力,特别是行政检查[2]和行政处罚行为。[3]还有观点认为,证交所的证券管理行为属于行使公权力之公法行为。具体而言,证交所对券商的管理行为包含有高度强制性的行政检查行为和行政制裁[4]行为,证交所对公司上市与终止上市的管理行为属公权力行为。[5]

3. 证券交易所法律地位的实务见解

关于证券交易所的法律地位,在个别行政案件和民事案件中有所涉及,法院也逐渐形成了一些观点。

---

[1] 鲁佩仪:"台湾证券交易所之法律地位与职权之研究",中正大学2011年硕士学位论文。

[2] 行政检查,为行政主体以收集、查察、验证相关事实与材料为目的,就个别具体事件,针对特定人民,行使公权力之事实行为。陈春生:"事实行为",载翁岳生主编:《行政法(下)》,中国法制出版社2000年版,第773页。

[3] 苏玫洁:"台湾证券交易所法律地位之研究",世新大学2009年硕士学位论文。

[4] 所谓行政制裁,为维持行政上之秩序,达成国家行政之目的,对违反行政上义务者,所科之制裁,又可称为行政罚或秩序罚。洪家殷:"行政制裁",载翁岳生主编:《行政法(下)》,中国法制出版社2000年版,第700页。

[5] 林金荣:"证券市场管理行为性质及其争议解决机制之研究",载《玄奘法律学报》第2期。

(1) 营利私法人说。

根据"证交法"第 56 条规定,主管机关发现证券商之董事、监察人及受雇人,有违背本法或其他有关法令之行为,足以影响证券业务之正常执行者,除得随时命令该证券商停止其一年以下业务之执行或解除其职务外,并得视其情节之轻重,对证券商处以第 66 条所定之处分。第 66 条规定:"证券商违反本法或依本法所发布之命令者,除依本法处罚外,主管机关并得视情节之轻重,为下列处分:①警告。②命令该证券商解除其董事、监察人或经理人职务。③对公司或分支机构就其所营业务之全部或一部为六个月以内之停业。④对公司或分支机构营业许可之撤销。""证券交易所营业细则"第 144 条规定:"对证券商之受雇人违反台湾证券交易所章程、营业细则、受托契约准则或者其他章则、办法、公告、通函等有关规定者,得视情节轻重,径行通知证券商予以警告,或暂停其执行职务一个月至六个月之处置。"

实践中常见的情形是,证交所针对证券商作出决定,要求证券商对其受雇人暂停执行职务或者解除职务,与此同时证券主管机关也会作出行政处分决定。证券商的受雇人往往对证券主管机关的行政处分决定不服,提起行政诉讼,并在诉讼中主张证券主管机关的行政处分决定违反"一事不二罚原则",要求法院撤销此行政处分。"最高行政法院"2001 年度裁字第 796 号[1]、台北高等行政法院

---

[1] 原告王某于 1998 年 9 月 28 日向财政部陈情,以被告证期会未亲自调查处理其于 1998 年 4 月间检举台证综合证券股份有限公司(简称台证证券公司)松山分公司任用不具业务人员资格条件者从事受托买卖有价证券业务及编造委托买卖成交单等案。经该部交由证交所办理。证期会协同证交所人员赴台证证券公司查核结果,发现台证证券公司部分业务员有未查证客户苏某所提示资力证明有无他项权利设定、遂以评估其投资能力,未与客户开立受托买卖账户满六个月即接受其开立信用交易账户,接受客户电话委托买卖股票时填写委托书内容与实际接单情形不符等情况,证交所乃于 1998 年 12 月 30 日台证(87)交字第 43013 号函请台证证券公司依相关规定注意、改善,并对各该业务员予以警告、暂停执行业务处分。

2002年度诉字第1525号判决[1]、"最高行政法院"2003年度判字第1309号判决[2]、"最高行政法院"2005年度判字第162号判决[3]及台北高等行政法院2008年度诉字第3221号判决[4]均属于此种情形。

在上述判决和裁定中,"最高行政法院"和高等行政法院一致认为:首先,台湾证券交易所系为股份有限公司组织之法人,并非行政机关,其所为之决定或处置,其性质均非行政处分。正如"最高行政法院"在2001年度裁字第796号中所指出的:"证交所为依

---

[1] 原告是大府城证券股份有限公司(简称大府城证券公司)台北分公司之高级业务员,其受雇于大顺证券股份有限公司(简称大顺证券公司)期间,是该公司业务员吴某的助理业务员,登记担任职务为"其他",涉嫌明知证券商之业务人员依规定不得与客户为借贷款项之媒介、不得以他人或亲属名义供客户买卖有价证券、不得代客户保管有价证券、款项、印鉴或存折,及证券商之智利业务员不得执行业务员业务等情况,自1996年4~5月间为投资人张某受托买卖股票,并提供母亲杨某之户头供张某买卖股票,且为张某与吴某之间借款媒介,于1996年6月由吴某汇款至原告户头,被告证交所以2001年11月13日台财证(二)字第006057号处分书,命令大府城证券公司解除原告职务,追溯至1998年12月23日起解除职务,并将执行情形报备。原告向台北高等行政法院提起行政诉讼。

[2] 大华证券股份有限公司(简称大华证券公司)经理甲,于其担任大华证券公司大安分公司经理期间,因所属营业员共同媒介借贷款项供客户办理股票交割,违反规定,遭证期会发函令大华证券公司解除甲的职务。而我国台湾地区证交所对同一事件,函请大华证券公司对上诉人暂停执行职务6个月。甲主张证期会及证交所对同一行为皆作出处罚,违反一事不二罚之法律原则。

[3] 投资人检举台育综合证券股份有限公司(简称台育证券公司)永和、古亭分公司涉嫌违规聘雇无照营业员从事接单与代客户操盘业务,经证交所派员查核,查得王某并不具备担任证券公司业务员之资格,且有违法买卖股票行为,证交所于1999年3月22日函台育证券撤销王某业务人员之登记。后大府城于1999年8月雇佣王某。证期会以2000年6月26日(89)台财证(2)第02085号函命令大府城证券解除王某职务,并限文到10日内解除报会,同时给予大府城公司警告处分。王某提起行政诉讼。

[4] 原告陈某前任职于协和证券股份有限公司(简称协和证券公司)南京分公司期间,应客户唐某要求,于1998年9月间提供其亲属及他人之信用交易账户,供唐某融资买进股票使用,违反行为时证券商负责人及业务人员管理规则第16条第2项第8款规定,影响证券业务之正常执行。金管会依据"证交法"第56条规定,以2008年6月12日金管证二字第0970028205号裁处书,命令原告任职之群益证券公司解除其职务。原告指出,在1998年10月17日,因同一事件,遭我国台湾地区证交所函请协和证券公司暂停原告执行业务一个月。时隔十年,被告又对原告做出解除职务之处分,有违"一行为不二罚原则"。

'证交法'第 124 条设定的公司,而其营业细则是依据同法第 138 条制定,系由法律直接规定赋予之权力,足认我国台湾地区证交所为公司组织并非受证期会委托执行公权力之机关。"其次,证券商使用证交所之证券集中交易市场,须与证交所订立"台湾证券交易所股份有限公司供给有价证券集中交易市场契约",约定在契约之有效期间内,有遵守证交所章则及公告事项之义务。证券商受雇人违反证交所契约约定事项,系证交所基于"契约关系",依其营业细则执行之处置措施,系私法性质。因此,证交所依据"证交所营业细则"第 144 条规定所为之处置,系私法性质,与证期会依"证交法"第56 条之命令该证券商解除董事、监察人及受雇人职务规定,系属违反秩序罚之行政处分,规范之种类相异,尚无一事不二罚原则的适用。

(2) 行政委托受托人说。

士林地方法院在 2001 年度诉字第 16 号民事判决[1]中认为,按"受托行使公权力之个人或团体,于委托范围内,视为行政机关。'行政程序法'第 2 条第 3 款定有明文。查证交所之成立及组织系依'证交法'第五章第一节及第三节之规定,'证交法'第 138 条第 1款并授权证交所得分别订定各项准则,及于其营业细则中规定证券经纪商间进行买卖有价证券之程序等。是证交所系属受委托行使公权力之团体,在其受托范围内即有价证券集中交易市场之业务内,视为行政机关,其所订定之法规为行政命令。原告主张证交所非公法人,系争证交所营业细则非法律亦非法规命令云云,显属无据。"

在两个涉及股票终止上市的案件中,法院也采纳了行政委托受

---

[1] 原告为宝来证券商的客户,主张宝来证券商某职员,利用公司职务的机会,在证券商贵宾室专供客户使用的专线电话进行录音,窃听原告与家人及亲友的谈话,侵害其隐私权,起诉要求被告宝来证券商登报道歉并赔偿损害。被告主张装置录音设备系依"证交所营业细则"第 80 条第 4 项之规定,目的系将客户委托买卖证券的电话留存记录,避免事后争议。

托人说。"最高法院"在2001年台上字第2367号民事判决[1]中废弃了原审高等法院认定证交所以上市契约约束上市公司，系单纯私法行为之见解，[2]认为可能有公权力介入之情形而发回再审，并认为不可忽略主管机关公权力介入"核准"的公益因素。"最高法院"认为有价证券的上市及终止上市，不仅涉及发行有价证券之公司的权益，而且与社会大众之公共利益相关。根据"证交法"的有关规定，有价证券的上市及终止上市，依法应由有价证券之主管机关以公权力介入，主管机关的核准行为为行政处分，得依法提起行政救济。

"最高行政法院"在2004年度判字第510号判决[3]中认为，应就特定之具体事件所为发生公法上效果之单方行政行为之意思而为之行政处分。有价证券之上市及终止上市，不仅涉及发行有价证券公司之利益，而且与社会大众之公共利益相关。法院认为，"证交法"第141条规定，证券交易所与上市有价证券之公司订立之有价证券上市契约，其内容不得抵触上市契约准则之规定，并应报请主管机关备查。第142条规定，发行人公开发行之有价证券于发行人与证券交易所订立有价证券上市契约后，始得于证券交易所之有价证券集中交易市场为买卖。第144条规定，证券交易所得依法令或上市契约之规定终止有价证券上市，并应报请主管机关备查。第145条第1款规定，于证券交易所上市之有价证券，其发行人得依上市契约申请终止上市。可见，有价证券之上市及终止上市，依法应由有价证券之主管机关以公权力介入，很难谓系单纯的商业交易法律关系。

---

[1] 欣凯企业股份有限公司（简称欣凯公司）于1993年4月27日向我国台湾地区证交所申请股票上市，经证交所董监事联席会议决议后，报请当时财政部证券管理委员会于1993年12月7日核准。后证交所依据投资人的检举，查证凯欣企业确有"有价证券上市审查准则"第9条第一项第15款之情形，及违背其所出具声明书之事实，依规定，报请证管会核准终止凯欣公司股票上市。

[2] 我国台湾地区高等法院1998年度上更字第192号。

[3] 本案案情同"最高法院"在2001年台上字第2367号民事判决。

综上而言，法院似乎想在公法与私法之间做出划分，再给证交所一个明确的界定。此方法与学者间对于证交所究竟系依其组织形式为股份有限公司，故属于营利私法人，或应由管理证券市场之实质功能而认定证交所是受托行使公权力之争辩，显为同一脉络。

4. 证交所监管行为的法律救济途径

"证交法"第166条规定，依本法所为有价证券交易所生之争议，当事人得依约定进行仲裁。但证券商与证券交易所或证券商相互间，不论当事人间有无订立仲裁契约，均应进行仲裁。可见，"证交法"在证券交易所所生争议之解决上采取了仲裁的方式。探究当时的立法缘由，是因为基于外国法的立法趋势[1]，加之证券市场本身即具有高度的专业性及特殊性，由专业的仲裁人组成专业的仲裁庭以仲裁方式解决证券交易争议，具有专业迅速且能兼顾各方权益之优点，因此采取仲裁制度解决证券交易争议。[2]

有学者认为，"证交法"第166条规定得以仲裁解决"证券交易所生之争议"范围应仅限于"证券交易"所生之私法性质的争议。而对于证券上市、终止上市等相关证券市场管理权限问题，该等有关公权力及政策面问题，本质上违反仲裁容许性之事项，不得视为因证券交易所生之争议而为仲裁之标的。[3]

关于争议问题审判权之归属，我国台湾地区"司法院"大法官会议曾做出释字第466号解释："诉讼救济究应循普通诉讼程序抑或行政诉讼程序为之，则由立法机关依职权衡酌诉讼案件之性质及既有诉讼制度之功能等而为设计。关于民事诉讼与行政诉讼之审判，依现行法律之规定，分由不同性质之法院审理，系采二元诉讼制度。除法律别有规定外，关于因司法关系所生之争执，由普通法院审判；

---

[1] 吴光明：《证券交易争议之仲裁》，台北蔚理出版社1998年版，第7页。
[2] 林金荣："证券市场管理行为性质及其争议解决机制之研究"，载《玄奘法律学报》第2期。
[3] 林金荣："证券市场管理行为性质及其争议解决机制之研究"，载《玄奘法律学报》第2期。

因公法关系所生之争议,则由行政法院审判之。"

从法院裁判的立场来看,并未受限于"证交法"第166条以仲裁解决"证券交易所生之争议"的规定,而是在区分公法和私法的基础上,认为属于私法性质的争议,相对人应提起民事诉讼或者申请仲裁;认为属于公权力行为的,例如因有价证券之上市及终止上市所引发争议,相对人可以申请诉愿或者提起行政诉讼。

四、功能性自治行政视角下的证券交易所

(一) 功能性自治行政

国家统治权的行使,有时为因地制宜或因事制宜之必要,而需另以自治行政之形态来达成。自治行政具有以下功能:首先,自治行政可以促进民主,因为自治团体"小众寡民",实施直接民主的可能性较国家层次为高。其次,自治行政可以减轻国家机关之负担,因为国家由原来的执行者,转变为监督者。最后,自治行政可以提高行政效能,改善决策的品质,提高行政决策的准确度。

自治行政有两种意义:政治上的自治行政和法律上的自治行政。政治上的自治行政系指人民以名誉职的身份对公共事务的参与。所谓名誉职,以相对于职业文官系统而言。法律上的自治行政是一种特定之公共行政组织形态,亦即独立于国家法人之外之公法行政主体,在国家之监督下,自主地实现特定行政任务之谓。

自治行政系指以去中心化的方式,由行政活动的利害关系人自主决定切身攸关之事务。自治行政的定义是:特定公法组织体,于国家赋予之法定权限内,透过特定利害关系人之参与,自行负责,以处理与该组织体相关之公共事务。[1]自治行政组织,是指由国家依法所设立或容许设立之公共团体,透过法规赋予一定之自治权限,可以自行订立抽象规范并执行,受国家监督,不属于通常行政组织,其经营结果,直接属于团体之成员,间接属于国家,称为"自治行

---

[1] 许春镇:"论自治行政之概念及其类型",载《台北大学法学论丛》第59期。

政组织"。[1]广义上的自治行政，凡"具有独立人格之自治团体，管理其自身之行政事务，均得谓之为自治行政。"[2]

功能性自治是为了回应自治领域多样化而提出的概念。在社团自治的基础之上，随着自治理念逐步扩展至其他生活领域，如大学、社会保险机构、工商会及手工业工会等。可将自治分为两种类型，一是地方自治团体，如乡、镇等；二是功能自治团体，德国学者则将这种变化称为"多元色彩的行政体系"，是指"各种社会利益主体对其享有参与功能的行政体。这种行政本质上是国家与社会合作领域的一种形态，就组织上而言，其应不同于中间机构归属于行政。"[3]功能自治建立在以专业为基础的公务分权之上，它是着眼于自治团体的特定功能、任务而设置的组织。所谓公务分权是指法律将某种需要一定独立性、去政治化的公务，从国家的一般职能中分离出来，组建新的独立实体来实施。[4]相对于地方自治是在国家某一地区内、居民全面参与公共事务，功能自治则是特定职业或特定功能的自治。功能自治团体的自治权，仅限于与其有关的专业任务，地方自治团体则在其行政区域内享有广泛的自治事项全面管辖权。[5]由功能自治所产生的行政称为功能自治行政，属于社会行政的一种形态，社会行政是相对于国家行政而言的，指社会公共组织根据法律授权对一定领域内的社会公共事务所进行的管理。社会行政在有的国家和地区被称为"间接的国家行政"，与国家行政机关推行的"直接的国家行政"相对应。[6]不过有学者认为，"诸多以特

---

[1] 李惠宗：《行政法要义》，五南图书出版有限公司2002年版，第182页。
[2] 涂怀莹：《行政法原理》，五南图书出版有限公司1990年版，第430页。
[3] [德] 施密特·阿斯曼著，林明锵等译：《秩序理念下的行政法体系建构》，北京大学出版社2012年版，第246~247页。
[4] 李昕："论公法人制度建构的意义和治理功能"，载《甘肃行政学院学报》2009年第4期。
[5] 赵相文："由法律观点论自治制度"，载《中原财经法学》2005年第12期。
[6] 翁岳生：《行政法与现代法治国家》，祥新印刷有限公司1990年版，第71~72页。

定身份之人作为社员而组成之自治行政团体,例如社会福利机构或经济行政法上之职业工会与团体,亦即所谓的'经济之自治行政',其本质并非属于国家间接行政意义下之自治行政,毋宁应趋近于社会或经济上之自我管制。"[1]

一如地方自治行政(地方自治)的住民有权决定所在地区的公共事务,功能性自治行政强调在特定经济、文化行政领域中,拥有共同的利益或同受行政任务所影响的人应拥有权决定自身事务适用之规范。在德国,功能性自治行政包括公法社团自治、营造物自治以及公法财团自治。公法社团自治可以细分为文化团体自治、经济团体自治、职业团体自治、产业团体自治及社会团体自治等。典型的功能性自治行政领域如:高等学校自治、职业工会与水利联合会等。联邦宪法法院从 2002 年的 Lippeverband 裁定开始,多次强调功能自治行政的核心为"自我支配"。

(二) 证券交易所的功能性自治行政

至此,应当判断的问题是,交易所是否构成功能性自治行政?德国学者认为,固然在公法社团法人内部,社员与法人的关系符合功能性自治行政典型的运作模式,但尚不能以此否定非社团法人的组织形态即无构成功能性自治行政的可能。根据《德意志联邦共和国证券交易所法》第 2 条第 1 项的规定,交易所系具有部分权利能力之公营造物。虽然公营造物并不是公法社团,但有德国学者认为,交易所这样的公营造物加入了社团法人的元素,使利用者能参与影响营造物活动的决策,利用者于此多采取"团体代表"的方式表达其意见,进而形成一种(相对于公法社团法人而言)间接的自治行政。[2]

在我国,证券交易所是自律管理的法人。根据《证券交易所管

---

[1] 詹镇荣:《民营化与管制革新》,元照出版公司 2005 年版,第 151~152 页。
[2] 吕理翔:《台湾证券交易所于金融管制行政上之地位——着眼于组织定位之法比较研究尝试》,载台湾行政法学会主编:《行政组织/行政执行/诉愿制度/食品安全/金融监理》,元照出版公司 2016 年版,第 389 页。

理办法》《上海证券交易所会员管理规则》等规定，符合上海证券交易所章程规定条件的证券公司可以申请成为交易所会员。自治行政具有四个要素：法律形式要素、参与要素、自行负责以及固有事项。以下我们将结合自治行政的要素进行分析：

其一，法律形式要素。自治行政之主体必须是独立的、具备权利能力的组织体。[1]且组织体不限于常见的公法社团，营造物和公法财团也有可能。《证券法》第102条规定，证券交易所是为证券集中交易提供场所和设施，组织和监督证券交易，实行自律管理的法人。可见，证券交易所作为独立的、具备权利能力的法人，首先具备自治行政的法律形式要素。

其二，参与要素。参与要素指的是特定利害关系人的参与。依"利害关系人参与原则"，特定利害关系人对自治行政内部意思之形成及决定的作成，必须有参与之权能。至于利害关系人的范围如何划分，则依地域、职业等标准而有不同。自治行政的重点在于其可因地制宜或因事制宜，反映成员之需求。我国的证券交易所实行会员制。根据《上海证券交易所章程》规定，会员大会由交易所全体会员组成，是本所的权力机构。交易所设理事会，为其决策机构，每届任期三年。根据需要，经中国证监会同意，理事会可下设专门委员会，包括监察委员会、上市委员会及上市咨询委员会等。以上市委员会为例，根据《上海证券交易所证券上市审核实施细则》（以下简称《细则》）的规定，上市委员会对《细则》第2条规定的事项进行审核。上海证券交易所根据上市委员会的审核意见，作出审核决定。交易所从符合条件的会计、法律及相关领域的专家、其他组织的专业人士中聘任上市委员会委员以及上市咨询委员会委员。由此可见，证券交易所符合参与要素之要求。

其三，自行负责。自治行政主体必须以自己意思，自负责任，

---

〔1〕 此处的组织体应当是公法组织体还是可以包括私法组织体，学说上存有分歧。广义上认为不仅公法组织体可以为自治行政，私法主体亦可为自治行政。李建良："论公法人在行政组织建制上的地位与功能"，载《月旦法学杂志》第84期（2002）。

以处理与其相关的公共事务。所谓自行负责，主要是相对于国家而言，亦称"与国家保持距离原则"。但其可得自行负责的范围，限于其法定权限范围之内，国家对于自治行政仍然可以行使合法性的监督。我国的证券交易所是为证券集中交易提供场所和设施，组织和监督证券交易，实行自律管理的法人。根据《上海证券交易所章程》的规定，交易所的职能包括：提供证券集中竞价交易的场所和设施；制定和修改本所的业务规则；接受上市申请，安排证券上市；组织、监督证券交易；按照会员的风险管理水平进行分类管理，并实施日常监管；对上市公司信息披露等行为进行监管；设立或参与设立证券登记结算公司；管理和公布市场信息；等等。可以理解为，证券交易所作为一个独立的法人，在这些职能范围内都是自行负责的。

其四，固有事项。自治行政是为处理特定的公共事务而存在，故须拥有一定的固有事项。此固有事项即构成自治主体自行负责的核心领域。固有事项强调的所处理公共事务的特定性。例如，公立高校、足球协会、律师协会、医师协会及棉花协会等不同的自治团体，均有其特定的事项范围。就证券交易所而言，其固有事项便是为证券集中交易提供场所和设施，组织和监督证券交易。具体而言，就是《上海证券交易所章程》规定的交易所的各项职能。从内容上而言，包括上海证券交易所对会员的管理、对上市公司的管理以及对证券交易的管理三个部分。

结合上述四要素，证券交易所作为一个独立的法人，在其固有的权限范围内自行负责。据此，我们可以得出结论，上海证券交易所就是一种功能性自治行政体。

五、我国证券交易所自律管理行为之司法救济

（一）已有争论

我国的司法救济途径，秉承大陆法系传统，有民事诉讼与行政诉讼之别。二者审查的行为性质不同，审查的标准也不相同。行政诉讼审查公权力行为，民事诉讼审查私权利行为。行政诉讼审查公

第七章　证券交易所自律管理行为及其行政可诉性

权力的行使是否有法律依据，是否符合法律规定；民事诉讼则审查私权利行为是否违法。显然，行政诉讼对公权力依法进行严格控制，民事诉讼则对私权利行为给予了最大程度的尊重：只要私权利行为不为法律明令禁止，就被国家所认可，受国家保护。

随着证券交易所职能的拓展，与此有关的矛盾纠纷日益增多。在我国现行司法体制之下，证券交易所监管行为的性质决定了行为相对人可以选择的诉讼途径。由于涉及证券交易所的案件有一定的特殊性，2005年最高人民法院发布了《关于对与证券交易所监管职能相关的诉讼案件管辖与受理问题的规定》（法释［2005］1号）。该规定第1条规定：根据《中华人民共和国民事诉讼法》第37条和《中华人民共和国行政诉讼法》第22条的有关规定，指定上海证券交易所和深圳证券交易所所在地的中级人民法院，分别管辖以上海证券交易所和深圳证券交易所为被告或第三人的与证券交易所监管职能相关的第一审民事和行政案件。第2条规定，与证券交易所监管职能相关的诉讼案件包括：①证券交易所根据《中华人民共和国公司法》《中华人民共和国证券法》《中华人民共和国证券投资基金法》《证券交易所管理办法》等法律、法规与规章的规定，对证券发行人及其相关人员、证券交易所会员及其相关人员、证券上市和交易活动做出处理决定引发的诉讼；②证券交易所根据国务院证券监督管理机构的依法授权，对证券发行人及其相关人员、证券交易所会员及其相关人员、证券上市和交易活动做出处理决定引发的诉讼；③证券交易所根据其章程、业务规则与业务合同的规定，对证券发行人及其相关人员、证券交易所会员及其相关人员、证券上市和交易活动做出处理决定引发的诉讼；④证券交易所在履行监管职能过程中引发的其他诉讼。事实上，该规定解决的主要是案件指定管辖的问题，并没有回答证券交易所作出的哪些行为可以提起行政诉讼，哪些行为可以提起民事诉讼。司法实践中法院审理仍然面临诸多困惑，尚有待理论上的进一步探讨。

有观点认为，证券交易所的监管行为包括自律监管和行政监管。

交易所监管行为的性质决定着对证券交易所诉讼的性质。我们可以径直以证券交易所监管权力的法律渊源作为区分自律监管和行政监管的标准，并以此界定民事诉讼和行政诉讼的范围。我国证券交易所监管权力的法律渊源包括法律、法规和规章的授权，政府监管机构的行政授权和自律规则三个层次。可见，我国交易所监管行为的性质可以是法律授权监管行为、行政授权监管行为和自律监管行为。在法律授权监管的场合，证券交易所的行为实质上就是证券交易所作为"法律、法规和规章授权的组织"在进行独立的行政活动。此时，证券交易所直接作为行政诉讼的被告。在行政授权监管的场合，证券交易所行使的是政府监管机构授予的监管权力，依据行政授权立法和理论，对证券交易所行为不服的，直接对证券交易所提起行政诉讼。在自律监管的场合，证券交易所依据自律规则，包括章程、业务规则及上市协议等文件从事的监管活动，由于行使的不是行政权力，因而有关争议不应诉诸行政诉讼程序。相对人若提起诉讼，只能依据民事诉讼程序。作者同时提到，需要注意两点：一是当证券交易所监管权力的三种法律渊源出现重合现象时，应采取"向上位阶渊源追溯"的原则，以最高渊源为最终的渊源。例如，自律规则中规定的一项具体职权，如果也能在法律授权中找到，则该项职权即按照法律授权处理，适用行政诉讼程序。二是政府监管部门对证券交易所业务规则的批准体现了政府对交易所的监管，但并不能使交易所业务规则本身转变成行政规章。交易所根据经批准的自律规则作出的行为，不是行政行为，对其提起的诉讼不受行政诉讼法的管辖。[1]

有观点认为证交所的自律监管行为具有可诉性，立法者不应剥夺被监管者的诉权。由于证券交易所是自律机构而非行政机关，因此被监管者提起的诉讼在性质上应为民事诉讼。[2]

---

〔1〕 周友苏主编：《新证券法论》，法律出版社2007年版，第457~459页。
〔2〕 刘俊海：《现代证券法》，法律出版社2011年版，第305页。

(二) 重要性理论及其运用

如前所述，证券交易所的管理是一种功能性自治行政，由于属于自治行政的范畴，原则上由于管理行为与相对人发生争议的，属于交易所的内部管理事项，可以提起民事诉讼。根据传统的特别权力关系理论，这些争议并不允许提起行政诉讼。但随着重要性理论的确立以及人权保障观念的发展，人们逐渐认可对相对人重要权益产生影响的管理行为，应当给予司法救济，特别是行政诉讼救济的机会。

1. 特别权力关系理论及其松动

"特别权力关系"理论可追溯到19世纪君主立宪时代的德国，后传入日本及我国台湾地区。这一理论对行政法的理论与实践，特别是对行政行为的司法救济制度，产生了广泛而深远的影响。

根据功能性自治理论，证券交易所实行功能性自治行政。在功能性自治主体与其会员之间的关系问题上，最初理论界引用特别权力关系理论进行解释，认为特别权力关系是涉及国家和公民之间的一种特殊关系，通过（强制或者自愿地进入）在特定领域内（学校、监狱、其他设施、公务员管理关系和兵役关系）确立。特别权力关系被归入内部行政因而不受法律调整。[1] 特别权力关系的特别之处主要体现为：管理者对被管理者享有概括式的命令权，可以不必严格遵循法律保留原则，即使并无法律授权，仍可限制基本权利。管理者与被管理者之间的纠纷不能通过司法程序解决。

随着法治国理论的兴起，特别权力关系排除了法治行政原理的适用，因而受到现代行政法学的全面批判。许多学者认为，特别权力关系理论起源于上个世纪末，这个代表昔日强调行政权优越及完整性的理论，在二战以后，其合法性及妥当性就面临挑战。为了保障人权，厉行法治，不应当漠视特别权力关系下的人民，如军人、

---

[1] [德] 哈特穆特·毛雷尔著，高家伟译：《行政法学总论》，法律出版社2000年版，第169页。

公务员、公立学校学生及监狱服刑人的基本权利，而应当规定司法救济，使其成为法治主义保障的对象。随着特别权力关系理论的衰落，法院司法审查的范围日渐扩大。然而，要将所有的特别权力关系领域内的争议纳入司法救济途径也有实质困难。如公务员可否对上级分配工作、考核与调职等提起诉讼？学生是否可以对学校的成绩评定、升级降级及宿舍管理等提起诉讼？鉴于这种关系中，仍存在一定的服从性，如果将所有此类关系产生的争议纳入司法救济途径确实有困难。1972年3月14日，德国联邦宪法法院公布了一个具有划时代意义的刑事执行案件的判决。在这一判决中，法院认为：在监狱服刑的囚犯同样享有宪法所规定的基本权利，因此对其通讯自由的限制也应当由法律或者根据法律进行，而不能仅仅以监狱内部的管理规则作为这种限制的依据。这显然是对"重要性理论"的承认。事后的法院判决进一步扩大"重要性理论"的应用范围，特别是扩大到学校和行政组织领域。

2. 重要性理论的确立与运用

德国是"特别权力关系"理论的创始国，同时又是批判该理论的领头羊。二战后的德国兴起了一种"司法国"理论，主张法院对行政行为拥有完全的审查权，以保障人权不至于再次被蹂躏。

第一个修正者是德国著名公法学家乌勒。乌勒教授在1956年"德意志公法学者年会"上提出一篇名为"论特别权力关系"的论文，开始检讨该理论，并提出了一种区分"基础关系"与"管理关系"的理论，以此来取代"特别权力关系"理论。[1]这种理论认为：不能一概将"特别权力关系"纳入诉讼范围，也不该将它全部排除在司法救济以外，而要区分"特别权力关系"中的"基础关系"与"管理关系"；"基础关系"是指直接关系到"特别权力关系"产生、变更和消灭的事项，如公务员资格的取得、学生被开除等，"管理关系"系指行政主体为实现特别权力关系的目的所采取的

---

〔1〕 陈新民：《中国行政法学原理》，中国政法大学出版社2002年版，第66页。

管理措施，如公务员的工资，学生的住宿费、奖学金等；在"基础关系"中，行政主体所作出的行为视作行政处分，适用法律保留和司法救济，行政主体在"管理关系"中的行为，就不适用法律保留和司法救济。

乌勒的"基础关系"与"管理关系"理论在当时立法与传统理论冲突的条件下显然是一种明智的折衷。但这种理论也有两个方面的缺陷：一是，"基础关系"与"管理关系"之间的界限很难划分；二是，在"管理关系"中的某些行为涉及作为基本权利的财产权，如工资福利等，将它排除出法律保留和司法救济之外，显然与《基本法》相悖。于是，一种新的理论便应运而生，即"重要性理论"。这种理论主张，在"特别权力关系"中，无论是"基础关系"还是"管理关系"，只要涉及"重要性"事项，即涉及当事人基本权利的，就应当适用法律保留与司法救济；相反，对于"非重要性"事项，就不适用法律保留与司法救济。

以高校与学生之间关系为例，二者之间的关系传统上也被视为特别权力关系。但随着法治观念的逐渐深入，人们意识到了受教育权是宪法和法律赋予公民的一项具体的权利。真正落实和保障这些权利，就需要在法律上确认受教育者的权利主体地位，需要采取有效措施保障权利的实现。在理论界就特别权力关系不足以成为限制基本人权的依据达成共识之后，德国联邦宪法法院在审理教育案件时，针对法律保留问题，提出了所谓的"重要性理论"，从而使法律保留范围延伸到公立学校事项上，即"只要是涉及公民基本权利的'重要事项'，不论是秩序行政，还是服务行政，都必须由立法者以立法方式限制，而不可由权力人自行决定。"这是法律保留原则对特别权力关系渗透的实践性突破。在德国之外的其他法治国家，法院对高校的管理行为都进行了一定的、有限度的监督。

在我国台湾地区，随着法治水平的提高和人权保障意识的增强，法院受案范围总体上呈逐渐扩大的趋势，原本被行政权视为禁脔的一些领域，也逐渐接受法院的审查。我国台湾地区高校行政案件受案范围的不断扩张，就是最佳的例证。从 1952 年依据特别权力关系理论关闭对高校管理行为的司法审查之门，[1]到 1995 年容许学生对导致学生身份丧失的退学或类似处分提起诉讼，[2]再到 2011 年 1 月 17 日作出"司法院"大法官作出第 684 号解释，主张"大学为实现研究学术及培育人才之教育目的或维持学校秩序，对学生所为行政处分或其他公权力措施，如侵害学生受教育权或其他基本权利，即使非属退学或类此之处分，本于'宪法'第 16 条有权利即有救济之意旨，仍应许权利受侵害之学生提起行政争讼，无特别限制之必要"。可以说，我国台湾地区已经完全打破既往"特别权力关系"理论的禁锢。今天在台湾地区，"大学学生宪法上基本权利遭受学校公权力措施之侵害，不论侵害之大小，以及该项侵害对学生有无重大影响，例如不准选课或修课、成绩不及格、学分抵免、惩处（记过或申诫）、不准借书、不准张贴海报或学校其他管理措施，只要符合诉愿法及行政诉讼法规定之要件，均得提起行政争讼"。[3]

我国行政法学也曾经引用特别权力关系来解释学校和学生、行政机关和公务员、监狱和囚犯以及军队和军人之间的关系。近年来，特别权力关系理论的适用也发生松动。这一松动到目前为止主要体现在学校和学生的关系上。学校和学生之间的关系及其引发争议的救济途径问题，其司法实践的现状可以为我们探讨证券交易所与其

---

[1] 我国台湾地区"行政法院"[1952]年判字第 6 号判例载明："学校与官署不同，学生与学校之关系，亦与人民与官署之关系有别，学校师长对于违反校规之学生予以转学处分，如有不当情形，亦只能向该管监督机关请求纠正，不能按照诉愿程序，提起诉愿。"

[2] 第 382 号解释："各级学校依有关学籍规则或惩处规定，对学生所为退学或类此之处分行为，足以改变其学生身份并损及其受教育之机会，自属对人民宪法上受教育之权利有重大影响，此种处分行为应为诉愿法及行政诉讼法上之行政处分。受处分之学生于用尽校内申诉途径，未获救济者，自得依法提起诉愿及行政诉讼。行政法院四十一年判字第六号判例，与上述意旨不符部分，应不予援用，以符宪法保障人民受教育之权利及诉讼权之意旨》"

[3] 参见我国台湾地区"司法院"大法官解释第 684 号中蔡清游大法官发表的协同意见书。

会员之间的争议解决途径有重要的参考价值。在我国,从 2000 年"田永诉北京科技大学案"以来,出现了许多大学生诉高校的行政诉讼案件。20 多年来,高校行政案件受案范围逐渐发展,目前法院仅受理针对严重影响受教育权管理行为的起诉。具体而言,学生对高等学校的下列经法律法规授权的行为不服的,一般情况下法院认为可以提起行政诉讼[1]:①高等学校不颁发学历证书、不授予学位证书的行为;②高等学校违反国家规定不依法发放奖学金、贷学金与助学金等行为;③取消入学资格、作退学处理或开除学籍等直接导致学生身份丧失的行为。此外,对于学生起诉高校录取行为,是否应一律纳入受案范围,目前仍然存有不小争议,各地法院有不同的做法。对于以下行为,目前尚未纳入行政诉讼受案范围:①不导致学生身份丧失的纪律处分;②高校内部对学生的管理行为,包括授课安排、宿舍安排等。

可见,我国大学生与高校之间发生争议可以提起行政诉讼的案件范围,确定标准是德国的重要性理论。

3. 何为重要性

重要性理论摒弃了特别权力关系排除司法救济的传统观念,承认在特别权力关系中,只要涉及人民基本权利的重要事项,均应由立法规定,也均可寻求法律救济。根据这一理论,上海证券交易所的管理行为如果对相对人的重要权利(利益)产生影响的,应有权提起行政诉讼。接下来的问题就是,何为重要性?哪些属于行政诉讼应当予以救济的重要权利?

在德国,关于"重要性理论"的具体化和实际运用方面的问题,人们必须首先回答,什么必须是由立法者自己来调整的?依据"重要性理论",问题就转化为:什么是"重要的"?这也就是国内学界

---

[1] 耿宝建:"高校行政案件中的司法谦抑与自制",载《行政法学研究》2013 年第 11 期。

有所论及的"法律保留之范围保留"问题,[1]首先它取决于明确"重要"这个概念,它主要涉及对重要性标准进行精确定位的问题,这必须从宪法的价值出发,那些已经被宪法承认有特别突出的地位的内容当然是重要的,并且需要议会的调整。在实践中对公众的意义被作为重要性的另一个标准。比如关于批准和平利用核能,或者在德国领土上安置化学武器的支持或反对的原则性决定,由于其对公民的重要的作用,所以必须以形式法律来做出。对公益重要性的衡量——比如消费者保护和环境保护的利益——并不要求对紧急问题迅速的和灵活的答案,而是要求一个对所有相关的利益谨慎地提出与考虑的可能性。"政治的争议性"作为确定重要性的标准也常常被列出来加以考虑。[2]

具体到证券交易所的监管行为,我们认为,以下两种情形具有重要性:

其一,对相对人的重要权益产生影响。我国证券交易所为证券集中交易提供场所和设施,组织和监督证券交易。参与证券交易的主体有多种,最主要的是作为交易所会员的证券公司和上市公司。

一是证券交易所的会员。根据《上海证券交易所章程》第9条的规定,上交所会员享有下列权利:参加本所会员大会;选举权和被选举权;对本所事务的建议权和表决权;进入本所市场从事证券交易及享受本所提供的服务;对本所事务和其它会员的活动进行监督;在保留至少一个交易席位的情况下,可转让交易席位;其他相应的权利。《证券法》第110条明确规定,进入证券交易所参与集中交易的,必须是证券交易所的会员。可见,只有拥有交易所会员资格,才能进入交易所市场从事证券交易及享受交易所提供的服务。反之,会员丧失资格,便不能在交易所市场进行交易。可见,对交

---

[1] 叶海波、秦前红:"法律保留功能的时代变迁——兼论中国法律保留制度的功能",载《法学评论》2008年第4期。

[2] 张慰:"'重要性理论'之梳理与批判——基于德国公法学理论的检视",载《行政法学研究》2011年第2期。

易所会员而言，会员资格的取得和丧失有关的事项符合重要性标准。

二是上市公司。经过证券交易所的审核，证券可以在证券交易所挂牌交易。证券一旦获准上市，即称为上市证券，发行人称为上市公司。通过证券上市，已发行证券取得了在证券交易所上市的资格。发行人可以申请将所发行证券在证券交易所挂牌交易。凡未获得证券交易所接纳上市的证券，即无法在证券交易所内进行买卖，只能在场外市场进行交易。在此意义上，证券上市是启动证券市场场内交易的前提。在我国，证券上市过程中，首先要由发行人提出证券的上市申请，再由证券交易所进行审核，经过交易所审核同意的，双方应当签订上市协议。根据法律、行政法规、规范性文件和有关规则，我国证券交易所在监管上市公司的过程中，其可能会涉及的监管对象范围有：①上市公司；②上市公司董事、监事、高级管理人员及证券事务代表；③控股股东；④实际控制人；⑤持有公司5%以上股份的股东；⑥收购人；⑦保荐人及其保荐代表人；⑧证券服务机构及其相关人员。客观上讲，对上市公司而言最重要也是对其权利影响最大的行为应当是交易所的证券审核上市和终止上市决定，特别是证券交易所作出的强制终止上市决定。

其二，对公共利益产生重要影响。"公共利益"，简称"公益"，相似的用语有：大众福祉、社会福祉、公共福利、社会福利与公众利益等。"公共利益"概念是一个典型的不确定法律概念，因而，该概念本身的涵义也就显得相当丰富。据我国台湾学者陈新民教授介绍，德国学界对于公共利益内涵的界定一般分别从作为内容的"利益"以及作为主体的"公共"两方面入手。因此，首先需要明确何谓"利益"？何谓"公共"？

何谓"利益"？考察众多学者对利益内涵的见解，在这一点上大致可以达成一致——即利益是对主体与客体的关系的一种价值判断。而利益的这一特性，无疑使利益概念的内容具有不确定性与多面性。首先，价值判断的对象存在多元性，不仅包括物质上的，也包括精神上的，如文化、风俗、习惯与宗教等利益。其次，利益内容的不确定性与多面性还表现在价值判断的历史性，在不同的社会发展时期，人们作价值判断的标准是不可能完全一样的，存在差异是客观的，因此，利益的内容必随着动态的国家社会情形而有所不同，呈现不确定性与多面性。最后，在作出价值判断时，离不开主体判断的主观性，离不开人们的个人好恶感觉，因而，利益内容的不确定性与多面性更是自然。[1]

何谓"公共"？若把公共视为一个与私人相对的概念来解释，那么，公共概念的内涵仍不清晰，因为公共是许多私人的集合体，一个公共需由多少的私人来组成？纽曼提出了"不确定多数人理论"——公共的概念是指利益效果所及的范围，即以受益人的多寡的方式决定，只要大多数的不确定数目的利益人存在，即属公益，强调在数量上的特征。[2]该理论也符合民主多数决定少数的理念，因此，成为公共的标准之通论。

何谓"公共利益"？按照《布莱克法律词典》的解释，"公共利益"（public interest）指的是：公众在其中具有金钱利益的事物，或者影响到他们的法律权利或者法律义务的一些利益。它并不意味着任何狭隘的诸如单纯好奇的事物，或诸如特殊地区的利益（这些利益受到不确定因素的影响）。它通常是一种在地方、国家或政府事务中被公民分享的利益。如，经公众允许某人使用公共财产，且他选择成为公众所信任的使用那一财产的唯一的人，他的行为即为公共利益所影响，而要求他以合理的方式对待公众。[3]在中国，学者们对公共利益问题的论述也各不相同，未能取得一致意见。有学者认为，公共利益不等于简单的大家的利益，也区别于多数人共享的、共有的或共同承担的共同利益，公共利益也不同于公众利益，因为公众利益既有纯私人性质的，也有公共性质的。公共利益是一个不

---

[1] 胡建淼、邢益精："公共利益概念透析"，载《法学》2004年第10期。

[2] 转引自陈新民：《德国公法学基础理论》，山东人民出版社2001年版，第185~186页。

[3] Black's law dictionary, West Publishing Co. 1991, p. 856.

确定的法律概念，以价值选择为基础，呈现历史性特征。公共利益必须具有公共性质，体现社会发展的整体性要求和强国富民的目标。公共利益是不确定的多数人的利益，公共利益的判断以时代的宪政理念为最高原则，以时代的精神和国家的任务为指导。[1]

具体到证券领域的公共利益，应当与证券监管的目标密切相关。国际证监会组织在《国际证监会组织证券监管目标和原则》中明确指出，证券监管有三项目标：保护投资者利益；保证市场公平、高效和透明；减少系统性风险。证券交易市场的公共利益，首先是一种整体性利益，而非证券公司、上市公司、投资者等不同利益主体私人利益的简单相加；其次是高度的抽象性，证券市场中各方主体的利益主要是经济利益，但公共利益是对经济利益进行整体性保护和认可的一种抽象的存在，如证券市场的秩序、公平与透明等；最后是相对性，公共利益虽包括了市场主体的私人利益，但却超越了私人利益，交易所组织交易应当统筹考虑各市场主体的利益。[2]

交易所作为证券监管中的一个重要环节，其本身具有很强的公共性，承载着公共利益。交易所在提供证券集中交易的场所和设施过程中，协调并满足证券发行人、证券公司与投资者等不同市场主体的利益，实现既自利又互利；交易所的运营以及所组织的证券交易，与社会经济发展、社会公众有着直接的、密切的关系。证券交易所关系到证券市场的秩序，关系到投资者权益的保护，关系到系统性风险的控制。

针对证券交易所对证券交易活动的监管，《证券法》第113条、第114条和第115条明确规定了证券交易所公开证券交易信息、技术性停牌和临时停市、对证券交易实行实时监控等监管活动。证券法之所以用上述条文明确规定证券交易所对证券交易活动的监管，

---

[1] 胡鸿高：“论公共利益的法律界定——从要素解释的路径”，载《中国法学》2008年第4期。

[2] 参见徐明、卢文道编著：《判例与原理：证券交易所自律管理司法介入比较研究》，北京大学出版社2010年版，第18页。

很显然是因为这些事项与证券市场的公共利益有着密切关系。

(三) 行政诉讼的范围

一般情况下,相对人对证券交易所的自律管理行为不服,可以提起民事诉讼。根据重要性理论,交易所的监管行为如果对相对人的重要权益和重大公共利益产生影响,相对人不服的,可以提起行政诉讼。结合具体情况,我们认为,下述行为应当属于行政诉讼受案范围:

1. 证券交易所取消会员资格的决定

根据《证券交易所管理办法》《上海证券交易所会员管理规则》等规定,符合上海证券交易所章程规定条件的证券公司可以申请成为交易所会员。证券公司申请文件齐备的,交易所予以受理,并自受理之日起20个工作日内作出是否同意接纳为会员的决定。交易所同意接纳的,向该机构颁发会员资格证书,并予以公告。会员不再具备本《章程》规定的会员条件的,应当按照交易所的要求申请终止会员资格。会员申请终止会员资格文件齐备的,交易所予以受理,并自受理之日起20个工作日内作出是否同意终止的决定。同意终止会员资格申请注销其会员资格,并予以公告。当然,交易所也可以在规定情形之下决定取消会员资格。

具体而言,我们认为,对于交易所取消会员资格的决定,会员如果不服,应当可以提起行政诉讼:(1) 交易所取消会员资格的决定。根据《上海证券交易所会员管理规则》第2.7条规定和第2.10条的规定,会员不再具备本所章程规定的会员条件的,应当按照本所要求申请终止会员资格。会员未按本规则第2.7条规定申请终止会员资格的,本所可以决定取消其会员资格,并书面通知该会员。(2) 交易所作出的取消会员资格纪律处分决定。根据《上海证券交易所会员管理规则》第7.1条规定,会员违反本所业务规则,本所责令改正,并视情节轻重单处或者并处下列纪律处分措施:①在会员范围内通报批评;②在中国证监会指定媒体上公开谴责;③暂停或者限制交易;④取消交易权限;⑤取消会员资格。

当然，对于交易所实施的普通的管理行为，包括纪律处分行为，会员可以提起民事诉讼。

2. 强制终止上市决定

2005年《证券法》将证券上市、暂停上市及终止上市审核权，调整为交易所的"自律管理权"，这属于交易所自律管理权的立法授权。证券上市、暂停上市及终止上市审核权因该法律授权转由交易所直接行使，其原有的行政权的法律属性是否也发生过实质性变化？交易所由此取得的"自律管理权"是否属于行政权力范畴？一种意见认为，证券交易所隶属于证监会，其审核上市申请、决定股票暂停上市或者终止上市都属于行政行为，交易所由此成为行政法律体系中的"法律法规授权的组织"，当事人不服的，有权申请行政复议或者提起行政诉讼。另一种意见认为，交易所作为自律管理机构，依据法定条件和交易所上市规则对证券上市申请进行审核，是自律管理行为，当事人不服的，只能按照民事关系处理。[1]从立法者的意图看，倾向于第二种意见。全国人大法工委经研究认为，"证券交易所作为证券市场规定组织者，其依据法定条件和交易所上市规则对证券上市进行审核，经审核同意的，证券交易所应当与上市申请人签订上市协议，通过上市协议规范双方的权利义务，形成一种民事法律关系。"[2]根据立法者的这一意图，在《证券法》中，交易所审核上市、暂停上市与终止上市，不再是行政权力，而是属于交易所的自律管理权。

根据《上海证券交易所股票上市规则》第十四章的规定，终止上市分为主动终止上市和强制终止上市两种情形。

其一，主动终止上市。上市公司出现《上海证券交易所股票上

---

[1] 徐明、卢文道编著：《判例与原理：证券交易所自律管理司法介入比较研究》，北京大学出版社2010年版，第21页。

[2] 2005年10月19日全国人大法律委员会《关于中华人民共和国证券法（修订草案）修改情况的汇报》。

市规则》14.4.1条[1]规定的八种情形之一的，可以向上海证券交易所申请主动终止上市。

其二，强制终止上市。《证券法》第56条规定，上市公司有下列情形之一的，由证券交易所决定终止其股票上市交易：①公司股本总额、股权分布等发生变化不再具备上市条件，在证券交易所规定的期限内仍不能达到上市条件；②公司不按照规定公开其财务状况，或者对财务会计报告作虚假记载，且拒绝纠正；③公司最近三年连续亏损，在其后一个年度内未能恢复盈利；④公司解散或者被宣告破产；⑤证券交易所上市规则规定的其他情形。《上海证券交易所股票上市规则》14.3.1条详细列举了强制终止上市的21种情形。

《证券法》第72条规定，证券交易所决定暂停或者终止证券上市交易的，应当及时公告，并报国务院证券监督管理机构备案。目前，根据《证券法》第62条的规定，对证券交易所作出的不予上市、暂停上市、终止上市决定不服的，可以向证券交易所设立的复核机构申请复核。根据《上海证券交易所股票上市规则》，强制终止上市的决定作出后，证券交易所将对公司股票予以摘牌，公司股票终止上市。我们认为，强制终止上市的决定对上市公司的权益将产生重要影响，且具有一定的强制性，对此决定不服的，仅提供交易所内部复核这一救济途径不足以保护上市公司合法权益，应允许其

---

[1]《上海证券交易所股票上市规则》14.4.1上市公司出现下列情形之一的，可以向本所申请主动终止上市：（一）上市公司股东大会决议主动撤回其股票在本所的交易，并决定不再在交易所交易；（二）上市公司股东大会决议主动撤回其股票在本所的交易，并转而申请在其他交易场所交易或转让；（三）上市公司向所有股东发出回购全部股份或部分股份的要约，导致公司股本总额、股权分布等发生变化不再具备上市条件；（四）上市公司股东向所有其他股东发出收购全部股份或部分股份的要约，导致公司股本总额、股权分布等发生变化不再具备上市条件；（五）除上市公司股东外的其他收购人向所有股东发出收购全部股份或部分股份的要约，导致公司股本总额、股权分布等发生变化不再具备上市条件；（六）上市公司因新设合并或者吸收合并，不再具有独立主体资格并被注销；（七）上市公司股东大会决议公司解散；（八）中国证监会和本所认可的其他主动终止上市情形。已在本所发行A股和B股股票的上市公司，根据前款规定申请主动终止上市的，应当申请其A、B股股票同时终止上市，但存在特殊情况的除外。

第七章 证券交易所自律管理行为及其行政可诉性

提起行政诉讼。

3. 对证券交易的监管行为

针对证券交易所对证券交易活动的监管，《证券法》中有以下明确规定：

第一，公开证券交易信息。《证券法》第113条规定，证券交易所应当为组织公平的集中交易提供保障，公布证券交易即时行情，并按交易日制作证券市场行情表，予以公布。未经证券交易所许可，任何单位和个人不得发布证券交易即时行情。

第二，技术性停牌和临时停市。《证券法》第114条规定，因突发性事件而影响证券交易的正常进行时，证券交易所可以采取技术性停牌的措施；因不可抗力的突发性事件或者为维护证券交易的正常秩序，证券交易所可以决定临时停市。证券交易所采取技术性停牌或者决定临时停市，必须及时报告国务院证券监督管理机构。在我国，上海证券交易所在开业首日就出现异常交易事件。此外，对市场影响比较大的交易异常事件有：1995年2月的"327国债期货"事件、2000年3月的"虹桥机场转债"事件、2009年12月的"交银施罗德"事件、2010年11月的"上交所系统堵单"事件及2013年8月的"光大证券8·16"事件等。

第三，实时监控证券交易。《证券法》第115条规定要求证券交易所对证券交易实行实时监控，并按照国务院证券监督管理机构的要求，对异常的交易情况提出报告。证券交易所应当对上市公司及相关信息披露义务人披露信息进行监督，督促其依法及时、准确地披露信息。证券交易所根据需要，可以对出现重大异常交易情况的证券账户限制交易，并报国务院证券监督管理机构备案。

上述事项与证券监管中的公共利益息息相关，如果相对人对此不服，应当有权提起行政诉讼。

第八章
美国金融系统性风险及其法律规制研究综述

2008年9月15日是全球金融市场上声名狼藉的一天。美国第四大投资银行雷曼兄弟控股公司在次级抵押贷款市场危机加剧的形势下，宣告申请破产保护。同一天的晚些时候，美国银行发表声明收购美国第三大投资银行美林公司。次日，美国联邦储备委员会宣布将授权纽约联邦准备银行借贷850亿美元给美国国际集团（AIG），这意味着美国政府出面接管了AIG。这一系列突如其来的"变故"使得世界各国为之震惊。金融危机彻底爆发，金融海啸迅速席卷全球。

金融危机后必将会留下金融监管的新烙印。奥巴马总统于2010年7月签署了《多德-弗兰克华尔街改革与消费者保护法案》（简称《多德-弗兰克法案》），开启了金融监管的新时代。2008年金融危机之后，美国学界掀起了一股研究金融系统性风险的热潮。这些研究广泛涉及2008年金融危机产生的原因、金融系统性风险的产生与传递机制、资产证券化、华尔街薪酬机制及金融衍生品交易等问题。

所有这些问题的核心是金融系统性风险的规制，学者们积极探讨对金融系统性风险进行规制的正当性、规制金融系统性风险的方法与金融系统性风险的国际规制等问题。也有学者深刻反思金融领域的监管体制，批评2008年金融危机爆发之前的放松规制，并积极探索新的监管体制。本章拟对美国学界对金融系统性风险进行规制的理论成果进行介绍。

一、系统性风险

（一）系统性风险的定义

2008年金融危机之后，美国学界将系统性风险作为金融体系中重点研究的问题之一，然而，系统性风险是一个复杂的概念，目前学界对此并未形成统一的概念。但只有界定清楚系统性风险，才能对其进行有效的规制。国内外学者分别对系统性风险提出了自己的概念框架。

杜克大学的史蒂芬·施瓦茨（Steven L. Schwarcz）教授（2008）提出，"系统性风险是指（1）一次经济冲击例如市场失灵或机构倒闭（通过恐慌或者其他方法）诱发了：①一系列的市场失灵或机构的倒闭；②金融机构一系列的重大损失。（2）导致资本成本的增加或者可用度的减少。这通常通过重大的金融市场的价格波动而表现出来。"[1]芝加哥大学金融学教授考夫曼（Kaufman）提出，系统性风险是指金融体系中的某个特殊事件引发了多米诺骨牌效应，致使整个金融系统陷入连锁损失的风险。[2]阿兰·格林斯潘（Alan Greenspan）认为"系统性风险更倾向于指代那些显著的金融系统的瓦解。对于他人可能认为是自然的、健康的亦或是有害的市场产物，观察者可能更会用'市场失灵'这一术语来描述。"[3]美国证券交易委员会主席夏皮罗（Mary L. Schapiro），在一次讲话中提出了对系统性风险的见解，他认为，"系统性风险分为两类：（1）突然发生的短期系统周期性混乱或连锁性故障风险。（2）相较于小型金融机

---

[1] Steven L. Schwarcz, "Systemic Risk", *GEO. L. J*, 97 (2008), pp. 193~204.

[2] George G. Kaufman, "Bank Failures, Systemic Risk, and Bank Regulation", 16 *CATO J.* 17, 21 n.5 (1996), http://www.cato.org/pubs/journalcjl6nl/cj16nl-2.pdf, 访问时间：2015年5月6日。

[3] "The Financial Crisis and the Role of Federal Regulators: Hearing Before the H. Comm", *Oversight and Government Reform*, 110th Cong. 35, 37-38, 89 (2008)（联邦储备委员会前任主席艾伦·格林斯潘的观点）。

构,我们的系统更喜欢大型系统重要性金融机构,灵活的竞争者就会减少系统自身的能力去创新并适应改变,从而引发长期风险。"[1]英国剑桥大学教授约翰·艾特维尔(John Eatwell)认为:"金融机构因承担过多风险产生了相应的外部效应……该外部效应又从根本上导致了金融体系系统性风险的产生。市场中因存在异质性,才能维持金融市场的流动,异质性是其稳定的根本。然而国际金融市场已经显现出明显同质化趋势,因此系统性风险日积月累,威胁金融体系的稳健发展。"[2]金融稳定委员会、国际货币基金组织以及国际清算银行曾经发布的一份报告中指出:"系统性风险可以被定义为一系列金融服务机构垮台的风险,具体而言,这样的风险是由全部或部分金融体系受损造成的,且该风险会对实体经济产生严重的负面影响。"[3]哈佛大学法学院教授思科特(Hal S. Scott)认为,系统性风险是指一个重要的金融机构破产引起的风险或者是由于金融机构间相互的联系,导致其他重要的金融机构破产的风险。[4]也有学者认为系统性风险还应包括一次外部冲击同时引起或推动多个重要的金融机构垮台的风险。

学界对系统性风险的定义大致可分为三类:

第一类,有些学者认为,组成金融体系的诸多金融机构乃至市场形成一条链条,某一系统性事件的出现,触发该链条上的众多金融机构可能遭受连续殃及的损失。而这样一种遭受损失的可能性就

---

[1] "Testimony Concerning Regulation of Systemic Risk: Hearing Before the Common Banking, Housing and Urban Affairs", 111th Cong. 1 (2009), http://banking.senate.gov/public.index.cfm?FuseAction = Files.View&FileStore - id = 4c3a14d4 - ddee - 4873 - b56d - c7313cd55398, 访问时间:2015 年 5 月 6 日

[2] 英国剑桥大学教授 John Eatwell,《国际金融监管与系统性风险》(2008),中国银监会研究局刘春航编译。

[3] Int'l Monetary Fund et al., "Report to G20 Finance Ministers and Governors: Guidance to Assess the Systemic Importance of Financial Institutions", *Markets and Instruments: Initial Considerations*, (2009), pp. 5~6.

[4] Hal S. Scott, "International Finance: Transactions, Policy, and Regulation", 2009, 16th ed, pp. 173~174.

是系统性风险。在这一类定义当中，触发最终损失的风险是一个"事件"，造成的损失是指触发该链条上的众多金融机构可能遭受连续殃及的损失。

第二类，有些学者认为，只是金融系统中的一次常规的金融经济冲击，恰巧引发了金融机构股价根本性的波动，众多公司的资产流动性出现显著性降低的现象，甚至可能会导致某些金融机构的破产及一系列损失。引发这样损失的可能性便是系统性风险。这样的定义中，引起大规模损失的只是一次温和的、常规的金融经济冲击，造成的结果则是股价波动、流动性降低甚至公司破产等严重的损失。

第三类，还有学者认为，金融体系中的各个金融机构之间是相互联系影响的，这样的特性就会对金融体系中的参与者提出高要求，反之，其中某一参与者违约，将会对其他的参与者产生负面的反作用，其他参与者将会遭受到连锁的损失。这样的因他人违约而导致其他参与者被殃及的损失可能性，就是系统性风险。对于此类定义，参与者的违约行为是导致此类损失的根源，最终造成的是其他参与者遭受的反作用。

上述三类定义对系统性风险的触发事件、造成的损失结果及遭受损失的范围等的描述都不尽相同。虽然各位学者都尝试着去定义系统性风险，且未形成统一的理解，但众多纷繁复杂的定义至少都包含着一个基本的因素，那就是系统性风险包含某一件触发事件，该事件引起了一系列的负面效应。这样的严重后果，轻则会导致金融机构的接连破产，重则会引起金融市场的瘫痪，导致市场流动性显著下降，使消费者对金融业务失去信心，波及的范围也会扩大至全球，引起全球性的金融危机，正如2008年金融危机。

众多学者对于系统性风险的定义都有一个共同点，即损失是由一个系统性事件引发的，最终引起了多米诺效应，即一系列的连锁反应。而该项结果可能涉及金融机构自身，也可能涉及整个金融市场，甚至是同时引发了金融机构及市场的损失。史蒂芬·施瓦茨教授根据该风险结果波及范围的差异，将其分为金融机构中的系统性风险以及金融市场中的系统性风险。[1]

其一,金融机构中的系统性风险。众所周知,金融系统中,资本主要来源于金融业(包括银行及其他金融机构)。若此类机构倒闭,资本丧失应有的来源,便会造成其他公司经营困难,银行相继倒闭,社会资本的总额和可用度也会大打折扣。美国大萧条时期的诸多银行倒闭,便是金融机构中的系统性风险的有力例证。1929年10月29日,美国民众聚集在纽约华尔街,眼看着自己的积蓄付诸东流,美国当天的股市暴跌,证券市场遭受巨大打击。在此背景下,美国的一家银行倒闭,美国民众陷入极大的恐慌之中,为保存自己的财产利益,大家轰挤到银行,急于将自己的储蓄变现。然而那时的美国银行并没有充足的存款准备金供储户兑现,银行因此而破产倒闭。而与此银行相关联的拆借银行,会因该倒闭银行的违约,导致自己的破产,随之而来的,便是一系列银行机构的倒闭。大萧条时期,竟有9000多家银行相继破产倒闭。此为金融机构中的系统性风险。

其二,金融市场中也存在着系统性风险,此时要将金融市场的自身风险与系统性风险区别开,二者是两种截然不同的风险,共存于金融市场中,二者的关系决定了投资者能否通过多样化投资的方式,分散风险,进而盈利。具体而言,当系统性风险与金融市场自身的风险不相关或不相佐时,此类风险可以由投资者的投资手段予以消除,但系统性风险对金融市场产生实质性的影响,那投资者的投资手段便不能完全避免系统性风险。

假设一个投资公司通过资产证券化的形式进行投资,与众多交易对手达成合约,若该投资公司出现经营困难,出现与交易对手某项交易违约的情况,那么他的交易对手可能会以市场价格进行对冲平仓以期减少自身因对方违约而造成的损失。但若此时储户冲到银

---

[1] Steven L. Schwarcz, "Systemic Risk", *GEO. L. J*, 97 (2008), pp. 198~201.

行要求挤兑[1]，该投资公司大量的交易对手同时要求平仓[2]，巨大的交易额无法保证每一个交易对手都能以原先的市场价格进行平仓，进而引起市场价格的波动，引发一系列的损失。

因此，正如史蒂芬·施瓦茨所述，我们不能将系统性风险割裂地看待，仅仅看到金融机构抑或是金融市场中的风险，而要用综合的眼光，认识到系统性风险是同时存在于以银行为代表的金融机构以及金融市场当中的。现在而言，非居间化的发展使得众多企业不用通过银行及其他金融机构作为中介进行融资，而是可以直接进入资本市场，获得企业经营的资金来源。这样一来，在分析系统性风险时，就要将监管的重点放在资本市场上来，而不能单纯地依靠金融机构的规模来判断系统性风险产生的可能性。

（二）系统性风险的来源及传播

1. 系统性风险的来源

学者们对诸多系统性风险的来源进行了鉴别。下文中所讨论的这些来源可作为在衡量某一特定市场要素（例如，某一市场参与者、市场本身、市场基础建设或者市场活动）是否会引起潜在的系统性风险时的决定性因素来加以考虑。系统性风险可以因某一单一因素而逐步放大，但也极可能通过下列因素的共同影响而逐步累积。在衡量系统性风险潜在的发生概率时，市场规模、内在联系和可替代性是最常考虑的核心影响因素。此外，还有许多其他因素也可以引起系统性风险，但是将这些因素分割开来独立考虑时，并不会对市场系统性风险产生决定性影响。下文中我们将对这些因素进行更为详细的阐述。不过这里需要指出的是，由于无法穷尽所有的影响因素，我们只能对部分因素进行详述。

---

[1] 挤兑是指存款人集中大量提取存款的行为，是一种突发性、集中性与灾难性的危机，是由于消费者对银行给付能力失去信心而产生的从银行大量支取现金的现象。

[2] 平仓是指期货交易者买入或者卖出与其所持期货合约的品种、数量及交割月份相同但交易方向相反的期货合约，了结期货交易的行为，简单地说就是原先买入的就卖出，原先是卖出的就买入。

（1）规模。

在判断系统性风险的可能性时，规模通常都被认为是最重要的因素。从人们通常的概念上来理解，某一市场因素的规模越大，其失灵时对整个市场所造成的危害会越大。尽管我们通常都认为系统性风险的产生与银行部门不无关系，但是非银行部门的扩张和增长已经明确指出这样一个道理：是金融机构的规模、而不是其地位，在对系统性风险起着举足轻重的作用。[1]

从市场角度看，规模也是一系统性风险的决定性因素。由于市场提供流动性，因此一旦某市场达到一定规模，其本身就会产生风险。从投资产品，尤其是那些复杂程度高、缺乏透明性和（或）具有不良销售行为的产品的角度看，规模也会对其产生很重要的影响。然而，仅用绝对规模来表示系统重要性会使得一些系统性风险的来源被忽略。就实体、行为或市场本身而言，仅仅规模这一个因素并不能完全决定系统性风险。

（2）互相关联性。

在衡量系统性风险时，机构或者市场之间的互相关联性是一关键因素。因此，监管机构不仅需要从企业的层面来分析一个公司，而且也要从产业角度加以审视。由于诸多因素的影响，如全球化（包括世界金融机构的增加）、金融改革（金融衍生品，证券化以及大额融资等）、商业策略、技术和产品特点等，金融系统内外部的互相关联性已有所增大。除此之外，通讯技术的发展加快了信息在机构、市场间的传播，从而也加速了互相关联性的影响速度。[2]

上述市场发展导致了"联系过密而不可倒"这一观念的引入，同时也促进了各种衡量这种互相关联性的方法的发展。不得不承认，关联程度的分析非常复杂并很具挑战性。一家因规模不够大而看起来不具系统重要性的公司，很可能因为和其他机构高度关联而成为

---

[1] Steven L. Schwarcz, "Systemic Risk", *GEO. L. J*, 97（2008），pp. 198~201.

[2] Iman Anabtawi & Steven L. Schwarcz, "Regulating Systemic Risk: Towards an Analytical Framework", *Dame L. Rev*, 86（2011），p. 1352.

系统重要性金融机构。如果参与者互相联系，相互依赖，那么系统性风险发生的可能性会增加。互相关联性透明度的提升可以帮助监管机构和市场参与者理解系统性风险的传导机制，从而便于其采取预防措施来应对系统性风险传播所带来的不利影响。

互相关联性不仅存在于银行之间，而且也存在于其他的市场参与者（如保险公司、经纪人、托管机构以及对冲基金）、清算和结算系统或者市场之间。在执行或制定决策的时候，市场参与者一般都不会考虑自身对其他人产生的冲击影响（被称为外部性），这些溢出效应会大大增加金融市场的脆弱性。[1]例如，在设定资本水平时，市场参与者不会将其降低瀑布式破产和金融市场不稳定的作用考虑在内。

市场参与者之间的联系不仅仅是信贷或者对手方风险敞口等直接影响因素影响的结果，也受一些间接因素和信息传递渠道的影响，而后者比前者更难以界定和预测。

（3）缺少替代品以及产品过于集中。

只有当一个或者少数几个市场参与者提供某种商品或者进行某种活动的时候才会出现集中度风险。当没有有效或是潜在的替代品时，那么产品过于单一引发的影响就会凸显出来。例如，提供诸如清算和结算系统等关键性服务的市场基础设施的实体往往缺少替代品，因此，该市场必然存在集中度风险。

同样，当某市场发挥其作为交易和集资平台的功能时，市场本身也暗含着集中度风险。如果当这种市场被作为对冲重要性风险或提供重要价格发现机制的唯一途径，为市场提供极为重要的资本流动性时，风险会进一步加剧。比如，作为投资者短期资金的重要来源，回购市场已广泛地被许多市场参与者所使用。因此，该重要市场一旦失灵，将会为该市场的参与者带来严重的后果。[2]

---

[1] Steven L. Schwarcz, "Systemic Risk", *GEO. L. J*, 97 (2008), pp.193~250.

[2] Fontaine, Jean – Sebastien, Jack Selody and Carolyn Wilkins, " Improving the Resilience of Core Funding Markets", *Bank of Canada Financial System Review*, December 2009, see http://bankofcanada.ca/en/fsr/2009/fsr_1209.pdf, 访问时间：2015年5月8日。

此外，在某市场中，当一小部分市场参与者控制了整个交易过程时，也会出现集中度风险。这种流动性过于集中的现象将会使市场依赖于参与者持续不断的支持。比如，在 CDs 市场中，雷曼公司是重要的流动性提供者，其经营不利曾严重加大了许多其他市场参与者在风险敞口方面存在的不确定性，并对他们的资产负债表造成一定程度的影响。这些市场参与者需要非常努力才能抹平自身对雷曼兄弟的风险敞口，通过置换交易调平账项。

金融危机结束后，部分市场参与者被淘汰，关于金融界整合的市场压力还在持续，这使金融机构数量下降，从而使得能够发起兼并活动的能力集中于少数几个公司手中。当某些特定风险集中于一个或少数几个市场参与者手中，而这些市场参与者又不能很好地控制或规避这些风险时，也会导致系统性事件的发生。通过调整持有头寸和对交易对手的风险敞口，个人市场参与者也会成为集中度风险的制造者。若这些个人参与者的规模较大，将会使金融系统产生的风险更加复杂。

（4）缺乏透明度。

市场参与者需要关于市场或者产品全面而准确的信息来测量潜在收益和风险敞口。市场透明度缺乏，有关产品特征和市场现状的信息披露不足，会引起诸如资产价格不确定性等问题。因为产品估值与产品风险直接相关，所以，市场参与者要求市场具有一定的透明度。某产品的透明度缺失会导致无法正确评估其风险和进行次优价格评估。风险低估和由此造成的风险错误定价又会反过来引发资产泡沫或使复杂金融资产更为广泛的分布在那些不能够很好评估自己风险的投资者手中。

对于证券监管者来说，透明度的缺乏与产品复杂性相结合是其关注的重点。产品复杂性"会导致存在于金融工具发行者和投资者之间的内在信息不对称性"。[1]市场透明度有助于一个有效的价格

---

〔1〕 Steven L. Schwarcz, "Systemic Risk", *GEO. L. J*, 97（2008）, pp. 193~250.

第八章 美国金融系统性风险及其法律规制研究综述

形成机制的建立,促进市场流动性。就标准化产品、价格发现和公开交易方面而言,交易所交易证券和衍生品的交易提高了市场透明度;而 OTC 市场交易证券和衍生品市场相对来说透明度较低。透明度的缺乏将对市场参与者的合理定价和风险评估产生不利影响,也会影响到市场监管机构识别系统性风险累积的能力。在这一方面,商品期货市场技术委员会专责小组指出,大型交易者的头寸信息将有助于监管机构在此方面的监管工作。

(5)杠杆。

杠杆的放大作用使其成为系统性风险的重要来源之一。通过杠杆作用,非系统性风险可以演变成系统性风险。通过直接使用借贷资金或通过衍生品或其他内嵌杠杆产品进行间接投资,投资者可以实现杠杆化。杠杆作用可以让一个或多个小公司成为一个资产类别中的重要市场参与者,进而成为一个潜在的系统性风险影响者。

在全球金融危机之前,市场中杠杆作用使用泛滥,使市场参与者不得不对他们的资产负债表和投资组合进行去杠杆化(deleverage)处理。这一做法使得市场参与者不约而同地出售资产,从而加速了金融危机中市场价格的螺旋式下降。

(6)市场参与者行为。

市场参与者的行为会导致资产的错误定价和金融系统内风险的累积。许多宏观经济因素可以影响到市场参与者,例如,持续较低的名义[1]利率和不寻常的低风险溢价,这些因素的影响最终会造成过度杠杆化和冒险行为。"或是由于近几年市场的良好表现,或是由于因财富不断增加而降低的风险厌恶情绪,或是由于两者的共同影响,在经济持续繁荣时期,市场参与者会对其出现损失的风险过分乐观,集体低估了风险。"

当许多个体或者公司同时以相似的方式行动时,市场就会出现

---

[1] See "International Monetary Fund", *Global Financial Stability Report*, Chapter 2, April 2010, see http://www.imf.org/external/pubs/ft/gfsr/2010/01/index.htm,访问时间:2016 年 1 月 14 日。

羊群效应。引起羊群效应的因素很多且会导致市场出现多种问题，首先与之相联系的就是资产泡沫的出现，然后是市场的非理性恐慌，这种恐慌会引起市场瘫痪或者一个乃至多个市场价格的迅速下跌（如由于风险偏好的降低）。如今，信息的快速传递进一步促进了市场羊群行为的发展。在监管机构管辖范围内，如果缺少收集交易活动以及/或者头寸信息的机制，要识别羊群效应将非常困难和富有挑战性。

（7）信息不对称和道德风险。

金融市场是否能有效地发挥其功能高度依赖于信息的流通，因此，金融市场不可避免要受到信息不对称问题的影响。在这种情况下，市场参与者评估金融产品质量和中介服务质量、评价交易对手方可靠性方面（如评估交易对手方风险）的能力都会受到挑战。

由于中介机构的报酬结构大多只关注短期利益，投资者和中介机构的利益可能会不一致。这会诱使某些中介机构利用信息不对称的优势，把自身的利益放在顾客的利益之前，从而导致风险的错误定价或者对产品的不恰当的选择，这种情况如果蔓延开来，就可能成为系统性风险的来源。

信息不对称也会引发道德风险问题。当市场参与者掌握信息的程度不同或某些市场参与者被其他参与者孤立开来，他们的行为就会引起一些问题。市场参与者如果不必对自身行为负责，会导致其倾向于承担更高等级的风险，这样就会出现令人担忧的状况。举例示之，如果不进行尽职调查的后果并不严重，中介机构则可能不再恪尽职守。

道德风险也会扭曲金融机构的激励机制。有内在或明确政府担保的大型机构（如那些大而不倒的机构）会因其更低的资金成本而具有相对优势，因此，贷款给这类机构的企业会因此优势而认为其不偿还资金的概率变小，因此，会要求相较于没有此优势时更低的贷款利率。进一步来说，资金的低成本使得大型金融机构可以很方便地借到钱，从而鼓励其承担更高的风险。道德风险和信息不对称的概念一直被用于解释证券化市场、信用评级以及中介分销业务中出现的问题。

2. 系统性风险的发展与传播[1]

尽管风险可以在系统的不同部分以不同的形式累积起来,但是若要系统性风险爆发,则需要催化剂的触发作用,即一个突发事件能够将负面影响从诸多实体和市场最终扩散到实体经济。实际上,催化剂通常都是一系列事件或者许多事件的组合。

触发事件可能是突然的和不可预测的,因此,对于证券监管机构而言,关注系统性风险的来源以及风险如何传播非常重要。只有这样,才有可能限制某个事件的发生。尽管触发事件很难预测,但了解这类事件的发生形式可以预防其出现或者限制其影响。

系统性事件的触发事件可以是广泛存在的,同时会影响许多市场参与者或者金融系统的多个组成部分。触发事件也可以是微观层面,即仅通过影响某个或多个参与者或者组成部分进而引起连锁反应。此外,触发事件还可以以宏观和微观事件相结合的形式出现。

触发事件本身可能是很明显,也可能并不起眼(如对市场参与者偿债能力的担忧),但是触发事件有雪球效应。作为触发事件的结果,市场参与者需要重新衡量自身的风险敞口,并对持有的投资组合和业务运营做出相应的调整。

其一,宏观事件。说到系统性事件,人们想到最多的是可以同时影响整个金融系统或者系统内的多数机构的冲击。这种宏观冲击一般都是能同时影响金融系统多个部门的单一事件。市场参与者共同承担的风险敞口能够导致其几乎同时遭受损失,从而威胁到这些市场参与者的偿债能力。外在的宏观事件(如起源于金融系统外部的事件)可能有多种形式,且一般与货币危机有关。比如,1998年俄罗斯和巴西的货币危机。然而,其他类型的宏观经济问题,如

---

[1] 参见国际证监会组织技术委员会:"降低系统性风险——证券监管机构的角色",载《证券法苑》(第15卷),法律出版社2015年版,第374~379页。

OPEC 的石油危机、房价下跌问题，甚至是农作物歉收也能够同时影响大量的市场参与者。这些类型的事件以诸如直接持股或者衍生品这样的多种方式与证券市场相联系。起源于证券市场内部的事件也可能与系统性风险有关。例如，市场估价大幅下跌，又或者市场突发事件，会对这些市场参与者产生大范围的同时冲击。

其二，微观事件。即便触发事件可能是从一小部分公司或者市场开始，系统性风险依然值得我们担忧。通过直接和间接的联系，这样的触发事件可以扩散到证券市场的其他部分，并最终影响到整个实体经济。

3. 风险传播

系统性风险的另一个关键要素是触发事件的负面影响在多个公司以及/或者市场之间的传播渠道。如果传播的范围足够广，触发事件可能就会威胁到金融市场的稳定和实体经济活动。这一点已经在这次金融危机中得到证实，期间抵押承销业务的失败正是通过证券化传播到了整个金融市场。

在某种程度上，金融市场的存在就是为了将风险从一个市场参与者传播到另一个参与者那里。这样一来，市场条件变化的影响自然作为市场面对新信息调整的一部分被传播开来，这种传播对于市场有效发挥作用非常关键。但是在面临压力的时候，这些渠道也会导致系统性风险的传播。

风险主要通过两种渠道从一个公司或市场传播到另一个公司或市场，从较大的金融系统传播到更广泛的经济领域。第一种传播方式是实体之间存在直接的金融风险敞口。例如，一家公司亏损或者更极端的情况——破产，会对与这家公司有债务关系的公司产生直接影响。第二种传播方式是通过信息效应。证券市场严重依赖于信息，并且容易受到能被察觉的各类风险变化的影响。这种风险传播渠道如同直接的金融敞口一样具有毁灭性，但是对于监管机构而言，要了解并解决它则更具挑战性和现实意义。学者们已经甄别了风险传播的五大渠道，主要是金融敞口或者信息渠道，又或者是两者的结合。

（1）对手方风险敞口。

金融系统通常都被描述为一张互相关联的资产负债表网络。同样地，证券市场是相互关联的交易账户和投资组合的网络。市场参与者通过彼此之间的交易关系（像衍生品合约）或者作为中央对手方的成员联系起来。

市场中介彼此之间进行交易，其中证券经纪商市场对证券市场的重要性就像银行同业拆借市场对银行业一样。这些互相关联性关系形成了对手方或者信贷风险传播的渠道。

（2）流动性的变化。

流动性实际上是金融系统的命脉，它允许参与者可以有效进入或者退出资产，而不对证券价格产生不恰当的冲击。流动性市场也是市场参与者融资和资本的重要来源。流动性快速消失会影响公司执行金融债务的能力，也能成为让触发事件负面影响传播到证券市场乃至金融体系的渠道。

（3）反馈环。

如果一个过程从一个阶段发展到另一个阶段而不受干扰，这个过程被称之为紧密耦合。[1]在金融市场里，当交易建立在价格变化基础上时，会随后引起资产价格的进一步变化，紧密耦合就会出现。从这个方面来说，资产价格的变化是自我调节的。举个例子来说，在信用等级被下调后，尤其是那些要调低到投资级别以下的产品，会迫使投资者将手中的头寸套现，使该产品的资产价格存在下降的压力。

当交易中使用自动化程序时，就会发生紧密耦合现象。如果证券的价格是由交易算法或其他交易商设定，在这种算法对证券价格的变化做出反馈时，算法交易就能够创造出反馈环。当合约要求对

---

〔1〕"紧密耦合"的概念是由 Richard Bookstaber 在他的文章"The Myth of Non-Correltaion"中首次提出的。See http://rick.bookstaber.com/2007/09/myth-of-noncorrelation.html，访问时间：2015 年 5 月 8 日。

价格变化做出回应时（如债务契约），风险便可通过这一方式传播。

（4）相关性。

相关性是指同时受到某个事件或是发布新消息的影响，不同资产价格同时变化的趋势。相关联的资产能够通过价格变化将风险从系统的一个部分传播到另一个部分。当投资者持有相似的投资组合或者运用相近的策略时，某一资产价格的急剧变化会引起许多市场参与者做出类似的投资组合决定。个别来看，这些决定本身不会形成系统性风险。然而，如果从集体行为来看，这些看上去可能理性的决定却会对资产价格和市场流动性造成巨大影响。

如果市场参与者没有完全搞懂这种相关性或者相关性随着时间推移而变化，不同资产价格之间的相关性及其放大效应会导致系统性风险。在处于金融压力的不同时期，相关性的变化很大。在相关性发生变化时，市场参与者预知某一资产价格会对其他资产价格变化进行调整的能力就会减弱。投资和风险管理策略建立在金融资产相关性的基础上。因此，当被认可的相关性发生改变时，市场参与者可能会遭受巨大损失。

（5）失去信心。

尽管人们普遍认为风险是通过市场参与者之间的直接金融联系传播的，但是系统性风险也可以通过信息效应来传播，后者这信息效应与明显的互相关联性和直接的因果联系无关。[1]一个公司或者市场的损失可以引起其他公司或市场出现不确定性。

这种不断被加强的担忧会导致其他市场参与者行为的变化。他们将会尝试通过规避某些对于方、市场或者产品来降低自身风险。基于系统性事件的市场通常与大量决定降低承担风险的投资者有关信息的缺乏以及未能将稳健的对手方、市场或者产品与那些具有风险的区分开来，会引起人们对证券市场的一个或多个部分丧失

---

〔1〕 Kaufman, "Banking and Currency Crises and Systemic Risk: Lesson from Recent E-vents", see http://www.highbean.com/doc/1G1-65379501.html, 访问时间: 2015年5月8日。

信心。

二、规制系统性风险的正当性

系统性风险是无法从根本上避免的,既然如此,政府又是否有必要介入对其进行规制呢?我们能否依靠市场参与者自身来识别风险进而对其进行规制呢?我们认为,金融市场参与者并不会尽足够的努力这样做。政府层面的金融规制手段对于管理此风险是急需且必要的。部分学者从论述市场参与者自身处理系统性风险的能力与动机方面的局限性和政府采取的监管手段不足以应对风险的角度,来证明对系统性风险进行全面系统规制的必要性。

(一)管理者与股东间的利益冲突

在公司内部,利益冲突不仅存在于高级和低级公司日常运营人员间,更存在于没有管理权的利益相关者间,例如,股东、债务持有者及雇佣者等。这在公开上市的大公司中尤为常见。在这样的公司中,公司所有权是非常分散的,管理者只拥有极小的一部分公司份额。因此,管理者自身私利并不必然与其他的利益相关者的利益相一致。

上述利益冲突通常被称之为公司所有者和运营者间的"代理问题"。[1]利益冲突这一概念十分重要,因为利益冲突暗示着公司进行风险管理所耗费的管理成本。如果管理者完全不用为公司风险所引发的后果承担责任,那么他们的决定将不会准确反映公司进行风险管理所付出的成本。

实际上,高级和低级管理者都会受利益驱使,从而低估公司将会承担的风险,盲目做出决定。这就会导致他们无法准确识别低概率风险与公司整体之间的关系。金融机构通常会以公司普通股价值或其控股母公司的普通股价值来奖励高级管理者。[2]但在实际操作

---

[1] STEPHEN M. BAN-BRIDGE, *Corporate Law*, 2008, 2d ed., p. 75.

[2] Lucian A. Bebchuk et al., "The Wages of Failure: Executive Compensation at Bear Stearns and Lehman 2000-2008", 27 *YALE J. ON REG.*, 2010, pp. 257, 263~264.

中，这些薪酬体系会刺激管理者用与股东喜好相佐的方式管理公司。例如，以奖励期权为主的奖励机制，即，只要符合规定的资格要求，在特定的时间段内期权所有者享有以事先规定的价格购买公司普通股利益的权利。当然，事前规定的价格会比市场价格低，所有者可通过市场交易的方式，从中赚取差价。这些薪酬奖励机制都会激励管理者将目光集中于短期的结果而不是长期的结果，也就是说他们会着眼于手中期权的短期差价，从中获利。[1] 管理者确实被允许将他们手中的期权兑现，然而，他们做出的公司决定所带来的风险却被转嫁到公司身上。在经济上升期，他们还可以获得额外的奖金，但在经济低迷期，除了他们手中的期权会因公司经济的发展受到轻微的影响外，他们根本不会因公司的损失而损害到个人的薪酬。典型的以公司效益为基础的奖金机制也是如此。即使引入了限制性权益股票[2]，企图依靠它来激发管理者的工作热情，将管理者与公司整体的利益拉近的做法，也不能完全将管理者和股东间的规制动机统一，因为限制性权益股票和非限制性权益股票的投资期不一样。[3]

金融机构中次级管理者的薪酬机制也会引起利益冲突。次级管理者的薪酬水平是依据他们被指派任务的执行情况来确定的，与他们的长期行为表现并没有太大的关系。尽管这些次级管理者并不像高级管理者一样，主管公司的大政方针，但是他们在可能会影响他们手下员工财务健全的问题上，掌握着较大的自由裁量权。[4] 例如，

---

[1] Lucian A. Bebchuk et al., "The Wages of Failure: Executive Compensation at Bear Stearns and Lehman 2000-2008", 27 *YALE J. ON REG.*, 2010, p. 265.

[2] 限制性股票是指上市公司按照预先确定的条件授予激励对象一定数量的本公司股票，激励对象只有在工作年限或业绩目标符合股权激励计划规定条件时，才可出售限制性股票并从中获益。

[3] Brian J. Hall, Kevin J. Murphy, "The Trouble with Stock Options 20" (Harvard Bus. Sch., Negotiation, Orgs. & Mkts. Unit, Research Paper No. 03~33, 2003), See http://papers.ssrn.com/sol3/papers.cfm?abstractid=415040, 访问时间：2015年5月10日。

[4] Steven L. Schwarcz, "Conflicts and Financial Collapse: The Problem of Secondary-Management Agency Costs", *YALE J. ON REG.*, 26 (2009), pp. 457~460.

次级管理者可能会对那些代表公司进行公司投资、证券销售与投资组合的设计等方面的专家和其他员工产生影响。而次级管理者对上述方面影响又会因他们手中任务的性质被强化。这些任务大多是技术型的，且比较有挑战性的，例如，分析结构复杂的证券组合、技术培训等。因此，大多数高级管理者对次级管理者的监管是相对较弱的。

如果管理者免受他们所作决定带来的负面风险的影响，一般来说，他们从公司巨额收益中的受益额将远高于他们随着公司经营失败可能会遭受到的经济损失。这种不对称的薪酬结构将会使管理者低估自己所做的决定给公司带来的潜在负面后果。管理者更倾向于谋划高风险的公司战略，这样的战略往往会伴随着诸多变量或者难以期许的回报。事实上，即使看到或预测到他们拟采取行动的内在风险，他们仍然会选择这么做。原因很简单，公司的管理者与其他股东之间的利益冲突导致管理者会用公司的资产去过度冒险。[1]

（二）管理者的行为偏好

行为偏好是金融公司中另一个影响管理者评估低概率风险事件能力的重要因素。在行为偏好的影响下，个人在做出决断时会产生系统误差。这种偏好会引导决策者对某些项目过度自信，甚至会错误地处置公司资产。[2] 总的来说，这些偏好暗指，在经济稳定发展时期，管理者更倾向于抓住机遇，不惜冒险以换取高额回报。久而久之，他们变得对自己加到公司身上的外部风险感到麻木。我们要知道，即使是在金融市场中，人类的理性也是有限的。投资者是踌躇满志的，经常跟随其他投资者的选择或者过分依赖片面的信息，

---

[1] Iman Anabtawi, "Explaining Pay Without Performance: The Tournament Alternative", *EMORY L. J.* 54 (2005), pp. 1557~1561.

[2] Matthew Rabin, "Inference by Believers in the Law of Small Numbers", *Q. J. ECON.*, 117 (2002), pp. 775, 776, 785~787.

比如评级机构的评级。[1]而同时，市场参与者也容易恐慌。[2]

　　经济冲击的发生规律是很难准确预测到的，想要预测到经济危机到底何时发生，这更是难上加难。为评估多种后果的可能性，必须依据可获得的数据，然后从这些数据中抽象出一般性的规律。但在数据有限的情况下，就很有可能造成我们所观察到的数据并不能完全呈现出真实潜在的风险分布。在观察个人如何在数据有限的情况下评估风险做出决策时，我们发现行为偏好起到了极大的指导性作用。[3]"乐观偏好"就是一个已观察到的行为模式，当个人遇到不确定事件时，他们总会怀有不切实际的乐观态度。这就包括高估积极的后果，同时也包括低估消极的后果。另一个偏好就是指，在某一事件已经发生且带来严重的后果之后，公司会根据距离该事件已发生的时间间隔长短和该事件带来后果的严重程度来评估此类事件再次发生的可能性。这样的偏好被称为"可获性偏好"，它反映出近期发生的事件是一个人的意识中最容易获得的参考案例。乐观偏好和可获性偏好就很好地解释了为什么个人在经营公司做出决策的过程中会低估交易中的风险。当个人意识中没有近期的类似极端的事件经验，他们就会倾向于盲目地自信，自然会低估此类事件的风险。对于决策者来说，他们会因为事件本身的平淡无奇而低估该类低概率事件，进而低估本应避免的交易风险。在经济相对稳定的阶

---

〔1〕 Steven L. Schwarcz, "Protecting Financial Markets: Lessons from the Subprime Mortgage Meltdown", *MINN. L. REV*, 93 (2008), pp. 373, 379~383, 404~405.

〔2〕 对于理性失灵如何解释 2008 年金融危机的全面分析，见 Geoffrey P. Miller & Gerald Rosenfeld, "Intellectual Hazard: How Conceptual Biases in Complex Organizations Contributed to the Crisis of 2008", *HARV. J. L. & PUB. POL' Y*807, 33 (2010). 金融危机的一个诱因可能是智力风险，"行为偏差对准确思考和复杂的组织分析有干扰的倾向。"同上，第 808 页。一些行为偏差的例子包括复杂性偏差，由于缺乏解释复杂信息的能力导致错误分析的倾向；激励偏差，"根据自身兴趣观察世界"的倾向；不对称偏差，依赖"已形成和固定的想法、判断和态度"的倾向。同上，第 813~818 页。在金融危机中，复杂组织中的行为者会通过无法正确获取、进行、传播和实现关键性风险相关信息来传播系统风险。同上，第 810 页。

〔3〕 Matthew Rabin, "Inference by Believers in the Law of Small Numbers", 117 *Q. J. ECON.*, 2002, pp. 775, 776, 785~787.

段,比如金融危机之前的十年,市场参与者可能低估小概率不利市场事件的风险性。他们也可能低估看似寻常的小概率事件。例如,正因为对抵押品非常熟悉,金融界成员可能低估房价暴跌所造成后果的可能性及潜在性。在某些情况下,抵押品价格下跌的影响发生了变化,本来被认为是超额抵押的抵押支持证券(保值的)变成了低额抵押证券(固然缺乏保障)。[1]

根据上文中两种偏好的描述,对低概率不利影响事件的评估就容易理解了。在没有显著负面经济冲击的时间段内,低估此类风险的问题会愈发严重,因为近期经济的稳定发展会缓和个人对不利经济冲击发生的恐惧。对于可能出现的经济数据低于平均线的状况,市场参与者可能一开始将这些数据仅仅当作是正常的经济现象。但是,事实上,这些不正常的数据现象都是风险发生的预兆。因此,个人的行为偏好会影响公司管理者对低概率风险进行评价的能力。

(三)金融系统的复杂性

金融系统的复杂性可能会导致公司管理者不能完全识别出低概率风险事件和公司财务之间的关联性。金融系统的复杂性指的是复杂的金融和法律关系网,这些金融和法律关系逐渐成为金融资产、投资证券和金融市场的基础。[2]即使是一个相对简单的金融资产,例如抵押贷款证券,也蕴含着复杂性。随着经济的发展,贷款发行人发展出多样且复杂的抵押贷款产品,将抵押贷款产品与可调整利率、低首付/无首付要求及只付息等条件相结合,进而增加了金融体系的复杂性。[3]影响贷款证券价值的因素有很多,包括债务人违约的可能性、利率的变化以及借款人是否会提前偿付贷款,这些因素

---

[1] Steven L. Schwarcz, "Protecting Financial Markets: Lessons from the Subprime Mortgage Meltdown", *MINN. L. REV*, 93 (2008), pp. 1367~1368.

[2] Steven L. Schwarcz, "Regulating Complexity in Financial Markets", *Wash. U. L. Rev.* 87 (2009), p. 214.

[3] Edward Vincent Murphy, "Alternative Mortgages: Risks to Consumers and Lenders in the Current Housing Cycle", *Cong. Research Serv.*, Rl 33775, (2006).

共同作用影响着抵押证券的投资回报。[1]当金融资产,例如抵押贷款,被用来支持投资证券时,其复杂性就会随之增加。这些所谓的资产支持证券,可以拆分成抵押贷款或任何其他类型的金融资产。例如,资产证券化包括特殊目的机构[2]基于金融资产池,创造并发行的不同级别的投资证券。[3]作为这些证券标的的金融资产起到担保义务的作用,投资证券的每个级别对于标的资产有不同的偿付优先级。[4]根据评级机构的评估,最高级别的证券可信度最高,被评估的级别也是很高的,因为这样最高级别的证券对标的的金融资产,相对于次高级的证券来说,享有优先分配权。证券化一般都会掺杂着多个特殊目的机构的创造和相互作用,以及有时会用到一些未经实践过的法律理论。[5]

金融资产和证券交易的市场中,充斥着多种不同金融公司间的复杂性,他们也会散布不实的消息。在这种不直接进行控制的体系当中,实际上所有的债务和股权都处于不同的交易之中,例如银行和经纪商等中介机构代表投资者持有证券的利益。[6]证券发行人将所有权记录归属于这些中间商。因此,第三方不能轻易决定到底是谁最终拥有这些特殊的证券,这就存在着很大的信贷风险敞口[7]。

---

〔1〕 Thomas S. Y. Ho, Sang Bin Lee, "The Oxford Guide to Financial Modeling", 348 (2004).

〔2〕 在证券行业,特殊目的机构指特殊目的的载体,其职能是在离岸资产证券化过程中,购买、包装证券化资产和以此为基础发行资产化证券,向国外投资者融资;也是指接受发起人的资产组合,并发行以此为支持的证券的特殊实体。

〔3〕 Steven L. Schwarcz, "Regulating Complexity in Financial Markets", *Wash. U. L. Rev.* 87 (2009), pp. 376~377.

〔4〕 Steven L. Schwarcz, "Regulating Complexity in Financial Markets", *Wash. U. L. Rev.* 87 (2009), pp. 376~377.

〔5〕 Steven L. Schwarcz, "Regulating Complexity in Financial Markets", *Wash. U. L. Rev.* 87 (2009), pp. 376~377.

〔6〕 Steven L. Schwarcz, "Regulating Complexity in Financial Markets", *Wash. U. L. Rev.* 87 (2009), p. 231.

〔7〕 风险敞口指未加保护的风险,即因债务人违约行为导致的可能承受风险的信贷余额,指实际所承担的风险,一般与特定风险相连。

一方面，金融系统中与金融资产相关的复杂性可以用来稳固金融市场。例如，复杂的证券使公司能够进行低成本的融资，然而投资者会获得高额的回报，并且这些专业的投资者更有经验，拥有应对这些风险的能力。另一方面，这样的复杂性也对市场参与者提出了巨大的挑战，他们需要去理解并预测他们所投资的金融工具在不同情况下是如何表现的。金融系统的复杂性使金融机构难以认识到或完全预测到低概率的经济冲击对他们公司经济发展带来的威胁。

金融系统的复杂性从多方面迷惑管理者，使其看不到风险。首先，它在金融工具的发行方和购买该金融工具的投资方之间创造了潜在的信息对称关系。其次，证券及其潜在的金融资产越复杂，进行必要的分析所耗费的成本会比，或至少看起来会比所获得的经济收益更多。[1]最后，个人在有效处理和利用复杂信息方面存在认知限制。例如，尝试引入数学模型，用以有效地评估金融工具，根据他们能否正确说明影响这些金融工具的变量，来识别他们间的关系，并进一步评估根据历史性数据得出的结果。但是，金融系统的复杂程度越高，金融模型就会变得越不可靠。因此，金融系统的复杂性会使金融机构怠于对他们购买的证券进行完善的分析，这就会使他们过多地依赖于简化的衡量指标，例如信贷评级，并将此作为自行分析的替代品。这样一来，公司很可能会低估他们投资组合中存在的风险，因为金融系统的复杂性弱化了风险的外部性，让其看起来不是那样的突出。

（四）监管机构放松规制带来的不良后果

1. 美国国会放松规制

国会放松规制的现象可追溯到1980年，那时的美国通货膨胀失控，国会担心信贷枯竭和储蓄机构的还款能力不足，分别在1980年和1982年通过了两项具有里程碑意义的立法。在1980年颁布的

---

[1] Steven L. Schwarcz, "Disclosure's Failure in the Subprime Mortgage Crisis", *UTAH L. REV.*, 3 (2008), pp. 1114~1115.

《存款机构解除规制与货币控制法案》(简称"DIDMCA")中,国会废除所有对优先抵押住房贷款的高利贷,包括州政府施行的高利贷。[1]两年后,国会又放松对房屋抵押贷款的规制,进一步授权可调利率抵押贷款,气球条款和1982年颁布的《可选择抵押交易平价法案》中的负分期偿付贷款。[2]这两部法律解除了现存的对多种高风险贷款的限制,包括非分期抵押贷款、负摊销抵押贷款、气球条款以及其他利用利率来获取高偿付可能性的贷款。这两部法律提供了一种放松规制的环境,并在此环境下只付息贷款和可调整利率贷款随后出现。这为以抵押贷款价格为基础的风险增加奠定了基础。

2. 美国联邦储备委员会放松规制

美国联邦储备委员会(以下简称美联储)规制的是银行控股公司持有的非银行抵押贷款的贷款人,但并非是由银行或储蓄机构直接或间接持有的。美联储对于2003年至2007年间规制的非银行贷款人,并未对其宽松的房屋抵押贷款承销行为采取强制措施。也并未常规地检查处于其监管范围内的非银行借贷子公司。[3]加之,国会授权美联储作为新金融控股公司的超级监管机构并监管金融集团造成的明显高度集中的风险,但美联储无权去检查金融控股公司旗下的投资银行或者保险承销子公司,也未给予其完成其职责所必需的所有信息。因此,美联储收到了国会的限制。

3. 储蓄监管局和货币监理署的监管效率低下

储蓄监管局对住房抵押贷款风险的监管仅局限于"轻触"监管,主要的形式有检查、不具法律约束力的指导和偶然非正式性的协议,

---

[1] *Depository Institutions Deregulation and Monetary Control Act of 1980*, Pub. L. No. 96-221, §§ 101-08, 94 Stat. 132, 132-41 (1980).

[2] *Alternative Mortgage Transaction Parity Act of 1982*, Pub. L. No. 97-320, §§ 801-07, 96 Stat. 1469, 1545-48 (1982).

[3] 德华·M. 格拉姆林奇在堪萨斯城联邦储备银行的住房、住房融资和货币政策研讨会上发表演讲:"繁荣和萧条,次级抵押贷款案例研究",可参见http://www.federalreserve.gov/BOARDDOCS/PRESS/enforcement2004/20040527/attachment.pdf,访问时间:2015年10月16日。

这些最终都没有起作用。对2007年和2008年储蓄机构破产的剖析，证明七大破产机构中的五个都是储蓄监管局监管下的储蓄机构。同储蓄机构监管局一样，货币监理署大多数情况下拒绝采取正式的强制措施，而是采取检查和非正式强制措施的形式。

综上所述，股东和管理者间的利益冲突、管理者的行为偏好以及金融系统自身的复杂性三点，组合起来促使公司低估自身决定对公司运营的负面影响。正是由于市场参与者自身评估风险的能力存在局限，规制在管理系统性风险过程中会扮演重要角色。[1]加之相应的规制机构都存在规制失灵的问题，因此，系统化的规制显得尤为重要。无论是1929年爆发的大萧条事件，还是2008年美国金融危机，都向我们展示了如果不对系统性风险进行有效的规制，该风险会对我们的金融体系造成难以想象的冲击。这些经济危机给我们的首要教训就是系统性危机发生之后进行处理的成本是非常高昂的。规制能够在很大程度上限制这些成本。有效的系统性风险规制能够削弱金融机构内部促进风险传递的那些联系。因此，要对系统性风险进行有效的规制。

三、政府对系统性风险进行规制的时机

史蒂芬·施瓦茨教授撰写了多篇论文探讨这一问题。既然规制是必须且有效的，那就要论证政府何时才需要对系统性风险进行规制的问题。在回答这一问题之前，首先要对系统性风险带来的结果进行分层分析，具体而言，系统性风险分为两个阶层的后果，只有当发展到第二阶的后果之时，才需要政府进行规制。

（一）第一阶后果

第一阶后果是市场参与者由于低估或疏于防范风险所遭受的不利影响，也可将其称之为市场失灵。具体而言，包括信息失灵、模

---

〔1〕 Thomas S. Y. Ho & Sang Bin Lee, "The Oxford Guide to Financial Modeling", 348 (2004).

型失灵以及人类处理失灵。可以简单地进行假设，第一阶后果就是，如果一家公司未能充分防范风险，只有这家公司会损失100万美元，其他人不会受到损害。

1. 信息失灵

风险分散导致的信息失灵至少有两种形式：披露失灵和观察失灵。其中披露失灵是指随着金融越发复杂，信息披露越发不准确。[1]面对这样的金融系统的复杂性，诸多因素共同作用，导致信息披露不够充分。第一，从技术上看，现有技术无法做到准确无误。第二，即使技术层面可以达到要求，但投资者也不愿意花费时间去理解。[2]例如，投资机构自身往往缺乏专业人员去评估复杂的证券化交易。加之，面对高额的专家聘请费，投资机构一般不会为聘请专家而增加自身的运营成本。因为聘请专家的费用是有形的，而从完全理解复杂交易中所获得的收益却是无形的。所以，即使"充分"披露，大型复杂对冲基金也会出现对复杂的资产支持证券（Asset Backed Securities，简称 ABS）、债务抵押证券（Collateralized Debt Obligation，简称 CDO）交易固有的风险无法理解的情况。[3]此外，"个体受聘用者与聘用者之间利益冲突所产生的代理成本"往往使得个体受聘用者在对复杂投资做评估时寻求捷径，比如"过分依赖""证券被评为某某投资等级"，而非花费大量的时间和精力去全面解读每项投资上百页的信息披露材料。[4]

观察失灵是指在信息失灵的作用下，包括由于信息披露不足以及市场中的信息反馈不足引起的信息失灵，也即，市场参与者因风

---

[1] Steven L. Schwarcz, "Regulating Complexity in Financial Markets", *WASH. U. L. REV*, 87（2009）, pp. 211, 238~245.（解释为何在面对复杂性时披露变得不足）

[2] Kathryn Judge, "Fragmentation Nodes: A Study in Financial Innovation", *Complexity and Systemic Risk*（Dec. 14, 2010）, unpublished manuscript.

[3] Robert P. Bartlett, Ⅲ, "Inefficiencies in the Information Thicket: A Case Study of Derivative Disclosures During the Financial Crisis"（U. C. Berkeley Public Law Res. Paper, Working Paper No. 1585953, 2010）, See http://papers.ssrn.com/sol3/papers.cfin? abstract－id＝1585953.

[4] Schwarcz, 前引文, 第1114~1115页。

险被分散了无法提供充足的信息，同时市场参与者会因缺乏必要的信息，处于更大的未知风险之中。这会造成市场参与者没有足够的信息去预测何种风险与系统性风险相关，以及何时这种相关性会将无关紧要的风险会转化为主要风险，进而导致系统性风险的出现。认知复杂性的限制也可以解释金融分析师甚至某些"专家"在解释相关性时的无能。人们会在不同的复杂度层次上看待同一现象。金融产品越复杂，可以做到足够细致地正确理解风险和评估产品价格的分析师越少。为了完成工作，许多分析师会在乐观的方面以经济形势大好的理由搪塞，过度简化分析流程。某种程度上，这些简化也会造成信息失灵，无法给投资者准确的评估信息，进而引发风险。

2. 模型失灵

近年来，为了进一步高效地分散投资者的风险，进行高回报地投资，计算机化的数学模型为分散投资提供更为复杂的技术支持。试想，在证券化市场中，[1]风险从资产的拥有者被分散到了以该资产进行抵押担保发行证券的发行人，以及其他为以上证券担保的市场参与者的身上。[2]在某一指定的市场中，资产抵押证券不仅被切

---

〔1〕 另一个金融产品常用的风险分散技术是信用违约掉期（CDS）：一种金融衍生品，即一方（卖方信贷）同意假定一个指定借款人或其他债务人承担一定债务的信用风险，以换取由第二方（买方信贷）来支付它的费用。见 Steven L. Schwarcz, *Structuredfinnce*: *A Guide to The Principles of Asset Securitization* §10: 1.1, at 10-5 (3rd ed. supplemented through 2010)。当债务人的"信用事件"（例如违约和破产）发生时，信用卖家将采取（a）参照违约债券计算支付给信用买家（b）从信用买家处全额购买债券（或其他符合条件的债务人的债券），同上。本文重点介绍通过证券化分散风险。证券化和 CDS 的一般化风险分散准则应是相同的；但包括 CDS 在内的衍生品有时会被用来投机，而监管担忧的仅是超过分散风险的部分。参见 Steven L. Schwarcz, "Systemic Risk", *GEO. L. J*, 97 (2008), pp.193, 219.

〔2〕 Vinod Kothari, *Securitization*: *The Financial Instrument of The Future*, 2006, pp.8~10. Kothari 将证券市场描述将为一个或多个发起者的资金集中并转移到单独的合法媒介的一系列步骤。该媒介的组织形式便于保护发起人的破产风险，所关注证券的来源是资产池而非发起人的原始资金。有时该媒介关注不同类型的证券，通常进行差异性分配风险并依据集合中每种类型的次序对投资者进行回报。

分为相对较小的部分,更主要的是被划分为多个类别,或"组块",赋予不同的偿还优先级。[1]通过计算机可以实现对潜在现金流的追踪,从资产抵押担保发行的证券到合理组块偿还的资金分配。[2]计算机模型的应用,可以很好地实现上述的设想,降低投资者的投资成本。

虽然这样的模型技术支持简化了风险评估的程序和成本,但是投资本身的复杂程度也随之增加,且此种技术化手段对公司管理者提出了更高的要求,要求他们能透过最终输出的数学模型,充分理解该种投资组合的风险。毕竟这样的数学模型都是基于未实践的假设,其可操作性就会大打折扣,甚至会对投资者产生误导。再者,一旦建立这样的数学模型基于的假设是错误的,那势必会导致公司管理者低估风险,引起投资者的恐慌,造成公司的重大损失。

例如被广泛应用的风险价值模型,可以被用于降低投资者的风险,有效解决企业风险评估的精力有限的问题。但随着该模型逐渐被人接受,分析师发现,发生可能性低于1%的损失通常会被该模型排除在外,这样会导致高级管理者低估风险,虽然不利事件发生的可能性极低,然而一旦该事件发生,其后果不可估量。

3. 人类处理失灵

基于上文所述,人类的思维在处理不确定后果的事件时,往往会抱有盲目乐观的心态,只考虑眼前的利益,无视长此以往可能存在的累计风险。加之金融体系自身的复杂性逐年增加,这又加剧了人类处理失灵的发生。即使知识储备丰富、为公司提供风险分析服务的专家,也无法提供完全准确的风险信息。原因在于,专家的专业知识仅集中于某一专业领域,无法对金融系统整体形成全局意识。当新的复杂的金融衍生品出现时,这些学识渊博的专家也无法准确

---

[1] Ingo Fender & Janet Mitchell, "Structured Finance: Complexity, Risk and the Use of Ratings", *BIS Q. REV*, (2005), pp. 67~68.

[2] Leon T. Kendall, "Securitization: A New Era in American Finance", in *A Primer on Securitization* 6, Leon T. Kendall & Michael J. Fishman eds., 2000.

第八章 美国金融系统性风险及其法律规制研究综述

评估此类新鲜事物,更谈不上去宏观全局,评估整个金融系统的风险了。

安然公司的倒闭则表明第一阶层的后果。安然最主要和最赚钱的商业策略是作为衍生品交易对手进行交易获利。因为只有投资级公司才是公认的交易对手,安然当时工作的关键是保护其投资级评级。该评级的丧失带来的主要风险是安然的商业资产价值可能下降,进而导致安然的资产价值在市场中会被迫降价。为了保护其评级,安然采取了一系列结构化交易,这些交易有效地利用了安然在公开市场中正在上涨的股价,将其作为抵押品对冲商业资产的价值。作为回报,安然通过绑定股价做了担保。但随后安然股价的意外暴跌影响了担保,使得安然失去了其投资级评级,那时安然别无选择,只能申请破产。[1]虽然安然未能充分防范风险导致其破产,但它的破产并没有对金融体系产生连锁的系统性影响。

面对第一阶的后果,如果政府此时对风险进行规制,结果无疑是低效且多此一举的。因为市场参与者为了追求经济效益的最大化,其自身就会防范第一阶的诸多后果,虽然并非所有的参与者都能做到有效地评估与规避风险,但盲目地邀请政府的介入只会适得其反,损害市场参与者的积极性,甚至是市场自身的良性运转。

(二)第二阶后果

第二阶后果使得风险殃及的群体由市场参与者扩大到除其之外的其他主体,使他们遭受到难以弥补的损失。不同于前述的市场失灵,此时会引发深层的集体行为失灵。

1. 集体行为失灵

具体而言,此类集体行为失灵包含以下两层意思。一方面,是指公地悲剧[2],因为社会中的资本和资源是有限的,对于存在于社会中的市场参与者而言,每位市场参与者都有充分的动机去最大限

---

[1] Iman Anabtawi & Steven L. Schwarcz, "Regulating Systemic Risk: Towards an Analytical Framework", *Dame L. Rev*, 86 (2011), pp. 1349, 1359.

[2] Schwarcz, "Systemic Risk", *GEO. L. J*, 206 (2008).

度地开发利用手中的资源，谋取私利。这样的做法会使得单一市场参与者做出决策时只考虑自身的经济利益，忽略市场参与者之间的关联性，更无视自身决定是否会对整个市场产生不利影响。牵一发而动全身，出于利益的驱使，盲目的市场参与者用自身的投资举措促使了公地悲剧的发生。加之缺少规制性干预，市场参与者在追逐自身利益的同时，渐渐地会损害其他市场参与者、金融体系乃至实体经济的利益。[1] 单一市场参与者疏于防范第二阶后果，情有可原。但是，盲目的投资者只是想通过多样化投资的方式分散风险，但未曾考虑到该风险是否能够通过分散予以消除。由于多样化投资的方式分散的风险被分散到何处，或者是风险被分散了，这样是否会影响到金融系统的稳定性。投资者受到了误导，他们以为这样便可高枕无忧，无需担心风险的存在，但正是这样的思维加剧了公地悲剧的出现。

另一方面，第二种集体行为的失灵是指投资者之间的盲目从众行为。对投资者而言，当他们想要进行少量份额的投资活动时，虽然进行风险分析和监控的成本过高，甚至会高于该次投资产生的利益，但出于经济效益的驱动，他们仍然会进行投资活动。这时，在缺乏必要的风险分析和持续监控的情况下，投资者会根据交易对手的投资行为进行跟风投资，以保持自身的市场竞争力。这样一来，投资者就会疏于防范风险。投入少量份额的投资者会想当然地认为，他的对手因为持有较大的份额，他肯定已经做出了必要的尽职调查和风险分析，跟着对手的投资行为一定会更为保险。这样搭便车的做法会使投资者怠于对风险进行必要的防范，即使初期投资者投资的份额较小，日后随着竞争压力的攀升，投资者也会忽视投资风险追加投资额。此时若投资失败，从众行为便引发了连锁损失。加之，上文中已经论述过的个人盲目乐观的心态会影响到投资者的决断。

---

[1] Garret Hardin, "The Tragedy of the Commons", *Science*, 162 (1968), pp. 1243, 1244.

例如，在此次投资活动中，投资的结果存在很大的不确定性，因为投资者自己并没有进行风险评估，但是在这样的不明确之中，投资者宁愿看到投资成功的一面，盲目追加投资，忽略长期持有可能累积成较大的风险，造成难以弥补的损失。[1]

2. 集体行为的市场失灵

上述第一阶后果中，我们已经论述了信息失灵，模型失灵以及人类处理失灵，而且，我们在上文中论述该种市场失灵时只是假设个体投资者可能存在的个别市场失灵行为。例如，我们上文中提到过的安然的破产，这种市场失灵并不会波及整个金融体系。而本段将要论述的是深层次的市场失灵，即众多市场参与者同时出现市场失灵问题，从而引发的集体性市场失灵，进而会触发金融系统性风险的出现。这时引起的便是第二阶的后果。例如，2008 年金融危机发生之前，贷款机构开始放松贷款的标准，允许那些低收入、高风险的借款人使用先前贷款买来的房子进行二次抵押，这样的高危行为本身就已经为金融危机的产生埋下伏笔。抵押机构又将这些"次级抵押贷款"的风险分散，通过捆绑销售的方式，用来支持复杂的资产支持证券，将其出售给银行和其他机构的投资者。[2]在 2008 年金融危机爆发之前，市场观察员们和投资者们都认为只要房屋价格持续稳定增长，这些复杂的证券价值就不会贬损。[3]但 2008 年金融危机的全面爆发，市场中的房地产泡沫经济破碎，却恰恰揭露了当时投资者和观察员的短视和大意。而危机的爆发正是当时无数人类处理失灵的集合——忽视较小风险、低估小概率风险、当风险不明确时只看到其愿意看到的一面、假设未来房屋价格将与现在类似且过多考虑眼前的确定收益（比如收费）而忽略长期由于可能发

─────────

[1] H. Kent Baker & John R. Nofsinger, "Behavioral Finance: Investors, Corporations, and Markets", 2010, pp. 204~205.

[2] Jack Guttentag, "Shortsighted About the Subprime Disaster", *WASH. POST*, May 26, 2007, F2.

[3] Steven L. Schwarcz, "Rethinking the Disclosure Paradigm in a World of Complexity", *U. ILL. L. REV*, 2004, pp. 13~14.

生的变化所导致的损失。

随着房屋价格的下跌,这些复杂的资产支持证券开始违约,这样的状况迫使前期购买了大量此类证券的金融机构以低于账面价值的价格抛售,这些机构本身可能就因此成为带有金融风险的机构。究其原因,大量金融机构跟风购买持有此类高风险证券的原因在于模型失灵,也就是投资者过于依赖数学模型对金融产品中风险的评估,而这些金融模型如前文所述,并没有经过实践的检验,可能存在错误的假设,因而引发了集体行为的模型失灵。[1]

随着交易对手越来越了解到持有该类高危证券的企业自身存在的切实风险,他们会为了保全自身利益而终止交易,从而降低了信贷的可获得性。同时,随着大量的次级贷款支持证券开始违约,投资者也为了减少损失而停止投资,包括该种证券以及其他种类的抵押贷款支持证券和债券。而在债券市场中,银行已经成为信贷的源头,市场中的投资减少不仅会诱发信贷的可获得性降低,更会因此而影响到实体经济的发展。[2]这就是信息失灵,人类处理失灵以及模型失灵带来的第二阶的后果,这样的后果就已经将风险的损失由个别企业扩大到与该企业存在千丝万缕联系的其他企业及存在的市场。

对于第二阶的后果,由于风险已经蔓延到市场参与者之外的主体,使风险外部化,这时,市场参与者自身已无法内化存在的风险,政府的规制措施就显得尤为重要。

四、如何对系统性风险进行规制

上文已述系统性风险会对市场参与者乃至整个金融体系造成重大打击,因此,市场参与者及政府都应行动起来,采取措施规制系

---

〔1〕 Paul Slovic et al. , "Risk As Analysis and Risk As Feelings: Some Thoughts About Affect, Reason, Risk, and Rationality", *Risk Analysis*, 24 (2004), pp. 311, 315.

〔2〕 Mortimer B. Zuckerman, "No Time to Lose", *U. S. NEWS &WORLD REP.*, Mar. 2009, p. 80.

统性风险,在追求经济效益最大化的同时,维持金融系统自身的稳定性。

史蒂芬·施瓦茨教授认为,至少有三条道路规制可以保护金融系统本身:①限制引发系统性风险的因素。理想状态中规制可以消除可能引发系统性风险的因素,虽然恐慌经常引发一系列的系统性震荡,但也不可能甄别出引起这些恐慌的原因。②限制系统性震荡的传递。当系统性的震动发生时,次优的规制便是限制震动的传递。为了阻断震荡的传递,要求有辨别传递的机制。在我们的另一篇文章中,指出"两种相互独立的关联性可以结合起来将本地的经济震荡演变为更为广泛的系统性危机。第一个是公司内部的关联性。第二个是金融公司和市场之间系统性的关联性。规制应当致力于提高对这两种关联性的发现并限制他们发生联合。"③稳定受影响的金融系统。如果系统性的震荡发生,也产生了传递,规制的任务就是保持金融系统的稳定。至少有两条途径可以稳定金融市场:保证公司和市场的流动性;要求公司和市场内部更加健康,例如减少公司的杠杆率。[1]

如何对系统性风险进行法律规制,学者们提出了许多建议。

(一)设立独立的系统性风险监督委员会

要想对系统性风险进行有效的监管,就要确定由谁监管的问题,明确监督部门的职责,确定分工,防止部门间的权责不明、多头监管及部门推诿扯皮的现象发生。这样的系统性风险监督委员会要能够从宏观和微观方面收集到相关的信息,进行数据分析。宏观方面的信息包括宏观经济状况,金融市场以及相关的基础设施、给付和清算体系,以及金融部门和实体经济之间的关系。微观方面的信息包括,金融公司层面的信息,尤其是系统性重要金融机构的信息,例如这些公司的资产负债表、对手风险、资本、流动性、风险管理、

---

[1] Steven L. schwarcz, "Controlling Financial Chaos: the Power and Limits of Law", *Wisconsin Law Review*, Issue 3 (2012), pp.815~840.

薪酬补偿机制及管理措施等。因此，这样的系统性风险监督机构必须拥有深厚的市场和金融机构的知识底蕴、复杂的分析和监管能力，并且能够跟上日新月异的金融市场的变化。

除此之外，这样的系统性风险监督委员会应当是独立且负责的组织。机构的独立性体现在，它能够不受政治层面的干扰，也不受金融行业利益的诱导。并且，机构的独立性和负责性并不是完全相互排斥的。通过妥善的安排，机构的独立性和负责性可以高度互补。适当的责任安排会加强一个机构的独立性，例如，加强机构的合理性和合法性，并鼓励机构服从更高的管理和运行准则。此外，这样一来会强化机构的整体性，从而减少规制俘获[1]的可能性。例如，金融危机之后，美国参议院建议成立了金融稳定监管委员会，用以加强对系统性风险的监管。

（二）严格资本适足要求

严格资本适足要求是一个主要的规制系统性风险的手段。资本适足要求，尤其是针对银行的资本要求，可以有效地减少金融机构违约的可能性。如果金融机构不会违约，系统性风险的问题就会在很大程度上得以解决。其实，资本要求是长期以来的规制重点之一。自从1988年起，巴塞尔银行监管委员会就在全世界范围内对资本要求规定了统一的标准。[2]美国实行了巴塞尔协议资本协定，并对银行和其控股公司实行了巴塞尔新资本协定。[3]但事实证明，这些资本要求对于有效应对系统性风险来说，是远远不够的。美国证券交

---

〔1〕 规制俘虏是指一种政治腐败或政府行政失败的现象。它指政府制定出的某种公共政策损害公众利益，使少数人的利益团体受益。通常政府做出这一类决策是由于受到某一行业从业者的重大影响，而短时期做出违背公众利益的行政决定。它将造成社会中某些公司以"遵守政府规章制度"为名，持续开展损害公众利益的经营行为。

〔2〕 Basel Comm., "International Convergence of Capital Measurement and Capital Standards", 3 (1988), see http://www.bis.org/publ/bcbsc111.pdf?，访问时间：2016年12月27日。

〔3〕 Press Release, Bd. of Governors of the Fed. Reserve Sys. et al., Banking Agencies Reach Agreement on Basel II Implementation (July 20, 2007), see http://federalreserve.gov/newsevents/press/breg/20070720a.htm，访问时间：2016年12月27日。

易委员会基于巴塞尔新资产协议允许五大主要的投资银行实现 30∶1 的杠杆率[1]。不足的资本要求导致了雷曼兄弟和贝尔斯登的破产。[2]

为解决这一问题,美国资本市场管理委员会和财政部曾提出,建议采取技术手段以保证资本率[3]的设定是反周期化的,具体而言,就是在经济上升期采用较高的资本率,在经济衰退期,也就是证券价值下跌、市场流动性不足的时候,采用较低的资本率。[4]动态地提供存款准备金以覆盖预估的未来损失,而不仅仅是已知的损失。通过这样的形式可以实现上述反周期化的资本率。同时,也可以要求大型的金融机构提供更多的资本要求,因为当这些大型的金融机构倒闭时,他们更可能需要纳税人的钱来拯救自身。这样一来,通过严格的资本适足要求,以保证控制金融机构的违约行为,进而有效地控制系统性风险的发生。

(三)充分利用票据交易所的治理结构

在上文论述金融体系的复杂性中,我们就提到过金融产品是复杂多变的,而金融衍生品通过在整个金融体系中扩散违约的后果导致了系统性风险的出现。例如,2008 年金融危机的全面爆发,就与金融衍生品存在很大的关联性。金融衍生品本质上只是各方签订的同意将相关资产或资产池的风险进行转移的合同。[5]然而,在提供转移风险的方法的同时,衍生品会产生二次风险,即合同违

---

[1] Comm. on Capital MKTS. Regulation, "The Global Financial Crisis: A Plan for Regulatory Reform", (2009), p. 60.

[2] Joint Econ. Comm. Majority Staff, "From Wall Street to Main Street: Understanding How the Credit Crisis Affects You", 4 (2008), p. 81.

[3] 资本率是指商业银行的实际资本与总资产的比例。

[4] Joint Econ. Comm. Majority Staff, "From Wall Street to Main Street: Understanding How the Credit Crisis Affects You", 4 (2008), p. 80.

[5] Erik Banks, *The Credit Risk of Complex Derivatives*, 10 (3d ed. 2004) ("基本上,机构介入衍生品交易中以保护或是利用市场波动性;这可以通过在特定市场中建立简单或复合的衍生对冲或是投机仓位来实现。如果成功,则衍生仓位就会提供必要的保护或收益,如果失败,则会导致损失。")。

约风险。[1] 这种二次风险，即交易对手信用风险，源于衍生品交易，也是金融衍生品造成系统性风险的基本方式。[2]

因此决策者就应该将金融衍生品作为规制改革的目标，将对手交易风险集中于票据结算所中，在这一场所内对其进行规制和管理，保证交易的透明度，也在一定程度上保证了交易信息的公开透明。票据结算所是解决系统性风险的公私合作的方法。票据结算所由私有资本支持，能够同时实现其商业目的和规制系统性风险的公共目的。或许更为重要的是，其通过储备账户以应对违约风险，从而为监管衍生品交易提供了有效途径。因此，如果衍生品交易中的一方违反其合同义务，则违约后果将会在结算所内发生，而且该后果并不会扩散到更广阔的整个金融体系中去。[3]

但这样的结算所治理结构中的交易商可能会存在动机问题，具体而言，交易商会将自己的交易放在场外进行，以更大的差价执行交易，保证他们能够从中获得更多的利益；与交易商进行交易的最终用户在结算所中并不需要进行强制结算，这样一来，最终用户对结算所治理的结构并不感兴趣；结算所的股东，尤其是非交易商身份的结算所股东，当交易商的储备资金全部耗尽时，自身的利益才会受损，因此他们就会将过量的风险加在交易商身上，进而增加了系统性风险。

为解决上述的动机问题，在应用票据交易所的治理结构的同时，还要引入一个能够控制系统性风险的独立治理主体。为了能够真正做到规制系统性风险，必须由有规制系统性风险强烈需求的选举人直接选出治理主体。因此，最佳的结算所治理结构具有双面性，一

---

[1] Antulio N. Bomfim, *Understanding Credit Derivatives and Related Instruments*, 2005, p. 267. ("在信贷衍生品市场的环境下，交易对手信用风险是指如果相关企业实体违约，信用违约风险保护卖方可能无法履行其承诺提供之前商定好的报酬。")

[2] Schuyler K Henderson, *Henderson on Derivatives*, 2010, 2d ed., pp. 402~404.

[3] David Loader, *Clearing and Settlement of Derivatives*, 2005, p. 35. ("一般来说，交易所同时充当交易双方的对手，因此能够结束与交易双方的直接对手关系。市场运行最重要的是保持其完整性和可信赖性，因为其目的就是保证每次交易的正常进行。")

方面部分地由商业利益支配以保证结算所从商业角度而言保持可持续发展;[1]另一方面是实现管理系统性风险的公共利益。结算所治理的这两大方面相互作用,任何一方利益的失败都会导致双方受损,但是他们独立的关注点和独立的责任权限都保证了任何一方的利益不会吸收另一方。

(四) 建议结算所采用双董事会结构

为实现上述假设,建议结算所乃至公司都采取德国的双董事会模式,即采用管理委员会和监事会的双重委员会结构。德国公司将管理和监督功能分配给不同的委员会,而美国的公司将这两个功能分配给管理人员和董事。

具体而言,德国的管理委员会主要管理公司的日常事务,代表公司全体行事,负有公司的委托责任。除管理公司日常业务,管理委员会还负责美国公司治理中,公司管理人员的传统职责,包括保留账簿和记录,定期向监事会报告,并主持股东大会。[2]监事会被选任并授予任命、开除和监督管理委员会会员的权力,正如美国董事会由股东选任并赋予和公司管理人员一样的权力。相似的是,尽管监事会并不参与公司的日常事务管理,但是特定的重大决定必须得到监事会的支持。监事会的主要法定职责是选任并开除管理委员会的会员并监督管理委员会。

结算所董事会要包含控制系统性风险的核心人物的代表,因为他们能够维护控制系统性风险的公共利益,而不是通过结算所来追求商业利益,并且要从共同决策制中借鉴经验,保证这些代表能够完全履行他们职责的方式就是分开选任这些代表。因此结算所董事

---

〔1〕 当然,这是结算所管理的基本方面。如果结算所未能成为永续发展的模式,那么它就不能成为解决系统性风险的途径。

〔2〕 Aktiengesetz〔AktG〕〔Stock Corporation Act〕, Sept. 6, 1965, Bundesgesetzblatt, Teil I〔BGBL. 1〕at 1089, last amended by Restrukturierungsgesetz〔RStruktG〕〔Restructuring Act〕, Dec. 9, 2010, Bgbl I at 1900, art. 6, §§ 76, 95 (Ger.), translated in Norton Rose, Stock Corporation Act (2011), see http://www.nortonrose.com/files/gernan-stock-corporation-act-2010-english-translation-pdf-59656.pdf, 访问时间:2015年9月7日。

会是双重的,并非管理委员会和监事会意义上双重结构,而是指分开选任两类董事:一类对股东负有传统的受托职责,本文中将其视为"传统董事";另一类负有监管系统性风险的公共职能,本文中指"监管董事"。为实现此双重委员会结构,结算所董事的选民同样需要分为两类,一类是传统董事选民;另一类是监管董事选民。

这样的董事会结构是结算所治理急需的模式,因为它表现出保证职责的正式方法,在结算所环境中,董事会并非代表员工利益,而是代表管理系统性风险的公共利益。因此在结算所环境中选任董事会成员的机制是为了使他们对规制系统性风险的公共利益负责,而不是对结算所的商业利益负责。并且,这样的结构也可以应用在公司的体系当中。

(五)改变管理者薪酬体系

由于管理者与公司及股东的利益不存在紧密的关联性,因此管理者留有较大的余地为一己私利,不顾公司承担风险的大小,盲目做出公司决策。[1]要解决这样的代理问题,就要从根源上改变管理人的薪酬体系,将管理人的利益与公司利益紧密联系起来。具体而言,可以从以下几方面入手:

可以将管理者薪酬内容多样化,例如,使银行管理人员的收入方式多样化,用大量的公共债券股票的形式激励管理者。这样一来,尽管股东不能直接看到管理者的管理行为,但他们可以直观看到的管理者的公司运行政策来奖励管理者相应的股权份额等薪酬,从而达到有效地影响管理者管理行为的效果。加之代理问题的解决,也有利于防止信息失灵的发生,矫正管理者与股东之间的信息不对称。

政府也可以以法案的形式限制现金形式的奖金比例、项目回扣比例等,或者捆绑奖金薪酬来限制股权奖励而慢慢给予股权。例如,欧盟就采用了这样的方式发布了法案,强制约束金融业的奖金发放

---

[1] George W. Dent, Jr., "For Optional Federal Incorporation", 35 *J. CoRP. L.* 2010, pp. 499~500.

机制,要求其严格执行法案中的内容。其中包括,"奖金将被限制为薪水的一部分。像国家银行监管机构要求的那样,每个银行都要按照欧盟有待确定的指南在薪水范围内给奖金设限;预先支付的现金奖金将被限制在奖金总额的 30% 和特别巨额奖金的 20%;奖金的 40% 到 60% 必须推迟至少三年支付,并且如果投资没有按照预期完成,则必须恢复;总奖金中至少 50% 必须是可浮动资本和股份。"[1] 这些举措会将管理者和公司的利益捆绑,有效提高管理者的审慎能力和义务。

(六)企业和市场自身更加健全

企业和市场是系统性风险攻击的主要对象,因此,健全企业和市场自身,能有效地提高抵御系统性风险的能力,减少损失。

要提高企业自身的认知意识,一方面,在前文的论述中,我们已经谈到,人类认知存在盲目乐观与可获得性的行为弊端。因此,要提高管理者与风险管控者的认知意识。尤其在做出相关风险决策时,更要使风险管理者提高面对此类偏见和局限性的警觉性。例如,政府可以要求公司对不能完全被内部模型认知的风险进行上报。对于那些不能用多种方式规制的风险,要从其本质上进行剖析。公司要允许规制者根据公司现有的情景模式进行假设模拟,以评估公司现有的风险监控体系,发现公司在风险管控方面的不足,从而提升自身的风险监控能力。政府适当提醒公司,要回顾历史,从先前的经济危机中汲取经验教训,努力提高自身的风险意识,做出更精确的风险评估。

另一方面,我们已经论述过,系统性风险是无法避免的,但当其被触发之后,公司及政府应及时采取措施,有效地限制系统性风险的扩散。这样的措施,要求公司能够提高系统性风险的扩散途径意识。现阶段,学界对系统性风险的扩散机制尚未能完全把握,但

---

〔1〕 "European Parliament Users in a New Era for Bankers' Bonuses", Eur. Parliament (July 7, 2010).

至少存在两个方面的相关性。其一,是指公司自身的财务健全与其遭受低概率事件之间的关联,这些低概率事件可能引发经济冲击。其二,是指市场参与者与金融系统间存在关联性。因此企业在做出自身风险决策时,要有此类的意识,避免因个人决策的疏忽,引发系统性风险的进一步扩散。

对于企业来说,可以要求企业建立内部管理程序,例如,可以建立风险管理委员会,专门负责企业整体风险的管理和监控。这样的风险管理委员会,至少要吸收一名风险管理的专家,这样一来,可以提高风险管理的专业性,进而提高企业预测和评估风险的能力。还可以要求市场中存在的具有系统重要性的企业自身更加健全,保证这些企业可以有效地提供公共产品。例如,美国曾经的《格拉斯-斯蒂格尔法案》(现已废止),要求将商业银行及投资银行分开,前者进行存款及借贷业务,后者进行证券承销及投资业务。这样一来,可以在遇到系统性风险时,保证消费者的基本存取款业务不受较大影响,从而增强消费者的信心。

(七) 确保企业及市场的流动性

金融危机爆发后,政府就要及时确保流动性,防止银行和其他重要的金融机构违约,并防止他们的破产。同时,政府也要为资本市场提供流动性,以期保证市场的稳定运行。例如,美国联邦储备银行就充当着最后贷款者的角色[1],欧盟委员会也会在欧洲银行陷入违约风险之时,提供必要的流动性提供服务。再如,雷曼兄弟银行倒闭后[2],面对急剧衰退的票据市场,美国联邦储备委员会设立商业票据融资工具,充当市场中最后贷款者的角色,依靠其从信用评级高的证券发行者手中回购他们无法销售的商业票据,从而有效地解决了商业票据市场流动性不足的问题。

---

〔1〕 Federal Reserve Act of 1912, ch. 6, 38 Stat. 263, pp. 263~264.

〔2〕 Tobias Adrian, Karin Kimbrough & Dina Marchioni, Fed. Reserve Bank of N. Y. Staff Report No. 423, *The Federal Reserve's Commercial Paper Funding Facility* (2010), see http://www. newyorkfed. Org/research/staff_ reports,访问时间:2015年4月6日。

规制系统性风险的方法还有很多,我们可以从以上几点借鉴经验。虽然上述手段不能完全防止系统性风险的发生,但上述方法是有效减少自身损失、限制系统性风险的最可取的措施。

后记

我大约是从四五年前开始关注证券监管中的行政法问题，起因是证券监管机构的朋友总问我一些问题，而我结合已有的知识积累对许多问题都无法给出令人满意的答案。2012年我有幸入选"北京市高等学校青年英才计划"，便索性选取了"证券行政法问题研究"作为实施该计划的课题。

证券监管最初被认为是民商法和经济法领域的问题。由于作为监管对象的诸多主体都是民商事主体，因此民商法学者侧重于证券监管中民商事法律问题的研究；又由于证券监管涉及政府对经济的干预，因此经济法学者多从政府宏观监管的角度进行研究。但事实上证券监管本身首先且主要涉及的是国家公权力的运用，这一领域存在若干行政法问题，可行政法学者们却尚未开垦这片土地。研究过程中，我深深感到公法与私法、公权力与私权利以及大陆法系与英美法系的不同思维在我国证券监管领域不断发生着碰撞。

本书中的各章是对我国证券监管中一些问题所进行的非常粗浅的思考。这些都是来源于证券监管实践的现实问题，有的问题甚至长期困扰着监管机关而终未能得其解。我也不敢说自己找到了什么解决问题的路子，只能说是这几年来对这些问题进行思考的一次阶段性总结。证券监管中还有许多有意思的问题，比如注册制改革、证券行政处罚的证据以及证券监管中的国家责任等，甚至还有一些世界性的难题尚待我们去思考，比如系统性风险的法律规制、证券监管中的国际规制等。

后 记

  我想借此机会感谢大家。

  感谢应松年教授和马怀德教授一直以来对我的鼓励和提携！还有很多教授长期关注和支持着我，借此机会深表感谢！

  感谢李洪雷、高秦伟、宋华琳、罗智敏、刘艺、郑春燕、骆梅英、王青斌、喻文光、姚金菊、王贵松、王静、赵鹏、陈协中、毕洪海、陈越峰、林华等诸位学友对我的支持和帮助。

  感谢我的研究生余积明、杨晶、李林泽、张若宇帮忙收集部分资料并参与个别章节的写作。感谢杨璐同学帮忙校对了书稿。

  感谢中国政法大学出版社的策划编辑余娟女士和责任编辑隋晓雯女士为本书的顺利出版所付出的心血！

  最后，衷心感谢长期默默支持我的李霄先生！感谢给予我动力的一双儿女！

  今天的《证券行政法专论》只是一个开端。我期待着自己将来还能写出《证券行政法专论》的第二部、第三部。

张　红

2017 年 2 月

于北京师范大学